共生と共歓の世界を創る
―― グローバルな社会的連帯経済をめざして

丸山茂樹 著
Shigeki Maruyama

Create the World based
on Coexistence & Conviviality
―aiming at the Social & Solidarity Economy

社会評論社

目 次

序 章　この本の目的と内容──なぜ「共生と共歓の世界」か？ ── 5

第1章　甦るA.グラムシとK.ポランニー ── 8
──1人の夢は単なる夢にすぎないが、皆が見る夢は実現できる
第1節　絶望か希望か、それは虚妄か　8
第2節　国際会議に登場したアントニオ・グラムシ　10
第3節　躍り出たポランニー、グラムシの継承者たち　12

第2章　GSEFの誕生と発展──新しい社会変革の国際ネットワーク ── 14
第1節　モントリオールGSEF2016　14
第2節　30人余の市長らが壇上に──政治的制度的な約束　15
第3節　ソウル・モントリオール・モンドラゴン・バマコの市長の対話　16
第4節　"まち"の持続可能な発展戦略と実践事例　16
第5節　国際機関の専門家たちの公開討論　18
第6節　GSEFの仲間C.I.T.I.E.Sが発足とモントリオール宣言　20
〈資料1〉ソウル宣言──新たな協働の発見　21
〈資料2〉グローバル社会的経済協議会(GSEF)憲章　25
〈資料3〉GSEFモントリオール宣言　32

第3章　朴元淳ソウル市長の誕生とイニシアティブ ── 35
第1節　朴元淳市長の登場　35
第2節　ソウル市の「協同組合活性化支援条例」制定と政策展開　38
第3節　協同組合と地方自治体の連携　47
第4節　「社会的経済基本条例」制定と「2014グローバル社会的経済アソシエーション」　54
第5節　新自由主義の継続か、社会的連帯経済への大転換か？　62
〈資料4〉ソウル特別市社会的経済基本条例　70
〈資料5〉カナダ・ケベック州の「社会的経済法」　79

第4章　海鳴りの底から──日本の先進事例 ── 84
第1節　岩手県宮古市・重茂漁協の復興への取り組みと特徴点　84
　　　　──協同精神で漁船の共同利用による復興と6次産業化の実践
第2節　重茂漁協の復興への歩みに思う　96

第3節　福井県池田町——過疎地における潜在資源の顕在化　104
第4節　山形県・置賜自給圏推進機構の出発とその意義　112
　　　——内発的な連帯による「地方創生」運動の登場
第5節　ワーカーズ・コレクティブの現在と未来　121
第6節　神奈川県の福祉クラブ生協の参加型福祉と共育活動　135

第5章　アメリカの新しい波 ——— 146

第1節　新しい社会運動の登場　148
第2節　ワーカーズ・コレクティブの発見　155
第3節　アメリカ市民運動の存立基盤　163

第6章　陣地戦と知的・モラル的改革の時代 ——— 174

第1節　市民社会とヘゲモニー　175
第2節　陣地戦の時代へ　176
第3節　サバルタンと有機的知識人　178
第4節　循環型社会を実現するために　179
第5節　国連の「持続可能な開発目標（SDGs）」　183

第7章　M.ブラヴォイ論文に寄せて ——— 187

小原耕一　グラムシ「市民社会」論を考える——ブラヴォイ論文を手掛かりに

第1節　歴史の竈としての市民社会　190
第2節　社会学的マルクス主義における〈社会〉　192
第3節　レーニンの理論的貢献とグラムシへの継承　193
第4節　グラムシ：市民的社会の政治的諸機能　196
第5節　崩壊したソ連に「社会」は存在したか？　202
第6節　日本の「市民社会」の未成熟性　204

終　章　新しい世界変革は実践されつつある ——— 206

第1節　始まっている未来創造の営み　206
第2節　何が連帯と前進を拒んでいるか？　210
第3節　プラットホームとネットワークの構築へ　213
第4節　まとめ　215

初出一覧　219
人名索引　220

2014年11月ソウル市で開催された、グローバル社会的経済フォーラム（GSEF）設立総会の司会を務めたカナダ、コンコルディア大学カール・ポランニー研究所のマーガレット・メンデル教授ほか。（ソウル宣言の会編集『「社会的経済」って何？』より）

グローバル社会的経済フォーラムの「アジア政策対話」集会、セッション風景。2017年8月1日ソウル市で行われた、「オルタナティブ都市開発モデル」セッションでフランスの事例を報告する Pascal Duforeste 理事（連帯経済のための地域社会ネットワーク）と参加者たち。(GSEF のホームページより)

序章　この本の目的と内容
―― なぜ「共生と共歓の世界」か？

　この本は現代社会を変革する道筋を探求する一助になればと思って書きました。内容の第1は、2013年以来筆者が友人たちとともに深く関わってきたグローバル社会的経済フォーラム（Global Social Economy Forum ＝ GSEF〈ジーセフ〉と呼称）の内容を紹介することです。GSEF のスタートになった「ソウル宣言」とこれを支持する有志が「ソウル宣言の会」をつくりネットワークを張ってきました。ここには簡潔ながら世界大に広がった格差社会、環境破壊、不公正な国際関係などに対する具体的かつ実践的な改革方向と活動事例が示されています。

　第2は、GSEF 創立のイニシアティブをとってきた韓国の朴元淳（パク・ウォンスン）ソウル市長や韓国の市民運動を理論的に牽引してきた元聖公会大学教授で現在ソウル市教育監として活躍している曺喜昖氏（チョ・ヒヨン）などが、どのようにして新しい変革の道筋を開拓しているか紹介します。これまでの国際連帯組織は先進国と云われる欧米中心に組織されてきましたが、GSEF はアジアから発信されました。その意義は少なくないと思います。そして筆者のソウル大学留学経験を踏まえて日本と韓国の人びととはもっと本音で互いを知り合い、学び合いたいという私の持論も述べます。

　第3は、筆者が日本の社会的連帯経済の先進事例だと考えている地域の活動についてのレポートです。限られた範囲に過ぎませんが現地に足を運んで見聞したことの記述です。これらは筆者が所属してきた参加型システム研究所、東京グラムシ会、日本協同組合総合研究所（ＪＣ総研）、日本協同組合学会、ロバアト・オウエン協会などの活動のなかから得たものです。

　第4は、エコロジーやフェミニズムなど新しい社会運動と呼ばれる思想と運動について、アメリカ訪問の経験を踏まえて、グラムシやポランニーが切り拓いてきた社会変革について、試論を述べることにいたします。この点については私の非力を補っていただく意味も込めて、畏友、小原耕一氏の論考「グラムシ『市民社会』論を考える―ブラヴォイ論文を手懸かりに」を掲載させていただきました。同氏に深く御礼申し上げます。

社会的連帯経済へ

　筆者がここで述べている「社会的経済」「連帯経済」「社会的連帯経済」という用語は、日本の社会では現在のところまだ共通の言葉になっていないと思います。専門家による著書、訳書は沢山あります。また協同組合やNPO などの中には「社会的連帯経済」と呼ぶにふさわしい活動をしている組織が少なくありません。ところが都市でも農漁村でも、実践している本人たち自身がそのような言葉で自分自身を語っていません。ですから筆者はこの本のタイトルを敢えて皆が共通語として納得できるであろう「共生と共歓の世界」とし、サブタイトルを「グローバルな社会的連帯経済をめざして」にしました。しかし英語で表現されている Social Economy「社会的経済」といえども適切かどうか問題が残るとおもっています。なぜなら「社会的」という形容をしても「経済」は人間生活の一部であって全てではない。生活のあり方、労働のあり方、文化や芸能やスポーツ、政治、教育、仕事の中に溶け込んでいる科学・技術も、つまり人間生活の総体の変革が問われているのです。だから「社会的経済」「社会的連帯経済」というこの基本的な用語についても大いに論議の対象にして、新しい人間生活の創造…文明の大転換の論議と実践を進めてほしいと願っています。

　これを論ずるにあたって過去数世紀に及ぶ資本主義・産業社会文明を乗り越えようと試みてきた２人の思想家、**カール・ポランニー**(注1)と**アントニオ・グラムシ**(注2)が社会的連帯経済の運動を大いに鼓舞しているという私見も述べたいと思います。人間は深刻な体験の中から教訓を学び新しい知恵と生き方を選ぶと云います。しかし現実には福島第一原子力発電所の爆発事故を経ても日本では原発の再稼働がなされている。残念ですが従来型の政治的ヘゲモニーを許してしまっているのです。また世界でも100年に一度と云われた経済危機―2008年のリーマンショックという深刻な事態を経てもなお、アメリカは超保守主義者と云われているトランプ氏を大統領に選んでいます。このような現実を見ると絶望にかられます。しかしGSEF に集う人びとのように強い意志をもって行動し着実に前進している実例もある。それを領導しているのが先に述べたK．ポランニーの著作『大転換』や『人間の経済』等であり、A．グラムシの「ヘゲモニー」「陣地戦」「知的・モラル的改革」等の知的営みであると考えております。アメリカ大統領選挙では初めてといわれる社会民主主義者であることを公然と名乗るバーニー・サンダース氏が民主党大統領候補として登場し、惜しくもヒラリー・クリントン氏に敗れましたが若い世代には熱狂的に支持されたという事実もあります。2017年６月に行われたイギリスの総

選挙でも労働党の新しい指導者であるジェレミー・コービン党首は若い世代に多くの支持を得たと報じられています。社会運動に関心が薄いと云われてきた日本の若者たちが「民主主義ってこれだ！」と立ち上がったSEALDsの活動も記憶に新しいところです。この本が絶望と希望の狭間で、危機を乗り越えようとした先人たちに学びつつ、今を生きる人々の新しい道探求の論議の種の１つになればと願っています。

注
（１） カール・ポランニー（1886-1964）オーストリア生まれ。1933年ナチス政権出現によりロンドンに亡命。1934-40年オックスフォード大学、ロンドン大学で「労働者教育協会」の講師。1947-53年カナダに移住。コロンビア大学客員教授。経済人類学の研究に従事し、『大転換-市場社会の形成と崩壊』『初期帝国における交易と市場』などを出版した。GSEFの理論的な支柱の一人となっているマーガレット・メンデル教授（カナダ・モントリオールのコンコルディア大学K．ポランニー政治経済研究所長）は直弟子である。
（２） アントニオ・グラムシ（1891-1937）イタリアの革命運動家・思想家。1919年にイタリア社会党のコミンテルン参加を主張、トリノの約20万人の自動車工場労働者の工場評議会運動を支持する論陣を張った。1922年イタリア共産党代表としてロシアに滞在、この年にムッソリーニ内閣が組織され全権を掌握する。1926年グラムシは国会議員であったが逮捕投獄され1937年までの10年間を獄中で過ごす。この間に国家とヘゲモニー、市民社会論、知識人論、陣地戦と機動戦論など伝統的な革命理論の欠陥を克服する理論的・思想的な営みを29冊の『獄中ノート』に書き残した。現在、韓国で朴元淳ソウル市長と共にソウル市教育監として活躍している曺喜昖氏はグラムシの研究者でもある。

第1章 蘇(よみがえ)るA.グラムシとK.ポランニー
―― 1人の夢は単なる夢にすぎないが、皆が夢見る夢は実現できる

第1節 絶望か希望か、それは虚妄か

　ノーベル賞受賞者の朝永振一郎氏とともに活動された理論物理学者の亀淵迪さんからバートランド・ラッセル著『世界史の要約』を頂きました。世界史といっても文庫版よりも小さなミニサイズ全10頁、内4頁はイラストで、サブタイトルは「火星人の児童学校用」となっていて「アダムとイブがリンゴを食べて以来、人間は彼らのやりかねない愚かさを抑える事ができなかった」。1枚目のイラストはアダムとイブがリンゴを食べており、2枚目は人々がリーダーの下で家畜や奴隷のような姿で戦争をしている。次の頁には核爆弾が爆発したキノコ雲の写真。そして最後の頁は「The End-Bertrand Russell April1 1960」とある。裏表紙に「1962年5月18日、ガバーボッチェス　プレスによって発行。バートランド・ラッセル90歳の誕生日の祝賀会に彼等への贈り物として刊行。その由来は彼の望みとして彼等に贈られたものである」と書いてあるのみです。

　晩年、核廃絶運動に心血を注いだラッセルが彼一流の茶目っ気と、人類の未来を憂い絶望的な気持ちになっていた事がよく表現されていると思いました。絶望といえば中国の前途を暗澹たる思いで見ていた魯迅の言葉が想い起されます。

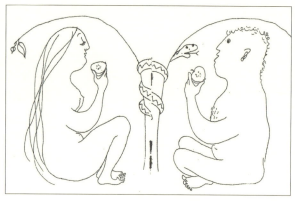

アダムとイブ以来

第1章　蘇るA・グラムシとK・ポランニー

人間は彼らがやりかねない愚かさを抑える事ができなかった

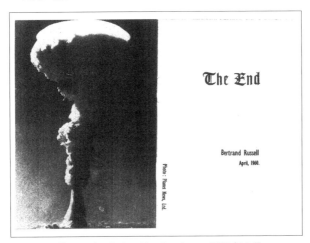

終り　バートランド・ラッセル　1960年4月

　「希望とは何—あそび女だ。誰にでも媚び、すべてを捧げさせ、お前が多くの宝物—お前の青春を失ったときにお前を棄てるのだ。」この偉大な抒情詩人、ハンガリーの愛国者が、祖国のために、カザック兵の槍先に死んでから早くも七十五年がたつ。死は悲しい。だが彼の詩が今なお死なぬことは更に悲しい。しかし痛ましい人生よ。勇敢無比なるペトフィが如きでさえ、暗夜に向かって足を止め、茫々たる東方を顧みなければならなかったとは。彼は云う。絶望の虚妄なることは正に希望と相同じい。』（竹内好『魯迅』）
　ラッセルも魯迅も希望を抱いて奮闘しつつも最後の本音で絶望を口にした。筆者もまた1990年代初めにソ連社会主義体制が崩壊して以後の四半世

紀、自分自身の恥じ多き人生を顧みつつ絶望の淵を彷徨い苦悶してきたのですが、一筋の光明を見出したのはA．グラムシが示唆した社会変革思想の刷新でした。彼は無味乾燥な機械的唯物論とは無縁な「実践の哲学」の提唱者であり、「ソ連モデル」に拘束されない生きた現実と向き合う創造性に富んだ論考を『獄中ノート』に書き綴りました。筆者の場合その多くは終生の師である石堂清倫氏から得ました。そして師亡きあと畏友、松田博、田畑稔、小原耕一、伊藤晃などの諸氏の学恩に負っております。しかし初めてグラムシ思想と現実の世界変革を結びつけて生き生きした討論に出会ったのは、実はフィリッピン・マニラで開かれた国際会議の場でした。

第2節　国際会議に登場したアントニオ・グラムシ

今から約10年前になりますが2007年10月、マニラ大学で『第1回アジア連帯経済フォーラム』が開かれました。筆者は生活クラブ生協の友人である横田克己氏、アジアの女性たちと緊密に交流しているWE21ジャパンの郡司真弓氏、PARC（アジア太平洋資料センター）の北沢洋子氏たちと共に参加したのですが、開会冒頭の基調講演のパワーポイントでいきなりA・グラムシの言葉が大きく示されたのです。

「危機は、古いものが死んでも新しいものが生まれてこないという、正にこの現実のなかにあるのだ。このような空白期間には多種多様な病的現象がおこるのだ」（A・グラムシ『獄中ノート』Ⅲ）

突然だったので驚きましたが、論者は現状を批判するにとどまらず、新しいものを生み出すことが今こそ求められていると主張し、その意気込みをグラムシの言葉を借りて語ったのです。たしかアルゼンチンの人であったと記憶していますが彼は「悪しきグローバリゼーション」に対するオルタナティブな政策と実践が必要である。希望の持てる未来社会の片鱗を実践・実例で示すことによって多くの人々の同意を組織しよう。経済も生活も、倒産した企業の再生も我々自身の手で立て直そう。そうしない限り人々は国家や営利企業や奇妙な勢力に引きずられてしまう。我々が実践してきたのは未来社会の原型（プロトタイプ）づくりである。それが即ち連帯経済に他ならない…と演説し拍手大喝采を浴びたのです。彼はカストロやゲバラを偉大な人物として尊敬しているが、今や「まず先に権力を奪取しよう」という政治路線とは決別したとも語っていました。

同じく2007年ですが12月に東京で開催した『グラムシ没後70周年記念シンポジウム』が明治大学とイタリア文化会館で行われました。私の記憶に

第1章　蘇るA・グラムシとK・ポランニー

鮮明に残っている報告の１つが韓国聖公会大学の曺喜昖（チョ・ヒヨン）教授の「現代韓国政治の変動と社会運動の変化─ヘゲモニーとヘゲモニー亀裂の観点から」でした。

　曺喜昖氏はグラムシ思想のキー概念である支配と同意の獲得─「ヘゲモニー」の洞察を援用しつつ、ヘゲモニーというのは支配的集団と従属的集団の２つの間でつくられる。支配的集団は、力だけでなく同意を創りだして統率する事がヘゲモニーを生み出す過程なのであるが、韓国では開発独裁体制と闘ってきた反独裁の民衆勢力の中で生まれてきたヘゲモニーが体制側の危機を創りだした。その中で支配勢力のヘゲモニーに亀裂を生じさせるにいたった。問題はこの亀裂に対して何を対置するかだ。1980年代まではレーニン主義を取り込んで革命を考えてきた人々は90年代のソ連社会主義体制の崩壊によってヘゲモニーを失った。人々の同意が得られなくなったのである。民衆運動の側にもまた亀裂が生まれた。つまり新しい集団的アイデンティティの創造を迫られるに至ったと語り、反独裁・民主主義の先に如何なる社会、経済、国家を構想するのかが問われている、と問題提起をしたのです。

　曺喜昖氏は現在、1000万人都市ソウルの教育監です。日本と違い教育監は市民の直接選挙で選ばれ、教育委員長と教育長の権限を併せ持つ教育界のトップです。彼は毎週のようにインターネットで自分の考え、ニュース、情報をたくさんのカラフルな写真入りでソウル市民、学生、教師たちだけでなく世界の友人達にも送ってくれます。一部のエリートや財閥企業の成長のための教育ではなく、すべての子供たち、父母、教師たちの幸せのための教育実現のために今、何が課題か？みんなで考え、教育監と語ろう、呼びかけています。最近のトピックの１つが「政府が決めた国定歴史教科書」の何処に問題があるか？　でした。多様な考えを尊重することがどんなに大切であるか考えよう、などと呼びかけています。

　後にも詳しく触れるつもりですが、曺喜昖氏は今やソウル市長の朴元淳氏とともに韓国の首都ソウルで繰り広げられている社会的連帯経済と参加型教育実践のトップリーダーです。２人の関係は緊密な盟友なのです。韓国で最も影響力のある市民団体として知られる参与連帯の初代事務所長が曺喜昖氏でした。その後を継いで第２代の事務所長になったのが人権派弁護士として知られる朴元淳氏です。２人は政界、官界、財界などの諸悪を批判告発するにとどまらず、積極的な代替案の提案をしてきました。参与連帯は政界人や法曹界人など公権力に関係する人の１人１人に１冊ずつファイルを作っています。過去の政治的発言や行動、脱税や兵役逃れな

どの犯罪歴、民主主義に反する言動などを克明に記録し蓄積したのです。2000年の国会議員選挙ではこのファイルに基づいて与野党を問わず、非民主主義的言動があった者を公認しないように要請しました（落薦運動）。これによって各党派は多くの公認を取り消しましたが、それでも立候補した者に対して（落選運動）を行ないました。この運動は非常に反響を呼び、韓国人口の約半分の2500万人が住む首都圏（ソウル市と京畿道）ではほぼ完全に成功しました。また社会保障制度の遅れを取り戻すために日本の生活保護制度に似た国民基礎生活保障法を提案して実現させております。しかもこの制度には生活費の給付だけでなく困難を克服するために働く方法を身に着け、連帯して事業を起こすための組織—自活センターを各地域に設置することを含めています。受け身の保護や救済にとどまらず人びとが主体的に仕事に参加し行動する市民になる道を志向したのです。

第3節　躍り出たポランニー、グラムシの継承者たち

　話が飛びますが2016年9月にカナダ・ケベック州・モントリオールで開かれたグローバル社会的経済フォーラム（2016GSEF）では世界220地域から集まった約1500人の人々は、大会の冒頭に北朝鮮の核実験を厳しく批判した開会宣言の後を受けて、今日の格差社会、経済危機、環境破壊、貧困問題、若い世代の職場などの諸問題は、グローバルな原因があり、これを克服する政策も実践もグローバルな連帯の中でこそ解決できるという事を異口同音に語りました。詳しくは後にご紹介しますが初めてGSEFが開かれた2013年以来繰り返し語られてきたのは希望への突破口を拓こうという事でした。

　「私たちが2つの手を持って生まれてきたのは手を携えて協力するためです…マルクス・アウレリュウス・アントニュウスの『自省録』にあります。市民社会が協働し、地方政府がそれと連携して社会的連帯経済を創造する道を歩めば夢は実現できる。1人が見る夢は単なる夢にすぎないが、みんなが見る夢は実現できるのです。過去4年間、私たちがグローバル社会的経済フォーラムで語り実践してきたこと、その広がりは事実を持って示してきました」（朴元淳 GSEF 共同代表）

　最初のGSEF以来、基調講演や討論の司会などをつとめて理論的リーダーシップを発揮したのは先にも述べたマーガレット・メンデル教授（コンコルディア大学、カール・ポランニー政治経済研究所長）です。同女史はコミュニティ及び公共問題の専門家で、カナダ・ケベック州における社会的経済、地域発展、社会的金融、経済民主主義について多くの研究を行い、

カール・ポランニーの仕事の継承でも広範な出版活動を行っています。ポランニーの主張を簡潔に要約すれば市場経済至上主義を戒め、市場経済を社会に埋め込み、人びとの生活の安定・回復を保障する諸制度すなわち文明の大転換を構想し、実践に歩みだすこと。（若森みどり『カール・ポランニーの経済学入門―ポスト新自由主義時代の思想』平凡社を参照）

即ち、市場原理に委ねれば経済成長と合理性が生まれるであろうという〈市場ユートピア〉論を克服・乗り越えて社会的目的にかなった政治経済文化を人々が自ら選び決定し実行して互いに享受すること、社会的連帯経済への道を歩むこと、政治の仕事はかような道の発展に貢献する政策や制度、財政を実行することです。M.メンデル教授はカール・ポランニー政治経済研究所の共同創立者で、特に現代の民主主義的な経済の発展戦略に関連した著書がたくさんあります。またカナダで初めてのマイクロ・ファイナンス組織であるモントリオール・コミュニティ・ローン協会の共同創設者です。ケベック州の協同金融グループとして名高いシャンティエの理事でもあり、モントリオール市の「コミュニティの持続可能な発展のための社会的経済諮問員会」のメンバーです。国際的にもＧ８の"インパクト投資"タクス・フォースのカナダ諮問委員会の委員を勤めました。

GSEF の創立者である朴元淳ソウル市長が、ソウル市教育監でグラムシ研究者でもある曺喜昖氏の盟友であり共にソウル市の改革を進めている事、GSEF を設立当初から理論的にリードしてきたのがポランニー研究者でもあることは既に述べました。興味深いことに2017年10月に GSEF の密接な協力の下にソウルで開かれる「第14回国際カール・ポランニー会議」の基調報告者の１人、がマイケル・ブラヴォイ氏（アメリカ・カリフォルニア大学バークレー校社会学教授）であることです。本書の後の第７章で畏友、小原耕一氏が詳しく紹介してくれますが、彼はソ連に代表されるコミュニズムの崩壊のあと、現在追求されている「社会学的マルクス主義」について、その淵源にはグラムシとポランニーの論考があるとし、論文「アントニオ・グラムシとカール・ポランニーの補完的な相似点」を発表しております。

新自由主義・市場原理主義と云われる"病的現象"が世界を席巻している現在、希望の星として社会的連帯経済が提起され実践されており、その中から２人の思想家―ナチス・ドイツに追われたポランニーとムッソリーニに投獄されたグラムシが蘇り最評価されつつあるのです。

第2章　GSEFの誕生と発展
──新しい社会変革のネットワーク──

第1節　モントリオールGSEF2016

　2016年9月7～9日の3日間、カナダ・モントリオールで開かれたGSEF2016協議会とフォーラムについてまずその経過と概要を述べます。

　巨大多国籍企業や金融資本によるグローバリゼーションの悪しき影響に対抗するために、世界社会フォーラムをはじめ幾つかの有力なネットワークが組織されています。GSEFは世界の都市、村や町の自治体と民間の社会的連帯経済と呼ばれる運動及びその連合体など中間支援組織が協力して共に創った非営利の国際連帯組織─官民協力モデルとしては世界で最初のネットワークです。ここで採択された「**ソウル宣言**(1)」、「**グローバル社会的経済協議会(GSEF)憲章**(2)」、「**モントリオール宣言**(3)」は歴史的文書であると思います。(この章の末尾に資料として全文を載せます。)

　2013年11月、ソウルで開かれた世界的社会経済フォーラム(GSEF2013)においてソウル市(韓国)、ボローニャ市(イタリア)、ケベック(カナダ)など8つの都市とシャンティエ、ローカビリティ、ＳＯＳなど9つの民間団体が「ソウル宣言」を採択して創立を決意し、翌2014年11月にソウルで開かれた「グローバル社会的経済協議会創立総会」(GSEF2014)において13カ国、18都市、18カ国の43団体が参加するなかで「GSEF憲章」が採択され、機関として総会、運営委員会、事務局を設置し、議長都市と共同議長をきめて正式な国際組織として発足しました。初代議長にはソウル市長の朴元淳氏(弁護士)とソウル市社会的経済ネットワーク代表のソン・ギョンウォン氏(牧師)を選びました。

　モントリオール総会は市の中心部にあるコンベンションセンターで行われ、GSEF2016共同主催者であるデニ・コデル(Denis Coderre)モントリオール市長が冒頭挨拶を行い「国家中心や大陸中心ではなく"まち"の人びとが中心になる国際連帯が大切である」「緑の街路をつくり、気候変動問題など環境問題にも積極的に対処し、低所得層の住宅の確保や金銭的に厳しい状況下にある芸術家たちを支援するなど、貧困問題や社会的課題を解決するためには社会的連帯経済を活性化させる必要がある」「これらを実現するためには今日では町や国だけでなく全世界的な連帯こそが重要で

ある」と述べてGSEFの意義を明らかにしました。

次に共同議長の朴元淳ソウル市長は「世界の最も裕福な62世帯が、世界人口の半分が持っている富と合わせたくらい多くの資産を持っている」と指摘し、「新しい公平公正な経済の担い手、新しいパラダイムの転換が必要な今の時点において、私たちはその答えを社会的経済に求めている」と強調。「社会的経済は国家でも営利主義市場経済でもない、市民の参加によって実行される経済であり、協力・協同・連携・平等などの価値を復活させる運動の行進であって、利他心、名誉心のような動機が支配する経済である」と云い、先に紹介した言葉「1人の夢は単なる夢にすぎないが、皆が見る夢は実現できる！」と非常に印象的な言葉を述べました。

第2節　30人余の市長らが壇上に登場─制度的・政治的な約束

開会式を終えて、第1のプログラムは"舞台の上の都市（まち）"と名付けけられたコーナーで30人余りの世界各地の市長や町長などが勢ぞろい。「社会的連帯経済のための制度的・政治的な約束」というテーマで民間の社会的連帯経済と地方政府（自治体）が協力することによって何をどう実現できたか、次々に語りました。

スエーデン・グーテンベルク副市長「わが町は市民生活のレベルは質的に高いと自負してきたが、実は保健・住宅の分野では格差が広がり不平等が深刻になっているのです。公平で公正な町をつくるために格差を是正し、教育・雇用・住居などの分野で社会的連帯経済を土台にした解決策を模索しながら実行しております」

フランスのパリ市会議員「今、若者の間では社会的企業で働きたいという希望が高まっている。あるアンケートでは約半分が社会的価値のある企業を望んでいる。全世界的な危機的状況の中では、自国のみならず地球に住む人すべての人間が尊重される社会をつくらねばなりません。そのためには、叫ばれている技術的イノベーションのみならず社会的価値のある企業による革新が非常に重要で若い世代の期待に応える活動をしています」

カメルーンのドウアルラ市長「さまざまな困難な問題に直面した絶望的な状況において、社会的企業を創業することは社会悪への解毒剤になっている」と語り、社会的連帯経済に出会い起業する過程をラブ・ストーリーに例えて巧みに表現しました。

アメリカ・ニューヨークの市会議員「富が集中していると云われている850万人の人びとが住む大都市でも実は不平等は深刻な社会問題。この会

議を通じて様々な事例を知るだけでなく、幾つかの都市がアイデアを共有して共に解決するという機会になることを期待しています」等々、世界中の都市代表の話は興味が尽きませんでした。

第3節　ソウル・モントリオール・モンドラゴン・バマコの4市長の対話

次にマーガレット・メンデル（Margueite Menndel）カール・ポランニー政治経済研究所長（コンコルディア大学教授）の司会によって4人の市長との対話が交わされました。朴元淳ソウル市長（韓国）、ドニ・コデル（Donis Coderre）モントリオール市長（カナダ）、アダマ・サンガール（Adama Sangare）バマコ市長（アフリカ・マリ国）、マリア・ウバレッチェ（Maria Ubaretxena）モンドラゴン市長（スペイン）の4人は、国柄も違い都市の規模も違い歴史的にも大きな違いがあるにもかかわらず、当面する政治的・社会的・経済的な課題を解決するためには地方政府だけでは解決できないこと、社会的連帯経済の担い手たちとパートナーシップを築き、その発展を促進することが重要であること。社会的連帯経済は社会発展に寄与する方式である…という点で完全な一致点を導き出しました。そして社会的経済は市民社会との協力の在り方に大きな変化をもたらしている。その場合、同じ環境にある都市ばかりでなく異なる環境の都市の経験からも様々な事を学ぶことができる…として後の節で述べる新しい組織であるC.I.T.I.E.S（国際知識伝授センター）の発足同意書の調印へ繋がる論議を交わしました。

第4節　"まち"の持続可能な発展の戦略と実践事例

市場原理主義の横行、格差社会の広がりに対抗して、資源の浪費や環境を破壊することのない「持続可能な"まち"の発展戦略とは何か？」「それを担保する政策や制度において社会的連帯経済はどんな役割を担うか？」「実際にどう実践するのか？」これ等のテーマについては、実践者による事例報告と質疑討論、専門的な知識や経験を持つ人びとの講演や討論、公的国際機関や団体代表の報告と討論会など様々な工夫をこらした大小さまざまな場が設けられました。私が参加したのはごく一部に過ぎませんがフォーラムのウェブサイトの記録や会議文書からそのうちの幾つかをピックアップして紹介します。

ワークショップと討論会

ワークショップ(事例報告)・ワーキンググループ（研究討論）は2日間にわたり5つのセッション、42のコーナーに分かれ、それぞれに4〜5人の報告者がパワーポイントなどを使って報告しました。ここではテーマだけにとどめますが下記の通り多岐にわたりました。

ワークショップ(実践報告)のテーマ

　・金融への接近方法・大衆の交通へのアクセス・文化・余暇・観光・社会的経済を通じた災害克服(アジアの事例)・利害関係者の協力のための法的枠組み・市民主導の事業をどう創るか・公共機関の購買(発注)と社会的意義の条項・ローカルサービス・文化の多様性への対応・参加型システムのガバナンス・ケベック州の社会的連帯金融・社会的連帯経済のための条件(地域生態系)の開発・事業の創業のための技術的支援・弱者の社会的統合と接近方法・統計にでない非公式な経済部門の確認と認識方法・都市の変化：再生とジェントリフィケ―ション・社会的経済における公職者のネットワーク・社会的連帯経済のための発展方向と政策づくり・地域の購買力の増進・天然資源の有効活用・マーケッティングと産業化の課題・情報の共有の方策・地方政府の規模と水準：社会的経済との協力・影響・コミュニティのための技術・営利企業部門と社会的連帯経済の革新的協力のあり方・共有地の活用・社会的連帯経済と社会的サービス・住居(ハウジング)の課題・都市の再生のための文化の役割・我々が追求する"まち"とは。

　ちなみに日本からの発表は次の4つの事例がワークショップ(実践報告)で発表されました。

1 「地方政府と市民社会の連帯による3市5町の「置賜（おきたま）自給圏推進機構」の結成—山形県置賜地方に実践事例」
　　発表者：渡部　務氏（置賜自給圏推進機構・共同代表）
2 「建設産業における中小企業協同組合と労働組合の協力・巨大独占企業との交渉による公正な経済実現の事例」
　　発表者：増田幸伸（近畿地方生コンクリート関連協同組合連合会・専務理事）
3 「生活協同組合と地方政府（千葉県・野田市）の地域福祉事業における五つの協働の実践事例」
　　発表者：平　健三氏（パルシステム生活協同組合千葉・常勤理事）
4 「日本の大地震津波災害への支援活動を通じた社会的企業の起業の実践事例」
　　発表者：山本未生氏（一般社団法人・ワールド・イン・トーホク、代表）この内の1〜3は「ソウル宣言の会」の推薦による発表でした。

ワーキング・グループ（研究討論）のテーマ

・成果の測定方法と基準・社会的連帯経済のための国際諸機構とのネットワークの協力・男女両性の平等：社会的連帯経済の発展の基本条件・公共の場の転用及び活性化・国際連合（UN）の2030年アジェンダにおける社会的連帯経済の位置・都市と農村の良い関係・持続可能な発展のための運営ツール：統合のための発見と論点・若い世代の起業と社会的連帯経済・社会的連帯経済の定義と数量化・循環型経済と社会的連帯経済・社会的連帯経済とアメリカ大陸

第5節　国際機関の専門家による公開討論

　全体会議の後、大勢の人びとが見守る中でナンシー・ムニタン氏（Nancy Meantan）（カナダのシャンティエ顧問）とローレンス・クワック氏（Laurence Kwark）（GSEF事務総長）の司会によって行われた「GSEF2016で論議された内容をいかに実践するか」と云うテーマで行われた国際機関のオピニオンリーダーの意見発表も印象深いものでした。目標が共通する点が多い国際的な諸組織が一同に会したという意味でも注目されました。

メトロポリス

　「社会的連帯経済は主体的な意思をもった人びとが中心になることが重要である。その意思によって社会の2極分解を克服し、生活の質を変えてゆくものでなくてはならない。そのためには社会的連帯経済の知識を広め共有すること、女性の力を牽引力として発見し発展させることにわれわれの努力を集中している」

欧州連合（EU）

　「ヨーロッパでは社会的経済の比重が既に10％を超えたという統計もあり、次第に支持と力を蓄えていると考えている」「社会的連帯経済は単なる理念ではなく現実である」「既存の営利企業の誘致や政府の援助などの発展モデルは限界にぶつかっている。この状況の中で現実に求められているニーズを満たす事ができるのは社会的経済によるオルタナティブである」「EUは特に青年たちの問題の解決策としても社会的経済に注目している」「いくつかの政府は民間と連携して社会的連帯経済の価値を認める政策を創ろうと試みている。専門家グループを使いポリシーを策定しつつあるEUは、今後G20、G7、OECDなどの国際的なレベルでも協力してゆきたいと考えている」

経済協力開発機構（OECD）

地域経済・雇用発展プログラム（LEED）「社会的連帯経済は包容的、民主的、効率的な方法によって社会の2極分解化の問題を解決する義務があると認識している」「しかしながら公共の領域では社会的連帯経済への認知度が十分にはなされていない。それゆえ人間中心の社会的連帯経済を認知させ、政策の中心部分へ据えさせる努力が必要である」

国際労働機構（ILO）

「全世界的に不平等が深刻化していると認識している。これは雇用の悪化と直結しており、不安定な雇用と不当労働行為などの問題をも引き起こしている」「重要なことは社会的連帯経済を社会福祉政策の一部分として位置づけるのではなく、独立した領域として認知されるようにすることである。労働者のしっかりした雇用と所得保障の問題にも率先して取り組む必要がある」

アメリカ共済組合機構（ODEMA）

「北米、南米、中米などの19地域が連係して人間中心の共済という理念のもとに活動している組織である。共済組合においては、この理念を単なる宣言に止めてはならない。現実の事業政策や運営に反映させることが重要である。従来の政策立案者たちは理念と政策を乖離させてきたようで、その限界を感じてきた。そこで社会的連帯経済の分野の人々や組織の意見を集めて強力な代替手段を提示してゆきたいと考えている」

モンブラン会議（RMB）

「全世界的な危機の中で、我々は新しい行動に出なければならないと思う。市民社会が考慮している社会的連帯経済は社会進歩の中核的な存在であると考えており、また将来への効率的なシステムでもあると考えている」「推進に当ってはパイロット・プロジェクト等を通じた国際協力方式によって活動を推進することが望ましい。社会的連帯経済は偶然や思いつきではなく歴史的な根（ルーツ）があることを忘れてはならない」

大陸間社会的連帯経済ネットワーク（RIPESS）

「20年前からアジア、アフリカ、北米、中南米など60カ国以上の加盟国と連帯して活動してきた。連帯を重視する私たちの価値観と、ここに集うGSEFは価値観とビジョンを共有していると考える」「現代の世界において生態系が急速に破壊されつつあると認識している。これを解決するためには環境破壊を受けている地域の人々の人権の擁護確立を中心課題に据えなくてはならない。特に疎外された地域と先住民のニーズに応じて行くことが必要であり、これを可能にしてゆくことこそ社会的連帯経済ではないだろうか」

第6節　GSEFの仲間C.I.T.I.E.Sが発足とモントリオール宣言

　この総会の開催中にソウル市、モントリオール市、モンドラゴン市の3市の市長は『国際知識伝授センター』(Center International de Transfert Intersectorie Economie Sociale de Solidaire＝C.I.T.I.E.S)の発足を約束する文書に署名しました。これはそれぞれの社会的経済関連知識を共有し、活動家たちの交流を活発にして互いに伝授するものです。このセンターは3市のみならず世界各国の社会的経済のベスト・プラクティスと関連知識を普及し、地方政府・市民社会の間の協力を強めようとするGSEFの実行力を高める役割を果たそうとするもので、いわばGSEFから生れた新しい仲間ですと報告されました。

　最終日に全体会と総会を開いてその集約として「モントリオール宣言」を採択しました。この宣言は「ソウル宣言」と「GSEF憲章」の精神を引き継ぎ発展させるために書かれたもので、「協働と連帯を土台にした社会イノベーション」の論議を集約して、キーワードとして社会的連帯経済を掲げました。社会的経済、連帯経済、社会的連帯経済、共生社会など様々なタームが使われております。それらは夫々に歴史的、社会的背景があってそれらは尊重されます。同時にGSEFは人々の住む町の発展のための諸活動、運営には協同組合、コミュニティ企業、社会的企業など市民中心の経済発展モデルを表現するのみならず、刷新された参加型民主主義を推し進めるうえでも社会的連帯経済の役割が重要であるとして、この言葉として選んだのです。

〈資料1〉 ソウル宣言──新たな協働の発見

世界の危機と社会的経済

　2008年のアメリカ金融危機に端を発した危機が2011年のヨーロッパ財政危機へ、更に最近のアジアおよび新興国経済の金融不安に繋がった。かような危機が市場原理主義への過度な傾斜と、ほとんど規制のない金融世界化の結果であるという事実を否定することは出来ない。

　経済危機は所得の両極化（富者と貧者の格差拡大）と社会的排除をもたらした。これによって経済危機はさまざまな社会的・政治的な危機へと発展していったのである。また化石燃料への過度な依存が、気候温暖化、生物多様性の破壊、そしてエネルギー・食糧危機など人類の生存自体を危険に陥れる生態系問題を生ぜしめている。

　かような危機に直面して我々は"多元的な経済"を模索する多様な動きに注目している。今、世界中で起こっている"社会的経済の運動"が、両極化（富者と貧者の格差拡大）、社会的不平等と社会的排除、そして生態系の破壊という諸問題を解決することができる新しい希望として浮上している。我々参加者たちは社会的経済が"さらに湧き出る希望の世界""さらに湧き出る希望の暮らし"を人類にもたらす贈り物になると信じている。

社会的経済はなぜ重要であるか？

　社会的経済は信頼と協同を基礎にして効率性と平衡性そして持続可能性を同時に達成しようとする。協同組合、ひとびとが住む地域の企業（マウル＝村や町の企業）、社会的企業（営利本位の企業を除外）、信用組合とマイクロ金融、そして非営利諸団体などが社会的経済を構成している。勿論、慈善団体と社会的投資部門も非常に重要である。このような社会的経済こそが公共部門と市場経済との調和をつくりだし、現在のグローバルな危機を克服することが出来るのだ。社会的経済は地域、国家、そしてグローバルな次元において、経済、社会、文化および生態系問題にたいして総合的に接近するという特徴を備えている。

　社会的経済は何よりも社会的に疎外されたひとびとが仕事の場をつくること、尊厳性を回復する場合において必須的な存在である。特に教育と福祉、保健と介護サービスに関連する商品（relational goods）を供給する社会

サービス部門において、社会的経済は驚くべき成果をあげている。また社会的経済は持続可能な共同体の形成と食料の安全保障において非常に重要である。社会的経済はこの間、充足することのできなかった必要（needs）を社会の構成員の協同によって解決するという点において社会革新（social innovation）の最も重要な土台なのである。

地域共同体の持続可能なエネルギーの生産、ローカルフード運動、公正貿易（フェアトレード）などの多様な社会的経済は、我々が当面する生態系の危機を克服するのに効果的であることを立証してきた。生態系の問題を解決するためには、地域の社会的経済が国際的な協約へ加入すること、国家次元のエネルギー体制の転換を促すことなどを通じて、世界と国の多くの諸制度と結合しなければならない。

社会的経済は、草の根の参加型民主主義（participatory democracy）と地域の社会的および経済的な再生を実現するための土台である。社会的経済に内在している民主的な意思決定と参加は、現在の危機を克服しようとする場合に必須である。また危機を克服し、社会的統合を成し遂げるうえで、連帯と持続可能性の精神をひとびとに教え悟らしめるという点において、社会的経済の重要性は大きな国際協約から個人の規範に至るまで、すべての次元において日々重要性を増している。

グローバル社会的経済のネットワークを目指そう

今、人類が直面している問題はどんな国でも一国が単独では解決することの出来ない問題である。我々が当面している問題を解決するためにグローバルな連帯を追求しなければならない第一の理由はここにある。他者とのネットワークを通じて我々は地域共同体と国家を包括するグローバルな社会的経済の連帯関係を構築しなければならない。

2013年グローバル社会的経済フォーラム（GSEF）は、アイデアと経験を共有する回路として、全世界の我々が皆、未来をめざす新しい社会的経済のパラダイムを開くために積極的に協力する場である。

このフォーラムは、世界の共同体が社会的経済の運動の成長を支援することによって、未来の新しい議題を提示する重要な機会であると思う。我々は次のような進展を皆が共に到達するように努力することを誓う。

1．各地方政府は公共―民間―共同体のパートナーシップを通じて持続可能な社会的経済のネットワークを構築し、主要な社会的経済の諸主体の間の交流と協力を推進する。
2．我々は皆、市民の権限の重要性を認め、各社会的経済の多様で広範囲

の共同体のリーダーシップを支持する。
3．我々は皆、社会的経済についての認識を高く揚げた、相異なる諸集団のための学習のプログラムを開発して、その成果を相互に共有する。
4．我々は皆、社会的経済を振興するために標準的な教科書と市民教育のプログラムを共同で開発することにした。かような努力は市民社会の影響力と力量を増進させるものである。
5．我々は皆、社会革新をするために我々の経験とビジョンを共有し、人的資源の育成のため、諸都市間の社会的経済の人的交流のプログラムを積極的に運営する。
6．我々は皆、リアルタイムで、インターネット及びその他の意思疎通手段を通じて社会的経済に関連した情報を交換し、社会的経済の新しい研究成果を討論し、共有する。各都市の政府はこのような情報に立脚し、政策を随時調整することが出来るように努力する。
7．我々は皆、社会的経済と市場経済及び公共経済とが調和をつくりあげることが出来る発展モデルを開発する。政府の公共政策は、かような目的を達成できるようにすることである。
8．我々は皆、社会的経済の連合体と社会的経済の支援組織を形成しようとする努力を積極的に支持しつつ、このような諸組織が社会的経済の活動方向を決定して共同プロジェクトを推進する場合に、決定的な役割を果たすという点を深く認識する。
9．我々は皆、深刻な低開発と貧困の問題を経験している開発途上国についての責任意識に共感し、社会的経済を通じて貧困国家の経済、社会、文化、環境に対する統合的な接近を通ずる解決方法を模索する。
10．我々は皆、社会的経済のグローバルな共同行動を推進し、社会的経済を運営し発展させるためにグローバルな協議体の形成を支援することにした。女性団体、労働団体、環境団体など社会的経済の多様な諸運動もこのような過程に共に参加するであろう。　グローバルな社会的経済の協議体の建立を推進するために、ソウルに臨時の事務局をつくり、二〇一四年に総会を開催すべく準備する。すべての参加者は二〇一四年の総会において主催都市の選定、事業内容の確定などのために具体的な活動計画を樹立することに協力する。

グローバル社会的経済フォーラム2013（11月5〜7日　ソウルにて会合）
この宣言文は大韓民国のソウルにおいて採択された。

フォーラムへの〈**参加都市**〉
　ボローニャ市（イタリア）、エミーリア・ロマーニャ州（イタリア）、京都市（日本）、モントリオール市（カナダ）、ケベック州（カナダ）、ケソン市（フィリピン）、ソウル市（韓国）、横浜市（日本）。

フォーラムへの〈**参加団体**〉
　アジア・ベンチャー・フィランソロフィー・ネットワーク（シンガポール）、シャンティエ（カナダ）、グループSOS、HKCSS（香港）、KⅡインターナショナル・グループ（日本）、レガ・コープ・ボローニャ（イタリア）、レガコープ・エミーリアロマーニャ（イタリア）、ローカリティ（英国）、ソーシャル・トレーダーズ（オーストラリア）、ソウル社会的経済センター（韓国）。

　注：フォーラムにはこれ等の都市および協同組合を含む他の多くの社会的経済を担う都市や団体、研究者、個人が世界各国、地域から参加した。
（訳：丸山茂樹　直訳すると分かりにくい箇所などを一部で言葉を補っている）

〈資料2〉 グローバル社会的経済協議会(GSEF)憲章

[目次]
前　文
第一章　総　論
　第一条　我々のアイデンティティー
　第二条　我々のビジョン、任務、そして目標
第二章　会　員
　第三条　会　員
　第四条　会員の加入と退会
　第五条　会員の権利と連帯
第三章　組　織
　第六条　総　会
　第七条　議長都市、共同議長及び運営委員会
　第八条　事務局
第四章　財　政
　第九条　財　源
　第一〇条　支　出
第五章　付　則

前　文

　現在、世界の経済及び生態系が危機にさらされている。そこで我々は、社会的経済を通じ「よりよい生活」「よりよい世界」を構築することが不可欠だと考える。社会的経済とは、信頼と協力によりこれらの問題を解決し、共同体の連帯性を深める経済のことを指す。

　こうした精神を要約したものが、2013年11月5日に採択された「ソウル宣言」である。そして、我々はさらに一歩踏み出し、社会的経済の体系的な発展と国際的な連帯のため、GSEFの憲章を採択する。

第一章　総　論

第一条　我々のアイデンティティー
１－１　社会的経済の国際連帯のため、我々は非営利国際組織であるグ

ローバル社会的経済協議会 Global Social Economy Forum（以下、GSEF）を設立する。

1－2　社会的経済とは、信頼と協力に基づき連帯の価値を達成する経済であり、地域共同体は社会的経済の最も重要な土台である。

1－3　社会的経済の主な主体は協同組合、共同体企業、社会的企業、信用組合とマイクロファイナンス、そして非営利団体などであり、慈善団体や社会投資領域も社会的経済に含まれる。

1－4　GSEFは、国家、人種、宗教、ジェンダーなど、あらゆる次元での差別や不平等を認めない。

1－5　GSEFは、多元的な発展を志向する。我々は、人間の本性にある多元性、社会的経済組織の多元性、マクロ経済的な目標の多元性、政治的な目標の多元性を認め、これらの多元性が調和するような発展を追求する。

1－6　なかでもGSEFは、草の根組織の主体性を重んじており、この精神に基づき自治体及び政府の政策が相互補完されるべきであると考える。

第二条　我々のビジョン、任務、そして目標

2－1　ビジョン：GSEFは、市場経済、公共経済、社会的経済及び生態の調和のとれた発展を志向する。個人の能力を最大限に発揮させ、連帯により社会問題を解決へと導くのがまさに上記のような発展である。GSEFは、こうした目的を達成するための国際的なネットワークである。

2－2　任務：GSEFは、社会的経済団体や自治体との連携を通じ、良質な雇用の創出、公正な成長（fair growth）、草の根民主主義の成長、持続可能な発展を追求する。このような人間の尊厳性と生態の持続可能性が持つ価値は、GSEFの全ての活動が目指すべき基本理念である。

　GSEFは、共有資源の量と質の向上に貢献し、これらの資源に対する公正なアプローチと使用を促す。共有資源を取り戻すための鍵は、社会的経済の運営原理である信頼と協力であり、地域の生態系と文化、知識、歴史資源などすべての共有資源は、GSEFの重要な活動目的である。

2－3　目標：GSEFは、以下のような事業を継続的に推進する。

(1)　GSEFは、世界中の社会的経済主体の経験を共有し、人的・物的交流を促進する。そのため、オンライン・オフラインでのプラットフォームを構築し、人的・物的交流の活性化のための様々なプログラムを開発する。

(2)　GSEFは、自治体と非政府機関が公共―民間―共同体パートナー

シップを通じ、社会的経済ネットワークを安定的に構築できるよう支援する。

(3) GSEF は、各地域における社会的経済協議会と支援組織の形成に向けた全ての取り組みを支持し、それらの組織を通じて社会的経済の生態系が世界中に広がるよう様々な協同事業を推進する。

(4) GSEF は、深刻な低開発と貧困に苦しむ発展途上国への支援責任について共感し、これらの国々の経済、社会、文化、環境が改善されるよう、社会的経済の国際連帯と協力を推進する。

(5) GSEF は、我々が追求する社会的価値と両立可能な世界中の様々な運動を支援すると共に、人類が直面している問題を解決するための共同行動を推進する。

(6) GSEF は、各地域の社会的経済を支援するため、基金を助成できる。

第二章　会　員

第三条　会員

3―1　原則的に、GSEF の会員は次のように分類される。

(1) 正会員
(2) 準会員
(3) 名誉会員

3―2　正会員

(1) 正会員は、自治体会員と社会的経済ネットワーク会員により構成され、総会での議決権と被選挙権を持つ。

(2) 全ての地方自治体及び政府と、全国・地域単位の自治体の連合体及び協議会は、自治体会員に加入できる。

(3) 様々な社会的分野に携わる地域・国家・大陸・大陸間・国際ネットワーク（中間支援組織及び協議会）は、社会的経済ネットワーク会員に加入できる。

3―3　準会員

社会的経済関連組織で、GSEF の活動に積極的に参加したい組織は、準会員に加入できる。

3―4　名誉会員

名誉会員は、GSEF の活動や社会的経済分野に貢献した個人や団体に与えられる。名誉会員は、GSEF 運営委員会が推薦し、総会での承認を経てその資格が与えられる。

第四条　会員の加入と退会
4—1　加入：会員の加入は、運営委員会の検討と総会の承認を経て決定される。具体的な加入手続きは別途の規定で定める。
4—2　退会：会員は、事務局に書面で退会の意思を伝えることで退会できる。退会手続きは別途の規定による。
4—3　警告及び資格の停止：GSEF 運営委員会は、会員が GSEF 憲章を毀損したり、GSEF が求めるビジョンや任務、目標、GSEF 憲章を害したり、それに反するような態度を示したことが公式的に認知された場合、該当会員に対する警告または会員資格の停止手続きを踏むことができる。運営委員会は別途に定めた手続きによって警告または資格停止の可否を決定しなければならない。

第五条　会員の権利と連帯
5—1　権利
(1) 全ての会員は GSEF の活動とプログラムへの参加が可能であり、定められた手続きによって GSEF の活動に関する全ての情報、資料、記録にアプローチできる。
(2) 会員は、自らの発展や共通目的の実現のため、GSEF の新たなタスク及び会員間の具体的な連帯や協力方法を、総会など GSEF 内の様々なコミュニケーションチャンネル通して提案することができる。また、GSEF の意思決定プロセスにおいて、規定により与えられた権利を行使することができる。
5—2　連帯
(1) GSEF の全ての会員は、GSEF が推進するタスクとプログラムを支持し、これに協力する。
(2) 会員は、社会的経済の生態系拡大のため必要な経験・知識・情報を GSEF 会員の間で共有するなど、会員の相互交流に協力する。
(3) 会員は、適正な年会費を支払うことで GSEF の財政自立に貢献すると共に、社会的経済の価値に従って連帯するよう努めるものとする。

第三章　組織
GSEF は、次のような意思決定及び執行システムを持つ。
(1) 総会
(2) 運営委員会
(3) 事務局第

第六条　総会
6－1　総会：総会は、GSEF 会員が任命した代表で構成され、GSEF の最高議決機関として次の事項を決定する。
  (1) GSEF の事業及び財政に関する事項
  (2) GSEF 会員の利益に関する事項
  (3) 議長都市及び運営委員の選出
  (4) 次期総会の開催都市の決定
  (5) 憲章の修正
  (6) 組織の解散
  (7) その他、GSEF の組織と運営に関する重要事項
6－2　総会の管理
  (1) GSEF の解散と GSEF 憲章の修正を除く総会の決定は、審議による合意に達しない限り、出席した正会員の過半数の賛成によって下される。
6－3　総会の開催
  (1) 定期総会は二年ごとに開催され、開催地は総会で決定される。
  (2) 次期総会を開催しようとする自治体は、総会開催の九〇日前までに誘致提案書と自治体代表の公式書簡を事務局に提出する。
  (3) 次期総会の開催が決まった自治体は、官民共同準備委員会を構成し、開催日の一年前までに総会の推進計画書を事務局に提出する。
  (4) 定期総会は開催地の自治体が、事務局との業務協約を通じ全て準備する。
  (5) 臨時総会は運営委員会の委員全体の三分の二の同意を得れば開催することができる。
6－4　憲章の修正
　　　憲章の修正は、本会に在籍する正会員の三分の二以上の出席と、出席した正会員の三分の二以上の同意により議決される。
6－5　GSEF の解散
  (1) GSEF の解散は、本会に在籍する正会員の三分の二以上の出席と、出席した正会員の三分の二以上の同意により議決される。

第七条　議長都市、共同議長及び運営委員会
7－1　GSEF は、議長都市と運営委員会を置く。
7－2　議長都市と共同議長
  (1) 議長都市は総会で選出する。また、選出された議長都市の自治体代表と議長都市内の社会的経済ネットワーク会員の中から選ばれた代表が

GSEF の共同議長を務める。
 (2)　議長は GSEF を代表し、GSEF 総会を主催する。
 (3)　議長都市と共同議長の任期は二年であり、連続で務めることも可能である。
 (4)　議長都市に立候補する場合は、定期総会開催の六〇日前までに事務局に文書でその意思を表示する必要があり、事務局は全ての会員に対して即座にその旨を伝えなければならない。

第八条　事務局
8－1　事務局
 (1)　共同議長は GSEF 事務局の事務局長を任命し、運営委員会はそれを承認しなければならない。
 (2)　GSEF は事務局を設け、大韓民国のソウルにその所在地を置く。
 (3)　事務局は、総会と運営委員会の全ての決定事項を執行し報告しなければならない。また、総会とその他の会議を支援しなければならない。
 (4)　事務局の運営に必要な経費は GSEF が負担し、事務局が所在する都市は事務局の運営のために必要な人材を追加で派遣することができ、事務局の基本的な運営に必要な支援をすることができる。
 (5)　事務局は必要に応じて職員を採用すべきであり、国際労働基準に沿ってその職員と雇用契約を結ばなければならない。
8－2　特別分課：運営委員会は必要に応じて事務局に特別分課を設け、それを運営できる。

第四章　財　政
第九条　財　源
9－1　GSEF の財源は、次のように構成される。
 (1)　会員の登録費及び年会費
　　―登録費：GSEF 加入の承認を得た会員は登録費を納入する。
　　―年会費：運営委員会は会員のタイプ、規模、財政能力に応じてその年会費を決定し、会員の経済・金融的な困難など例外的な状況を考慮した上で一定期間年会費を免除、軽減または支払い方法の代替を決定できる。
 (2)　GSEF 会員を含む各自治体、国際機関及び認可された民間機関で出資した共同事業資金
 (3)　特別寄付金：会員または非会員の自発的な寄付金

⑷ 出版物の販売、イベントへの参加費及び各種契約によって発生した収益
⑸ 非財政的な形の寄付金

第一〇条　支　出
10—1　運営経費：事務局の運営経費、臨時総会の運営経費、運営委員会が承認したその他の費用など、GSEFの運営に必要な経費はGSEFが負担する。
10—2　事業経費：GSEFの事業のうち特定の地方政府で提案した事業の一部は、運営委員会の審議を経て事業経費を該当事業を提案した自治体が分担するようにする。
10—3　定期総会の開催費用：定期総会の開催費用は開催地域の自治体が準備する。
10—4　基金：GSEFは各地域の社会的経済を支援するため、基金を使用できる。
10—5　GSEFの会計年度は毎年一月一日から一二月三一日までであり、運営委員会は事務局が提出する会計帳簿を監査し、必要な場合は公認の監査機関による会計監査を追加で実施することができる。

第五章　付　則
11—1　この憲章は、創立総会で承認された日から即座に発効される。

(訳：「ソウル宣言の会」)

〈資料3〉 GSEF2016モントリオール宣言

現在の状況

いま私たちが世界中で目にしているのは、所得不平等の拡大や社会の分裂、社会的排除の広がり、環境問題への対応能力の欠如である。これらに加えて、うまく都市の成長をはかるという重要な政治課題がある。そのためには、まともな生活の質を確保することや、基本的なニーズ（住宅、水、公衆衛生、エネルギー、交通、安全等）へのアクセスを確保し、個人および集団をエンパワーメントできる環境を確立することである。

社会的連帯経済へのコミットメント（積極的関与）

私たち、モントリオールで開催されたGSEF2016の参加者、62か国の330の都市からやってきた1500人は、いま一度、強く断言する。すなわち、より理性的かつ公正で持続可能な都市の発展が可能であり、そして経済的、社会的、政治的な活動の中心に人々を据えることのできる経済開発モデルが存在していること、これである。私たちは、これを社会的連帯経済 The Social and Solidarity Economy（SSE）と呼ぶ。

社会的連帯経済が追い求めているのは、経済効率、社会的包摂、持続可能な開発、そしてまちづくりや経済を機能させることへの参加度を高めることを含め、これらを統合することである。協同組合やコミュニティ・ビジネス、社会的企業、信用組合と共済、社会的責任金融、非営利機関は共に社会的連帯経済を構成している。社会的責任投資家と同様に、慈善事業セクターもまた社会的連帯経済の発展に貢献している。要するに、社会的連帯経済とは、利益の増大を経済活動の主たる目的もしくは唯一の目的とはみなさない人々すべてを包含しているのである。前に進むために、社会的連帯経済は、私的セクターおよび公的セクターと並んで自らの役割を全面的に引き受けなければならない。

社会的連帯経済は全ての社会にとって欠かすことができないのであり、現在の開発モデルに疑問を投げかけている。社会的連帯経済が希望を与えているのは傷つきやすい個人やグループである。彼ら彼女らは、まともな仕事を見つけることもできず、最低限の生活水準を満たすうえで必要な住宅や適切なサービスへのアクセスを欠いている。社会的連帯経済は、天然

資源の共同所有や持続可能な生産方式を通じて環境を保護するような開発モデルを支持する。社会的連帯経済は、経済的、社会的活動の中心部分での共同行動を通じて、参加型民主主義を再活性化していくうえでの基礎であり、社会的連帯経済が本来有している民主的な諸過程と共同の意思決定は、こうした課題に立ち向かう上で欠かすことができないものである。

国に加えて、都市や地方自治体、そして共同行動がある

　人類が直面しているこれらの課題は、一国のみで解決できるものではない。都市、町および地域自治体の寄与もまた欠かすことができない。とくに、政府や地方自治体は住民に最も身近なものであり、活力ある民主主義を促進する助けとなり、また市に対しての権利を承認するのであるから、彼らの寄与はいっそう不可欠だといえる。

　これらの課題に直面しているがゆえに、研究者の支援を受けて、すべてのステークホルダー（利害関係者）が積極的に参加することが求められるガバナンスが必要なのである。その目指すところは、地方自治体の専門的な能力を強化し、コミュニティのニーズや切なる願いによりよく応えることである。

　さらに、こうした課題に直面したいま、情報を広め、ベスト・プラクテス（最良の実践例）を共有することによって、また資金援助を含めて相互に支援し合うことによって、国際的な連帯に深く関与することを、私たちは再度確認する。この国際連帯は、より公平な世界を求める大衆的な活動を通じて、また未来に向け実現可能な国際的なアジェンダを打ち立てることによって、おのずと明らかとなる。

　私たちは、このように、GSEFとの協力に深く関わることをあらためて断言する。その目的は、現在の諸課題に立ち向かう社会的連帯経済の貢献をさらに推し進めるためである。この課題への対応には、住民の切なる願いを反映した都市生活の質を達成できるよう奮闘している国連2030「アジェンダ」およびハビタットⅢ「ニュー・アーバン・アジェンダ（新都市アジェンダ）」の実施も含まれている。

決議

　2013ソウル宣言をさらに強めるために、私たちは以下を目指して、私たちがまちづくりのための作業に積極的に関与する。すなわち；

1．現在の課題を克服し、刷新された参加民主主義を推し進めるうえでの社会的連帯経済の核心的な役割を認めること

2．参加型ガバナンスの場所（空間）を拡大すること
3．いかなる年齢、いかなる生まれであろうが、すべての男女を包摂する運動を築きあげること
4．公共機関─私的領域─コミュニティ間にパートナーシップを築き、コミュニティのニーズと切なる願いを満たすこと
5．GSEFの戦略的パートナーであるCITIES（社会的連帯経済に関する経験共有のための国際センター）を通じたものを含め、私たちのビジョン（将来展望）や経験、成果を共有し、社会変革を推し進めること
6．若者たちを社会的連帯経済運動の未来の重要な担い手として認識し、支援すること

（ソウル宣言の会：訳）

第3章　朴元淳ソウル市長の誕生とイニシアティブ

第1節　朴元淳市長の登場

　前章までグローバル社会的経済フォーラムが朴元淳ソウル市長のイニシアティブのもとに、カナダ・ケベック州コンコルディア大学カール・ポランニー政治経済研究所長のマーガレット・メンデル教授などの協力を得て発足し発展しつつあることを述べてきました。ではリーダーの朴元淳氏とは如何なる人物で、どのようにして登場してきたのでしょうか？ここでその足取りと政治的・政策的な特徴について述べる事にします。

人権派弁護士から参与連帯へ

　朴元淳氏は1956年生まれ。1983年に検事を経て弁護士となり、いわゆる人権派弁護士として活躍しました。韓国の治安法制度を研究した『国家保安法研究』（全3冊）があります。アカデミックで膨大な頁数の著書ですが、政治犯にされた人びとが犯罪人でないことを厳密に論証して「歴史は彼らに無罪を宣告するであろう」と述べています。

　1994年に設立された進歩的な市民団体「参与連帯」（正確には〈参与民主社会のための市民連帯〉）に積極的に参画し、初代事務所長の曺喜昖氏（聖公会大学教授）の後を継いで事務所長。2000年の総選挙では落薦運動・落選運動の先頭に立って大きな成功を収めました。

「美しい財団」を創立

　2003年に参与連帯のリーダーを辞任し、2002年に創立した「美しい財団」の常務理事となり、市民運動の新しい領域を広げます。朴元淳氏が私に語った財団設立の理由は以下の通りでした。

　従来の市民運動は運動が盛り上がる時には人材も資金も豊富になるが運動が下火になると貴重な人材も散ってしまい持続性に乏しかったのです。この欠点を打開して、韓国の市民社会の中に寄付文化を根づかせること、得た資金で市民運動、住民運動、その人材養成をはかること、また市民事業のモデルになるような持続性のある事業を起こす。そのために財団をつくって運動の継続性をはかるのが目的ですが、これは諸外国の社会運動から学んだことです。

　「美しい財団」は年間約100億ウォン（約10億円）規模の寄付金を獲得して

おります。特徴的なことは、多くの目的別のプロジェクトがあり、寄付したい人が望む事業や目的に沿った運動ごとに口座があること。第1号の寄付者が従軍慰安婦の方であったことがマスコミにも大きく報じられて話題になりました。また基金の配分は公正な原則のもとに社会的信頼のある人々の審査を経て行われています。また傘下に「美しい店」という名のリサイクルショップを経営しており、全国に100店舗以上を展開しました。この「美しい店」は2007年には社会的企業育成法に基づいて認証された社会的企業となり、後に財団から独立しています。

「希望製作所」を創立

希望製作所は2005年8月に設立準備を始め、2006年1月から活動を開始しました。朴元淳氏を中心にした「市民運動のシンクタンク」です。「参与連帯」で市民運動の発展に寄与しつつも、その限界である資金難や人材養成の困難さを痛感した同氏は「美しい財団」を創立することによって運動が継続するよう助成し、人材育成でも国内の大学院や海外へ留学させるなどの成果を収め、寄付文化でもあり非営利の市民事業でもあるリサイクルショップ「美しい店」の全国展開にも成功したわけです。

そして次の仕事として取り組んだのが政策作り、すなわち市民運動のシンクタンクです。朴元淳氏が私に語ったところによると、その場その時の情勢に応じた市民運動のみならず、戦略的に考え行動しなければならない。中央のみならず、地方でも地域ごとに諸問題を解決するための政策、また時間的にも当面する課題だけでなく中期的・長期的に解決を計る政策、戦略が必要です。これらを市民自身が参画して社会をデザインしてゆく、つまりソーシャル・デザイナーの研究教育機関をつくり、全国の各分野に社会的デザイナーを養成するシンクタンクを創ることにしたのです。

私が最初に訪問したのは2008年秋でしたが、当時すでに博士号、修士号など学位を持つ専門性の高いスタッフなどが約60名いました。予算規模は年間、日本円換算約7億円で、既に業績として調査資料集21巻、調査報告書8本、単行本17冊が発行されていました。この他に多数の現地見学会、移動しながらの教室・講座など教育的な行事が多数組まれていました。

希望製作所の基本的な理念と活動の特徴

この希望製作所の理念や手法はソウル市長として、またGSEF創立者としての朴元淳氏を理解するうえで重要であると思われますので、少し詳しく触れたいと思います。

特徴の第一は市民による「独立したシンクタンク」である事です。行政や企業と関係をもっても判断と行動は自主自立である事。第二に経歴や肩

書に関係なく、適任者が誰でも研究に参画できることです。つまり専門的研究者と一般人を区別することなく、運動を担う人々の参加型を原則にしている事。第三に伝統的な大学や行政のように中央集権的なあり方を拒否し、「暮らしの舞台」が中心であるとして「地域」を重視する事です。第四に抽象的な観念論を拒否し実事求是の「実用」を方法論とすることです。第五に哲学としては人間中心、エコロジー志向、文化中心の肯定的批判の「代案」提示に重心を置くこと。第六に「現場」にこそ真理があると考え、社会の問題は多様な課題がつながっているから、マスメディアにとらわれることなく「現場」から世の中を読み解く手法をとります。第六に研究対象を政治や経済のような特定の領域に偏重せず、「総合的」に行うことです。この理念に基づいて希望製作所は一般市民から研究や調査テーマを募集し、当時すでに1,000件以上の提案が出されていました。この基本方針のもとに沢山のプロジェクトがつくられ実行されました。

　これは市民運動に対して従来から寄せられていた批判①市民運動と云っても一般市民不在のエリートの運動ではないか②ソウル市中心の中央集権的な運動ではないか③政治的に偏った運動ではないか、という批判に正面から答えたものでした。

ソウル市長選挙への立候補と当選

　2011年10月に行われたソウル市長選挙に朴元淳氏は革新系無所属として立候補し当選しました。朴元淳氏が革新系野党の統一候補になる過程には紆余曲折がありました。世論調査では圧倒的に人気があった安哲秀氏が、朴元淳氏との会談で立候補を辞退、朴元淳氏支持を表明して、他の左派系野党も候補を降ろして一本化に成功しました。このような経過を顧みると朴元淳市長の誕生は、用意周到に着々と準備されてきたように思われますが、実際には波乱に富んだ偶然の要素が重なったことも少なくありません。別の表現をすれば、保守か進歩か、北朝鮮に絶対反共か、融和的かといった従来の対立軸とは異なる未来展望と政治手法について朴元淳氏の政治路線が十分に理解された上で当選したとは言えない状況でした。

　しかし、当選した後の朴元淳市長の政策には一貫した目標と手法がとられてきたことが分かります。すなわち以下の節で見るように、トップダウンではなく人びとと共に歩む事、誰もが理解できる希望がもてる目標を示す事、実行に当っては市民参加型を徹底する事です。

　政治の民主主義にとどまらず経済の民主主義を行うには、出資金の多い少ないに関係なく1人1票の決議権をもつ協同組合が奨励され、「協同組合都市―ソウル構想」が提唱されました。「協同組合活性化支援条例」に

結実します。続いて営利や投機を目的とする経済ではなく、相互扶助と社会的利益のための制度を担保する「社会的経済基本条例」が制定されます。この条例の中には、ソウル市内のみならず、世界の人びとと共に歩む事が盛り込まれ、財政的支援を含む政策がもりこまれてグローバル社会的経済フォーラムの創立に繋がってゆくのです。

第2節　ソウル市の「協同組合活性化支援条例」制定と政策展開
はじめに

　韓国総人口約5,000万人の20％、約1,000万人が住むソウル市は13年2月に「"協同組合都市―ソウル"実現のための協同組合活性化―基本計画」案を発表し、ソウル市議会はこれを実行するために3月8日、「ソウル特別市協同組合活性化支援条例」を制定した。この計画によれば12年現在の協同組合数は823組合であるが、10年後の22年までに約10倍の8,023組合、組合員数666万人、ソウル市民のほぼ全員が何らかの協同組合の組合員であるような「共に創り、共に享受する、希望の"協同組合都市―ソウル"」を目指すという。

　既存の農協、生協、信用事業等の協同組合ばかりでなく新たにつくる医療保健の協同組合、子育ての保育・教育の協同組合、職のない若者や働く場を欲する人びとが創る労働のための協同組合、福祉サービスを受ける人々、福祉サービスを提供する人々の協同組合等々いわば暮らし、仕事を含めた揺り籠から墓場まで市民生活のニーズのある全ての領域に大小各種さまざまな協同組合を組織することを市が支援し、協同組合が人々の日常生活に欠かせない街にすることを意味する。勿論、協同組合は人々が自分達の意思で自主的につくり自律的に運営する組織である事は繰り返し強調されており、市の役割は人々が協同組合の設立や活動をしやすい環境を整え支援することであることが明記されており、そのための広報と教育が要の位置を占めている。

　「ソウル特別市協同組合活性化支援条例」（以下、支援条例と略す）は全17条と付則からなる比較的簡潔なものであるが、「"協同組合都市―ソウル"実現のための協同組合活性化基本計画」（以下、基本計画と略す）は、この政策の立案過程の説明から社会的・経済的背景、ビジョンと戦略、課題別の推進計画、行政の役割と体制、予算、ソウル市内にある25の自治区との連携、協同組合の連合会や社会的企業の協議会など市民社会の中間支援組織との協力体制など広範囲な内容に及ぶ。本稿では支援条例や基本計画に

係る政策の主な内容と意義、今後の展開と実現の可能性などについて触れることにしたい。

1．なぜ協同組合都市か―経過と背景

"協同組合都市―ソウル"の政策展開の経過を考えると、先ず第1に11年のソウル市長選挙において野党と無所属市民派の統一候補となった朴元淳氏（パク・ウォンスン、弁護士、参与連帯元事務処長、美しい財団元常務理事、市民運動のシンクタンクである希望製作所前常務理事）が当選したことに触れねばならない。市長選挙は学校給食の全児童への無償提供の是非を直接的な争点にした住民投票で保守党市長が敗北の結果を受け辞任したことによって実施された。

この時、朴元淳氏は単に福祉重視を公約するだけでなく市民参加による社会改革を主張したのである。すなわち、その政治哲学として希望を実現する市民参加型の政策と活動の展開、地域と生活の重視、エコロジー、批判に終わらない代案の提案と実行、総論や空理空論に終わらない「現場での実行」、人々の希望を実現する具体的政策を実行する行政、等を掲げた。その帰結が"協同組合都市―ソウル"の実現だったのである。

第2に韓国の社会的・経済的な背景としての格差社会化である。日本ではサムスンや現代グループなど大資本の成功例や北朝鮮との軍事的緊張の面が大きく報道され農林水産業の衰退や地域経済の疲弊、職に就けない若者の増加などいわば韓国の影の部分があまり報道されてこなかった。しかし幾つかの指標を例示するとソウルでは過去10年間に階層間格差は3.9倍から4.6倍になり中間層が激減した。雇用率は64.9％で日本やイギリスの70％台よりも低く、その内の非正規職は108万人から131万人に増加した。韓国に多い自営業者（韓国は28.8％、OECD加盟国の平均は17.5％）の所得は賃金労働者の約半分の149万ウォン（平均月額）であって彼らの4分の1は赤字経営である。しかも巨大流通業のSSM（Super Super Market）等の進出によって中小企業・自営業の経営環境は著しく悪化している。これらの問題を解決することなしに未来への展望は開けないのであった。

第3に国連が12年を"国際協同組合Year"にし、これに呼応した大規模な各種イベントが実行されたことがあげられる。国会が超党派で「協同組合基本法」を通過させ、2012年12月1日に施行された。この新法によって各種の協同組合が発起人5人以上の賛同のもと届け出制によって設立出来るようになった。また社会的協同組合も企画財政部（日本の財務省に当たる）長官の認可を必要とするが、非営利団体として扱われ税制上の優遇措

置など社会的に有利な位置の法的保障を得た。格差社会化へのオルタナティブとしての協同組合と社会的企業など社会的経済が公的な地位を獲得する土壌が形成されてきたのである。

　第4に朴元淳市長と彼を支持する知識人や協同組合人の目的意識をもった地道な努力の積み重ねがある。即ち協同組合が期待される有望分野に関する民間とソウル市当局の合同フォーラムの度重なる開催によって協同住宅、共同育児、労働者協同組合、生活経済、福祉サービスなど協同組合の発展可能性がある領域を市民社会と専門家と行政が探求し未来構想をまとめたのである。12年7月17日には"協同組合都市―ソウル"実現のための民官MOU（Memorandum of Understanding）を締結した。ソウル市内の四つの経済圏の全てに「協同組合相談センター」を設立している。このように着々と協同組合を設立したい人々から何でも相談を受け、コンサルティングをおこなう体制を民と官の協力によって創ってきたのである。

2．支援条例の主な内容

　本条例の目的は第1条で「協同組合の設立と運営を支援して、協同組合生態系の造成と活性化のために必要な事項を規定することによって、安定的に働く場の創造、経済民主化の実現、地域共同体の回復及び社会統合への貢献をすること」としている。

　次に協同組合、社会的協同組合、協同組合協議会、協同組合生態系、社会的経済についてそれぞれ定義を示している。はじめに「社会的協同組合」とは協同組合基本法で定められている「地域住民の権益・福利増進事業を行う協同組合、または脆弱階層に社会サービスまたは働く場を提供する営利を目的としない協同組合とその連合会」であるとしている。さらに日本では耳慣れない言葉であるが、「協同組合生態系」とは「協同組合の設立、発展、市場の造成、利害関係者の多様な参加、再生産及び再投資などが好循環が成り立つシステム」、「社会的経済」とは「両極化の解消、社会的セイフティ・ネットの回復及び社会構成員の共同の人生の質と福利水準の向上など公共の利益と社会的価値の実現のために協力と互恵を土台にして生産、交換、分配及び消費が成り立つ経済システム」であると定義している。

　続いて、協同組合の基本原則としてICAの価値・定義・原則に則って定めるとともに市長の責任としては協同組合の設立（及び他の法人からの協同組合法人への転換）の支援、協同組合生態系の造成の義務、協同組合基本計画の作成義務、実態調査の実施と報告義務、協同組合活性化のための委

員会の設置、協同組合相談支援センターの設置、教育と広報などを定めている。また、協同組合発展のための協同基金の設立、民間との協力体制、市税などの減免規定、ソウル市内の自治区との協力や委託・委任、褒賞等がある。一言でいえば非常に実践的な政策条例でありしかも市長に、その実践と結果の報告を義務づけているのである。

3．基本計画の主な内容

基本計画は13年2月に発表された。膨大な内容であるため、ここではごく一部分の紹介に止めたい。

(1) ビジョンと目標

この基本計画のビジョンと戦略・目標は"協同組合都市―ソウル"、共に創り共に享受する希望のソウルである。誰もが1個以上の協同組合に加入して協同組合の日常化を実現する。10年後の協同組合の経済規模をGRDP（ソウル市域内GDP）の5％、雇用の比率を8％にアップする。課題の実践としては協同の価値を広げる広報体系をつくる、また相談・教育・コンサルティングの体制をつくり体系的・総合的な支援、協同組合の成長基盤、生態系の造成を行う。特に戦略分野の活性化を推進する。

(2) 政策指標

ソウル市のGRDPは現在（12年）2,836,510億ウォンである。この内、協同組合のシェアーは3,416,134、億ウォン（12％）であるが、3年ごとに目標を設定して10年後の22年には143,761億ウォン（5.07％）にまで増やすことを目指す。また常用勤労者は現在の1万人（0.4％）を18万人（7.95％）、協同組合数823組合を8023組合、組合員数356.5万人を666.5万人にすることを目指す。

この政策指標についてやや詳しく述べるとソウル市は政治、経済、文化の中枢であるので大企業が集中しており、それらが発展しても中小零細企業や協同組合は必ずしも発展しないどころか圧縮されかねない状況にある。そのため協同組合の発展目標を指標化したのである。

ソウル市GRDPにおける協同組合のシェアーは統計庁によると上記のように12年は1.2％に過ぎない。これを協同組合が発展できる環境を整えることによって15年には2.0％、18年には3.0％、22年には5.07％にまで飛躍させようとしている。また協同組合で常勤者として働く人の数も1万人（10年）から3万3,000人（15年）、4万人（18年）、7万9,500人（22年）に増やす目標を立てた。このことの意義は、まず協同組合・社会的協同組合、社会的企業やNPOを経済セクターの1つとして認知するということをも

意味している。そしてこのセクターを発展させ経済社会の中での比率を増大させることによって格差社会を是正しようと試みているのである。

　日本では協同組合は縦割り行政の下にあり総合的な統計がない。協同組合やNPOなど社会的企業セクターが日本経済全体の中でどのような比重を占め役割を果たしているか、それが量的に増えているのか減っているのか。またその社会的影響力、国や営利企業をチェックしたり牽制する機能や質が強化されているのか否かも不明なままである。国家行政の下請け化や営利企業との類似化が一層すすむなど質的に低下していることはないか。これらの論議をするための明確な概念の定義や基礎的な統計を欠いているように思われる。その意味でも、この度のソウル市の条例と基本計画は注目されて良い。

(3)　推進戦略

　協同組合の基本原則である自主、自立、自治に立脚した適切な政策的支援を行う。その原則に立って協同組合の力量が適正規模に達するまでの間、ある程度まで支援を行い徐々に支援の規模を縮小する。活性化と自活力の向上のため直接支援ではなく間接サポートであることを原則とする。民間の力量の強化と行政との協力を通じて自律的なガバナンス構築に向け支援する。そのために大学、連合会、協議会などとのパートナーシップを構築する。

(4)　課題別の推進計画

　(ア)　協同の価値を広げる広報体系の確立
　(イ)　相談・教育・コンサルティングの総合支援
　(ウ)　協同組合の成長基盤の生態系の造成
　(エ)　戦略分野の協同組合の活性化を推進

　(ア)協同の価値を広げる広報体系の確立では国際シンポジウムの開催、協同組合が盛んな都市であるスペインのモンドラゴン、イタリアのボローニャ、カナダのケベック等との交流・連携も掲げられている。

　(イ)相談・教育・コンサルティングの総合支援の分野では一般市民教育、公務員教育ばかりでなく、公教育においても協同組合の重要性を系統的に教育するとしている点が注目される。

　(ウ)協同組合の成長基盤と生態系の造成では、条例の制定・協同組合の資本調達基盤の構築、連合会の機能強化の支援、公共市場への協同組合参画の障害になっている事項の発見と改革が含まれている。また、これらのためのタスク・フォースを組織して運営する。これは行政の縦割りの弊害や

官僚主義に陥ることを避けるために、副市長をタスク・フォースのキャップにして戦略分野（中小商工業、伝統市場、非正規職、共同育児、世話焼きワーカーズ、保健医療分野、協同組合住宅など）と支援分野（公共購買への参画支援、学校教育への取組み）を系統的に推進し、進行状況を点検するもので毎月1回、担当部局の指導的メンバーが参画する。

　㈇戦略分野の協同組合の活性化を推進する項目では既存の協同組合の他に協同組合が発展する可能性がある戦略分野を次の7分野としている。

○共同育児：国公立の「子供の家」の大規模な拡充に対応して父母と教師が参画する協同組合の設立と拡充

○生活の世話焼き：老人・障害者・子供の育児の支援、妊産婦や新生児のコンパニオン、療養保護士などの生活世話焼きサービスの協同組合の拡充と設立推進

○保健医療：利潤追求ではなく尊厳のある人間としての治療を受ける患者の権利を保障する医療生協の設立支援とソウル市内の各自治区による訪問診療、保健学校、健康教室などの協同組合への住民参加の拡大と設立推進

○住宅：コミュニティが生き活きする住宅協同組合及び協同組合型の賃貸住宅、オーダーメイド型の住宅建設の計画的実施

○伝統市場及び小商工業：ソウル独特の伝統市場と小商工業者の協同組合化と協同のインフラ（アーケード、駐車場等）拡充と広報・教育、マーケティングの実施

○ベビーブーマー世代：この世代の現役引退者が自ら協同組合を組織して労働し、所得を獲得する道を開くように支援プログラムによりあらゆる領域で活動する

○非正規職：非正規職と低所得層の個人が個々バラバラに雇用されている現状を変えてゆく。例えば清掃、警備、建設労働、学習塾、運転代理など広範な領域の非正規職及び低所得層が協同組合を組織して持続的で安定した所得を得られるようにビジネスモデルを発掘し普及する

　これらの領域における支援政策は、各分野のビジネスモデルの開発を支援し、成功例を示して普及する。また公共団体が先行して物品とサービスの購買（若しくは委託）をする。施設や事業費の支援を行う（賃貸保証金最大1億ウォン、事業費8千万ウォン）。

(5)　ソウル市の支援体制と協同組合支援予算

　ここまで紹介してきた政策を実行するためのソウル市の行政体制は、市長の総指揮の下に副市長をキャップとする各局室の最高スタッフによる既

述のタスク・フォースによって行われるが事務局は社会経済課が担う。この課の編成と政策分野別予算は次のとおりである。

政策分野別	予算(万ウォン)	チーム名(課の編成)
広報体系	51,500	協同組合政策チーム
相談教育・コンサルティング	117,500	協同組合運営チーム
協同組合生態系の造成	9,000	社会的企業育成チーム
戦略分野の活性化	680,000	基盤造成チーム
その他	3,500	近隣地域企業チーム
総額(13年度)	861,500	総員21名

　今後、市は予算を毎年飛躍的に増額させる予定である。一方、ソウル市は民間の中間支援組織である各協同組合連合会及び社会的企業の業種別・地域別の協議会、大学や研究機関との連携に力を入れており、行政・官僚機構によらない協同組合陣営と市民社会がこれにどう対応して行くかがもう一つの注目点である。

4．今後の展望と課題
　ソウル市の壮大な試みである、この協同組合都市構想は果たして成功裏に進むかどうかは幾つかの難関が待ち構えているので安易な推測は出来ない。その第1は、ソウル市の政策に既存の協同組合陣営がどのように対応するかという問題である。主要生協や医療生協の指導者たちは異口同音に賛意を表して積極的である。しかし伝統的な協同組合である農協や信用事業の協同組合の対応は鈍い。この政策を機会にオール協同組合陣営が連帯して行動できるか否か、これが試金石の1つである。
　というのはここまで述べてきたソウル市の「支援条例」「基本計画」は「協同組合基本法」(12年12月1日施行)によって法的な根拠を得ているが、この協同組合基本法は「基本法」という名ではあるものの必ずしも総ての協同組合を包括するものではない。農協法、水産協法、生協法、信用協同組合法、セマウル金庫法など既存の個別協同組合法に基づく各協同組合は従来の法律によって存続・運営が可能なのである。従って既存の協同組合にとっては基本法による協同組合への転換も可能であり、ソウル市の支援条例や基本計画を活用して自己の協同組合の発展をはかることも可能ではあるが、全く関与しないでも構わないという法律になっている。
　政治家や行政当局の話を聞くと既存の協同組合の中には基本法が「包括

的な基本法」となることを好まず、従来通りで良しとする意見が多かったという。そのための妥協策としての性質を内包している法なのである(注)。社会の是正を図るために協同組合の力を存分に活用したいが既存の協同組合の意向も無視しえない。その微妙なバランスの政治力学が作用しているというのが本音のようである。

　また、ソウル市の「"協同組合都市―ソウル"」宣言については表向きの反対は聞かれないが、積極的な動きがあるものの静観する協同組合もあって温度差が明瞭にある。筆者はソウル市の新政策に消極的な既存の協同組合は少し視点を変える必要があるのではないかと考えている。比較的規模は小さいが地域の生活に密着した新しいタイプの協同組合と伝統的な大きな規模を持つ協同組合の関係は"競合関係"でなく"共存共栄"関係を築くことによって「ビジネスモデルと運動展開の道」を模索すべきではないだろうか。その新しい道を創造することが出来れば伝統的な協同組合は新しいタイプの協同組合のインキュベーターとなり社会的にも信頼され尊敬されるようになるのではあるまいか。

　　(注)　韓国の「協同組合基本法」については日本協同組合学会誌『協同組合研究』（第32巻第1号（通巻90号）2012年12月）に特集されている。「韓国の協同組合基本法の検討―座長解題　栗本昭」「韓国の協同組合基本法について―その意義と特長　丸山茂樹」「報告に対するコメント多木誠一郎」「一般討論」

　さらに11年の市長選挙で彼を勝利させた政治勢力の背景も激変している。前回は全野党と無所属市民派が一致して無党派だった朴元淳氏を後押したが当選後の彼は民主党に入党している。民主党が市議会の多数派でありソウル市の25自治区の大多数も民主党区長であることを考慮しての選択であったが、国会議員選挙と大統領選挙をへて左派政党は統合民主党と進歩正義党に分裂。安哲秀元大統領候補は国会議員補欠選挙でこの左派両党と競い溝を深くした。左派政党と民主統合党と安哲秀氏を支持する広範な市民・青年層と朴元淳市長がはたして連帯して選挙を戦うことが出来るのか。もし、それが挫折して14年6月の市長選挙で朴元淳氏が落選することになれば"協同組合都市―ソウル"は夢の彼方に散ることになるかも知れないのである。

　しかし上記の諸情勢にもかかわらず韓国では今、続々と協同組合と社会的協同組合の設立申請が出されている。「協同組合基本法」効果でもあろ

う。また社会的企業育成法に基づく社会的企業もまた課題が山積しているとはいえ増加の一途をたどっており、協同組合・社会的協同組合・社会的企業を含む韓国の"社会的経済"は着実に人々の期待の的となっている。今後のソウル市政と市長選挙の行方と共に市民社会の動向にも注目して行きたい。

　ともあれ世界的に貧困や格差社会化が構造的に広がり農林水産業や地域経済が疲弊する中で巨大な国際都市—ソウルが、協同組合と"社会的経済"の発展に活路を見出し公式に政策化したことは歴史的にも世界的にも大きな出来事であると考えられる。協同組合人や研究者には是非この点に注目し、11月初旬にソウルで企画されている国際交流イベント等に参加するなど交流を深めて頂きたいと念願する次第である。

追記—急増する協同組合、経営に不安も
　ソウル市の協同組合の新設状況について最新の情報を得たので紹介したい。

　2013年3月末までに政府（企画財政部）に提出されたのは社会的協同組合52件、一般協同組合795件、連合会3件、合計850件であったが、書類の不備などで受理されなかったものも多く、最終的に受理されたのは社会的協同組合14件、協同組合679件、連合会は2件、合計695件である。この内、ソウル市内の協同組合は185件であった。2012年12月1日の施行後、僅か4か月で695組合が設立されたことで現地では驚きをもって受け止められている。

　ソウル市では新設された協同組合がICAが定めた協同組合原則に則っているかを含め出資金や従業員数などの実態調査を韓国協同組合研究所と(財)希望製作所に委託した。面接調査に応じた52組合は組合員総数は2,723人、出資金総額は10億8,732万ウォン、組合員1人平均では約39万9,300ウォンである。業種別で事業協同組合と消費者生協に大別され、事業協同組合ではアパレル、ジュエリー、美容機器等製造販売、建設、警備警護など多種多様であり、事業範囲もソウル全域となっている。

　消費者生協も5組合あって最も小さい組合は組合員15人、多い組合で150人となっており、経営をうまく軌道に乗せることが出来るか否か、適切な指導と援助が必要であるとの見方が一般的である。

第3節　協同組合と地方自治体の連携
——ソウル市の"社会的経済基本条例"の意義

はじめに

「地方自治と協同組合」というテーマを考える場合に、協同組合を狭い意味の事業体として単独で考えるのではなく、地域の人々のニーズに応えて汗水流して努力しているさまざまな社会的目的をもった事業体の仲間の一員として考えることが肝要であると思う。なぜなら人々は今、投機マネーゲーム化したグローバル資本主義・新自由主義の荒波のなかで地域経済の疲弊と農山漁村の衰退という危機に直面している。この危機の時代にあって、協同組合は地域社会の諸々の事業体やNPO（非営利組織）と共に地方政府（自治体）と連携して行動し、暮らしと環境を保全する責任がある。即ち営利中心主義の跋扈を跳ね返す"社会的経済"の一員として活動すべきだ、という構図の中で捉えたい。

協同組合はその"社会的経済"の仲間たちと共に活動することによって組合自身も維持・発展できるし、地方自治体もまた協同組合をはじめとする"社会的経済"と連携することを通じてこの危機へ効果的に対処出来るはずだ。当たり前のことのように聞こえるかも知れないが、実はこれは新しい社会創造の戦略的テーマでもある。その具体的かつ実践的な事例として韓国・ソウルにおける協同組合・社会的企業・ソウル市の政策展開について、私は過去数年の間、継続的に報告してきた(注1)。

また13年11月に韓国で開かれた「2013　GSEF（グローバル社会的経済フォーラム）」及び昨年11月に開かれた「2014グローバル社会的経済協議会創立総会」に参加し、社会的経済と地方政府（自治体）は、1国規模でなく世界的に連帯することによってこそ未来を展望できるという討論と組織の創立に関わってきた。そこで今回は、韓国・ソウルにおけるこれら一連の経過を概観しつつ、その意義と展望について報告したい(注2)。

1. 朴元淳ソウル市政の登場

11年10月に前任者の辞職に伴うソウル市長の補欠選挙が行われ、朴元淳（パク・ウォンスン）市長が誕生した。朴市長の誕生は一般的な政治の次元のみならず、韓国の社会運動における「地方自治」と「協同組合」を考えるうえで画期的であったと思う。この事の意味内容については後に詳しく触れるが、この選挙の発端が実は「学校給食の無償給付を全児童生徒に実施することの是非」を問う住民投票であった。前任者は敗北して辞職した。

貧困層が激増し欠食児童が少なからず発生している中で、「教育の機会均等の原則に照らして全児童生徒に無償給食を保障すべし」という野党提案と「無償給食は貧困層だけに限定し受益者負担の原則を貫くべし」という与党との対立が最大の政策的争点だった。
　朴氏は野党側の統一候補として、教育の普遍的権利の立場から前者の立場に加え、さらに地域経済の発展のために給食の食材は国産のものを、可能なかぎり地域で生産された安全安心なものを使い、農業や地域の加工業者など中小企業の振興と連動させるべきであると主張した。そのためには市民参加型の経済としての協同組合が重要な役割を果たすべきである。巨大財閥の成長や国家の巨大プロジェクトに依存する経済政策は、結果として一部の富裕層をさらに富ませ、沢山の貧困層を生み出し、中間層を激減させ、非正規雇用労働者の拡大をもたらしたと指摘した。そしてソウル市政は従来の政策を大転換させ、市民参加の"社会的経済"が発展しやすい"政治的・社会的・制度的な環境"（韓国ではこれを"生態系"という言葉で表現）をつくり、市民が主役のソウルを創ろうと呼びかけて当選を果たしたのである。
　韓国では政治的な民主主義を達成した後に、次はどのような社会を構想するべきであるか、必ずしも明確ではなかった。しかし朴氏の当選によって新しい方向が打ち出された。それは後に述べる社会的経済に支えられた「協同組合都市―ソウル」を目指す社会構想である(注3)。

2．「協同組合都市―ソウル構想」と実践

　朴ソウル市長の政策の柱は、「市民が主役のソウル！」。これをスローガンではなく実際に実行するために政治、経済、文化、生活、教育などあらゆる分野において協同組合が最も適していると明示したのだ。ソウル市が発表した当時の文書によると「ソウルでは過去10年間に階層間格差が3.9倍から4.9倍になり中間層が激減した。雇用率は64.9％で日本やイギリスの70％台よりも低く、その内の非正規職は108万人から131万人に増加した。韓国に多い自営業者（韓国は28.8％、OECD加盟国の平均は17・5％）の所得は賃金労働者の約半分の149万ウォン（平均月額）であって彼等の4分の1は赤字経営である」と現状分析している（詳しくは注1の文献を参照）。
　そこでソウル市民のニーズに応える市民参加の経済である協同組合を大いに発展させることが重要であるとして、「協同組合都市―ソウル構想」が登場する。この中で、10年後には1000万人ソウル市民の全てが何らかの協同組合の組合員として民主的な経済への参加者となり、ソウル市域の

GDPの5％（約14兆4千億ウォン）、雇用の8％（約18万人）を担うようにする。協同組合の主人公は市民自身であり、ソウル市行政は協同組合づくりの相談、教育、コンサルタント機能を担うものとした。

12年12月には「協同組合基本法」が施行された。これは与野党が一致して議会を通過させたもので農協、漁協、生協、信用協同組合、セマウル金庫など既存の協同組合は従来の法令に基づいてそのまま存続しても良いが、新しく協同組合をつくる場合には、この基本法によっても設立できるようにしたのである。そのうち一般協同組合は法令に則っていれば5人以上で、しかも届け出制で設立できる。社会的協同組合は当局の認可が必要であるが税制上、あるいは公契約上の様々な優遇が得られるというものである。この国会の動きとソウル市の新政策が相まって関係者自身が驚くほどのスピードで協同組合が設立されるようになった。

3．協同組合の創設ラッシュ

ソウル市長の「協同組合都市―ソウル実現のための協同組合活性化基本計画」にもとづいてソウル市議会は13年3月「ソウル特別市協同組合活性化支援条例」を制定した。条例の内容の概略は協同組合の設立、発展、市場の造成、利害関係者の多様な参加、再生産及び再投資など好循環が成り立つ仕組み（これを協同組合の生態系と呼ぶ）をつくる。協同組合のみならず"社会的経済"の発展を目指す。"社会的経済"とは後程、「社会的経済基本条例」のところでさらに具体的に述べるが、条例では韓国が〈両極化〉と呼ぶ格差社会化の解消、社会的セーフティ・ネットの回復、社会構成員の人生の質と福祉水準の向上など、公共の利益と社会的価値を実現するために協力と互恵を土台にして生産、交換、分配及び消費が成り立つ経済システムであると定義している。

この条例に沿って協同組合が発展するであろう重点的な分野として、共同育児、社会的弱者への事業と世話焼き、介護・保健・医療など社会サービス、共同住宅、伝統市場・小商工業、ベビーブーマー世代の起業、非正規職の協同組合への自己組織化等の分野を掲げ、ソウル市は市内の25自治区と協力して、相談、コンサルタント、公的契約、資金等の分野で協力する体制づくりを始める。協同組合基本法の制定とソウル市の協同組合活性化支援条例の制定以後、2年を経た15年1月25日現在、韓国政府企画財政部（日本の財務省に当たる）の発表によれば設立申告・認可手続を終えた協同組合数は6251組合。毎月、250組合以上が設立されるという予想を超えたスピードの協同組合設立ラッシュが続いた。この内、主なものは5985組

合が一般協同組合、233組合が社会的協同組合。種類別には事業者協同組合が4750組合、複数の利害関係者による協同組合が814組合、韓国で職員協同組合と呼ぶ労働者協同組合が234組合、消費者協同組合が187組合となっている。

また、業種別では卸売・小売業が1642組合、農林水産業が710組合、教育サービス業が695組合、製造業が493組合、芸術・スポーツ・レジャー業が459組合、保健・社会福祉サービス業が64組合。地域別ではソウル市が1643組合、京畿道が918組合、光州市が427組合。ソウル市内には25の自治区があるが、その内でも江南区が最多で96組合、次いで瑞草区が69組合、麻浦区が64組合、永登浦区が58組合、鐘路区57組合。その規模は組合員10人以下が72.1％であり、まだまだ零細な協同組合が多く、その前途は楽観できない。

しかし、「協同組合相談支援センター」がソウル市内の協同組合設立ラッシュをしっかりと支えている。同センターは恩平区にある広大な敷地の中にある「社会的経済支援センター」とともに、同じ敷地内のビルの中にある。「協同組合基本法」と「協同組合活性化支援条例」にもとづいて設立された同センターは協同組合の設立、運営、発展のために教育事業、相談事業、コンサルティングをワン・ストップで実行している。ここへ来れば設立のための定款づくりや資金計画、人材養成のための講習や経営相談など、すべてが準備されているのである。

協同組合を設立しようとする人々の中には協同組合の基本精神を理解しないままに「株式会社や自営業よりも公的援助が得られやすいようだから協同組合をつくろう」という安易な動機を持つ人がいるので、同センターでは「協同組合の原則である①協同の目的を持つ人が集まり、自発的に組織した事業体であること、②1人1票を行使できる民主主義的な意思決定過程が重要であること、③組合員の共同権益を向上させ、地域社会の発展に寄与すること」、また「①激しい両極化社会の中にあって資本中心主義から人間中心主義へ転換し、経済民主化を実現すること②自営業の没落と非正規雇用が増加している社会の中にあって、競争から協同へ転換させ、持続可能な安定した雇用を創出するものであること」を繰り返し指導・教育している(注4)。

さらにソウル市は行政内部に抱えていた非正規雇用の人々を劇的に正規職へ転換させつつある。すなわち13年1月の段階で正規職員とほぼ同じ職務を行っていた非正規職員1367人（内ソウル市本体437人、ソウル市が投資している関係機関930人）を正規職に転換させた。今後も派遣労働者、用務員

など間接雇用労働者を職務内容と雇用条件を吟味しつつ一万人以上、安定した雇用者に切り替える方針であると表明している。

　この点に関連して、私は朴市長に直接質問する機会があった。すなわち「非正規職員の正規化は画期的であると思う。問題として財政的に苦しくなることはないか？　日本でもかつて60年代～70年代に革新自治体の時代があり、福祉に予算を多く投入し"善政"を実行したが財政危機を招いたという経験がある」と。朴市長は「人件費は確かに増大したが、これまで外注に出していた仕事を内部で行うなど物件費予算を大胆に削った。その結果、ソウル市財政はかえって良くなった」と詳しい数字を挙げて明瞭に説明していただいた。

4．「社会的経済基本条例」制定と朴元淳市長の再選

　14年4月にソウル市議会は「ソウル特別市社会的経済基本条例」を制定した。この条例は協同組合だけでなく社会的目的を持ったすべての経済主体―すなわち"社会的経済"についてその定義、目的、発展のために市長がなすべきことなどを定めたもので国際協力とその方策にもおよぶ画期的な内容の条例である。この条例は最初に述べた「協同組合都市―ソウル構想」と「協同組合活性化支援条例」をさらに発展させ、かつ未来社会と世界的な連帯を構想するものである。「新自由主義に基づく財閥・大企業中心の成長戦略」に対する明確な対案としての意味をも持つ条例である。

　この条例の制定から2か月後の14年6月4日にソウル市長選挙が行われた。結果は当初の接戦と云う予想とは異なり60％の支持を得た朴氏の圧勝におわった。朴氏の対立候補は日本でも良く知られた鄭夢準（チョン・モンジュン）氏。財閥である現代重工業の筆頭株主、国際サッカー連盟元副会長、ソウル大学卒、アメリカのジョンズ・ホプキンス大学博士号取得、国会議員連続6期当選、与党の代表者も経験したという経歴で、もしソウル市長に当選していたら次期大統領候補との呼び声が高かった人物である。彼が掲げたスローガンは一見すると朴氏の主張と変わらない「福祉や教育の充実」だったが、そのための方法は経済成長によるパイの確保（財源が必要）でありソウル市龍山地域の再開発など、従来型の国家と財閥の投資増大に期待する新自由主義政策に依拠するものであった(注5)。協同組合をはじめとする市民参加型の社会的経済によって分かち合いの未来創造か、国家財政依存・大企業の投資による成長路線で豊かな未来を追求するかが、問われたのである。

　ここで、「ソウル特別市社会的経済基本条例」の特徴点について、もう

一度整理したい。この条例の目的は「社会的経済の理念と構成主体、共通の基本原則を樹立することにあり、これによって社会的経済の生態系の構築に貢献すること」にある。この条例の基本理念は「社会構成員の協同の人生の質と福祉水準の向上、社会経済的な両極化の解消、社会セーフティ・ネットの回復、協同の文化の拡張など社会的価値の実現のために、社会的経済と市場経済及び公共経済の調和を実現すること」にある。この条例でいう社会的価値の定義は「次の各項目の行為を通じて経済的・文化的・環境的な福利水準を向上させる公的概念の効用をいう。具体的には①安定的な職業の創出、②地域社会の再生、③男女機会の平等、④社会経済的な機会で排除される危険に置かれている人々の回復、⑤共同体の利益の実現、⑥倫理的な生産と流通、⑦環境の持続可能な保全、⑧その他、労働・福祉・人権・環境の次元で福利の増進」である。

また、この条例で云う「社会的企業の基本的原則」は組織の目的が社会的価値の実現にあること、民主的で参加型の意思決定、経済活動によって得られた成果を社会的価値に使用し、収益は資本よりも人と労働に優先して分配すること、である。これに合致する社会的経済には協同組合以外にどんな事業体があるのか、参考までに紹介したい。条例やソウル市発行の文書によると、社会的企業育成法に基づく企業（社会的弱者〈韓国では脆弱階層と呼ぶ〉自身による企業または社会的弱者のための企業であると雇用労働部長官〈日本の厚生労働大臣にあたる〉または広域市長や知事が認定した社会的企業）で、これは法人形態を問わず、全国には約2300団体ある。

さらに「国民基礎生活保障法」にもとづいて各地域に創られた自活事業団で政府若しくは市長が認定した団体がある。これらの団体は行政から定額補助を受けている。全国に2700の事業団があり1200社が企業として組織されているが一部は社会的企業または協同組合へ転換している。また、「マウル企業」と呼ばれている事業で、地域の人々のために地域の人々による事業体で多種多様なコミュニティ・ビジネスの事を云う。この他に重症障害者への特別法に基づいて認定された施設で生産活動をしている団体も含まれる。

このように多様な社会的経済を発展させるために彼ら自身の連合会や協議会が奨励され、懇切丁寧な相談、講習会、教育、コンサル事業が支援センターを中心に既に数千回にわたって実施されているとのこと。この条例で定める事項を実践するために社会的経済支援センターを設置して公務員のみならず協同組合や住民活動や研究者など広く人材を結集することとなり、実行に移されている。ちなみにマウル企業の支援センターの代表者は

ソウルのまちづくりの成功例として訪れる人が多いソンミサン・マウルの出身である(注6)。

5．GSEFによる世界的な連帯へ

　GSEF（グローバル社会的経済フォーラム、国際会議ではジーセブと呼ぶ）は、協同組合をはじめとする社会的経済の諸団体と彼等の成長発展を支持する地方政府（自治体）とこれに協力する研究者・知識人による世界的な連帯機構である。14年11月に韓国ソウルで創立総会を開き、会員（正会員・準会員・名誉会員）による総会、運営委員会、事務局をソウルに設置し、16年にはカナダ・モントリオール市で第2回総会とフォーラムを開くことを決めている。事務局は先に述べたソウル市恩平区にある社会的経済支援センターの施設の一角に設けられることが「ソウル特別市社会的経済基本条例」に次のように明記され、財政的な支援も担保されている。

　「ソウル市長は社会的経済の活性化のために国際協力の努力を行い、次のような業務を行うことが出来る」として①国際社会的経済の民官パートナーシップを基盤とするネットワークの構築、②国際社会的経済の教育プログラムの共同開発、③国際社会的経済の人材育成と人的交流、④国際社会的経済が市場経済、公共経済と調和して発展するような社会的経済発展モデルの開発、⑤国際社会的経済の協議会の事務局の運営及び協力の支援、⑥国際機構及び研究所などの誘致、が挙げられている。

　カナダ・モントリオールが次回のGSEF開催都市として名乗りを上げたのは、カナダのケベック州が協同組合の先進都市であることと共に、その理論的な中核としてカール・ポラソニー政治経済研究所があることを述べておきたい。13年のGSEFにおいてマーガレット・メンデル女史（カナダ・ケベック州にあるコンコルデイア大学の教授、カール・ポランニー政治経済研究所長，）が基調講演を行い、社会的経済とこれを支持する自治体と知識人集団・研究者の結合による新しい社会の創造についてその骨格を語った。そして14年の創立総会では議長を務め、新しい世界機構の創立を朴ソウル市長と共に領導した。筆者は創立総会においてメンデル女史から締め括りの演説者4人のうちの1人に指名され、最後の演説をしたことを光栄に思っている(注7)。

（注）
（1）　丸山茂樹「韓国の"社会的企業育成法"の施行1年」（『ロバアト・オウエン協会年報』第33号、2009年3月）。丸山茂樹「韓国の協同組合基本法につ

いて—その特徴と意義」(日本協同組合学会誌『協同組合研究』第32巻第1号 (通巻90号、2012年12月)。丸山茂樹「韓国ソウル市の〈協同組合活性化支援条例〉制定と政策展開」(本誌 No.642　2013年夏号)。丸山茂樹「韓国ソウル市の〈社会的経済基本条例〉制定と〈2014グローバル社会的経済アソシエーション〉」(本誌 No.647　2014年秋号)。

（2）　ソウル宣言の会編集「『社会的経済』って何？—社会変革をめざすグローバルな市民連帯へ」(社会評論社、2015年2月) に「ソウル宣言」全文、「グローバル社会的経済協議会（GSEF）憲章」全文など、一連のフォーラムに関連する活動が記録されている。

（3）　古川純編「『市民社会』と共生—東アジアに生きる」(日本経済評論社、2012年5月) 所収の丸山茂樹「韓国の『市民社会』の現段階とヘゲモニー闘争」に朴元淳市長が市民運動派と左派政党、中道派政党など市民派と諸野党の統一候補になる過程やその政策的な特徴を詳しく論じている。

（4）　出典は「ソウル市公式ホームページ・社会的経済」

（5）　鄭夢準「日本人に伝えたい！」(日経ＢＰ社、2001年) は、かなり前に出されたものであるが保守派指導層の立場と日本への提言を明瞭に述べていて興味深い。

（6）　日本希望製作所編「まちの起業がどんどん生まれるコミュニティ—ソンミサン・マウルの実践から学ぶ」(NPO 日本希望製作所、2011年) に市民の街づくりの事例が活き活きと詳しくレポートされている。

（7）　丸山茂樹「グローバルな連帯の陣地が構築された—GSEF（グローバル社会的経済協議会）の創立総会」(『変革のアソシエ』季刊 No.19、2015年1月号、所収) に GSEF の意義と筆者の総会演説の和訳が掲載されている。

第4節　「社会的経済基本条例」制定と「2014グローバル社会的経済アソシエーション」

はじめに

　韓国では12年12月の「協同組合基本法」の施行以後、毎月約200の組合が設立され、また株式会社の協同組合への転換も相俟って協同組合の創立ラッシュが続いている。また06年12月に制定された「社会的企業育成法」(10年に一部改正) に基づく事業体 (法人形態を問わない社会的目的をもった団体) の動きも活発である。これらの動きの先頭を切っているのが首都ソウル市である。ソウル市の協同組合と社会的経済の発展は目覚ましい。筆者は、この動向について「韓国の"協同組合基本法"について」(協同組合学会誌第32巻第1号2013年12月) や「韓国ソウル市の『協同組合活性化支援条例』制定と政策展開」(本誌2013年夏号)、「韓国ソウル市で開催の『グローバル社会的経済フォーラム』と『ソウル宣言』の意義」(本誌2014年春号)

などでその都度、紹介解説してきた。

　これらの政策や条例の集大成ともいうべき「ソウル特別市社会的経済基本条例」が本年4月に制定された。そこで本稿ではこの条例の主な内容、これらの政策を推進してきた朴元淳（パク・ウォンスン）ソウル市長の統一地方選における再選、さらに今年11月に開催される『2014グローバル社会的経済アソシエーション』について触れることにしたい。韓国には既存の個別法による農業協同組合、生活協同組合、信用協同組合、セマウル金庫などの協同組合の他に「協同組合基本法」に基づく新しい「一般協同組合」と「社会的協同組合」がある。さらにその他に「社会的企業」、「自活事業団」、「マウル共同体企業」（マウルとは韓国の固有語で辞書には村・部落・里などの訳語があるが、この企業は自治体等が認定する地域に役立つコミュニティ・ビジネスを指す）がある。ソウル市はこれらを総称して「社会的経済」と呼んでいる。これ等の組織の特徴と現況についても紹介したい。

　この基本条例は14年5月14日に公布、施行された。条例文はソウル市のホームページに発表されたものを筆者が翻訳した。レポートを書くに当たって、PARC（アジア太平洋資料センター）の会合出席のため来日した筆者の友人の金慈顕さん（「幸福中心生協連合会」サポートセンター）から得た資料や助言を参考にした。記して謝意を表したい。

1．ソウル特別市社会的経済基本条例の概要

　先に述べたようにこの条例は「協同組合」や「社会的企業」や「マウル企業」などを包括する概念として「社会的経済」を定義し、その基本理念、価値と原則を定め、これらを発展させるためソウル市長は何を為すべきか、その責務も定めている。また後に詳しく述べるがその実行のために「社会的経済支援センター」の設置及び各部門別の組織への支援機関についても定めており、実効のある推進体制を担保している。

(1)　目的

　この条例は社会的経済の理念と構成主体、共通の基本原則を樹立して関連する政策を推進することにあり、各社会的経済の主体とソウル特別市の役割について基本的な事項を規定することによってソウル特別市の社会的経済の活性化と持続可能な社会的経済の生態系の構築に貢献することを目的にしている。

(2)　基本理念

　この条例は社会構成員の共同の人生の質と福祉水準の向上、社会経済的な両極化（格差社会）の解消、社会安全網の回復、協同の文化の拡張など

社会的価値の実現のために、社会的経済と市場経済及び公共経済の調和を作り上げることを基本理念にしている。
(3) 定義
　この条例でいう"社会的価値"とは、つぎの各項目の行為を通じて経済的・文化的・環境的な福利水準を向上させる公的概念の効用をいう。
　　イ．安定的な職業の創出
　　ロ．地域社会の再生
　　ハ．男女機会の平等
　　ニ．社会経済的な機会において排除される危険に置かれている社会構成員の回復
　　ホ．共同体の利益の実現
　　ヘ．倫理的な生産と流通
　　ト．環境の持続可能性の保全
　　チ．その他、労働・福祉・人権・環境の次元で地域及び社会構成員の社会的・経済的・文化的・環境的な福利の増進
　またこの条例でいう"社会的企業の基本的原則"とは、
　　イ．組織の主な目的が社会的価値の実現にあること
　　ロ．民主的であり参加型の意思決定権造及び管理形態を通じて個人と共同体の力量を強化する
　　ハ．主に構成員が遂行する業務やサービス活動を土台にして行う経済活動によって獲得された結果を、構成員や社会的価値に使用するとか、その収益を資本よりも人と労働に優先して分配
　　ニ．経済の透明性と倫理性の順守、などである
(4) 市長と社会的経済企業の責務
　市長は社会的経済企業の活性化と各企業間の有機的協力と連帯がなされるよう必要な支援及び施策を推進しなければならない。また市長は希望経済委員会の審議・議決を経て社会的経済の自律的な活動を促し、体系的な支援・育成のために社会的経済の基本計画を5年ごとに樹立し施行しなければならない。社会的経済企業は、その基本原則を順守して持続可能な社会的経済の生態系の構築の努力をしなければならない。
(5) 社会的経済支援センター及び部門別支援機関
　市長は社会的経済の活性化及び各部門別の支援機関を設置し運営する義務を負う。また市長は社会的企業、協同組合、マウル企業、自活企業など社会的経済の各部門別の特性を勘案した企業育成のために、その業務を専門性のある機関に委託することが出来る。支援の内容は多岐にわたるが項

目のみを列記すると次の通りである。
- イ．経営支援
- ロ．施設費などの支援
- ハ．財政支援および基金を設置してこれを通じる支援
- ニ．教育訓練・研究支援
- ホ．優先購買の支援
- ヘ．社会的経済の連合体など中間支援機関への支援

(6) 社会的経済の活性化のための国際協力

市長は社会的経済の活性化のために国際協力の努力を行い、次のような業務を行うことが出来る。
- イ．国際社会的経済の民官パートナーシップを基盤とするネットワークの構築
- ロ．国際社会的経済の教育プログラムの共同開発
- ハ．国際社会的経済の人材育成と人的交流
- ニ．国際社会的経済が市場経済、公共経済と調和して発展するような社会的経済発展モデルの開発
- ホ．国際社会的経済の協議体（アソシエーション）と事務局の運営及び協力の支援
- ヘ．国際機構及び研究所などの誘致

また市長は国際社会的経済の協議体の円滑な運営と活動のために協議体の事務局運営に必要な経費を支援することが出来る。

2．社会的経済にはどんな組織があるか

先にも述べたように韓国には既存の個別法による農協、生協、信協などがある他に、協同組合基本法による「一般協同組合」と「社会的協同組合」があり、法人格の種類を問わない社会的企業育成法に基づく「社会的企業」もあって複雑である。そこでソウル市の社会的経済基本条例でいう組織について、その簡単な現況を含めて整理しておきたい。

(1) 社会的企業育成法による企業

06年に制定された社会的企業育成法によって社会的弱者のために事業を行う企業、あるいは障害者や貧困層など社会的弱者（韓国の法律では脆弱階層と規定している）の人々自身が事業を行う企業を「社会的企業」としている。法人形態は協同組合でも株式会社でもNPOでも良い。認証の基準は事業目的と内容が法律に定められている基準に合致しているか否かである。日本や欧米とは概念が異なるが、政府の雇用労働部（日本の厚生労働省の中

の労働部門にあたる）長官の認証に基づくものを「認証社会的企業」と呼び、人件費の大部分を補助金として受け取ることが出来るなど優遇される。ただし3年ごとに審査があり認証を取り消されることも少なくない。

　もう一つはソウル市や京畿道など広域自治体の社会的企業支援条例によって市長や知事が認証する「予備社会的企業」と呼ばれるものである。政府の認証基準よりもやや基準が緩く定められているので設立の第1歩としてこれを選ぶ団体も多い。この制度による企業は福祉政策と雇用政策の両側面から見ることが出来るが、どちらかと云えば「社会的弱者を採用する企業」を増やすという意味で失業対策という側面が強いと見られている。韓国全体でみると13年の「認証社会的企業」は1,012団体、「予備社会的企業」が1,251団体等、合計2,263団体である。これらの団体の中から協同組合基本法に基づく協同組合への転換をする動きも見られる。

(2)　**協同組合基本法による協同組合と社会的協同組合**

　12年12月に施行された協同組合基本法によって「一般協同組合」と「社会的協同組合」が（既成の個別法による協同組合以外に）多種多様な業種、領域において組織されるようになった。一般協同組合は5人の発起人によって届け出制で設立できるが税制上の優遇などはない。社会的協同組合は社会的目的と事業内容を持ち企画財政部長官の認証が必要であるが、税制や受発注などの優遇措置がある。両者ともソウル市の社会的経済基本条例では社会的企業に含まれるとされている。14年1月末現在の設立状況、ならびに類型別の組合数について述べる（表1、2）。

〈表1〉設立状況
一般協同組合	3,597組合
一般協同組合の連合会	15連合会
社会的協同組合	122組合
社会的協同組合の連合会	1連合会

（上記の組合の類型別は表2の通りである。）

〈表2〉類型別
事業者の協同組合	2,264組合(65.56%)
消費者の協同組合	221組合(6.34%)
職員の協同組合	255組合(7.34%)
多利害関係者の協同組合	719組合(20.76%)

　以上は全国の状況であるが、この内ソウル市の一般協同組合は1,022組合で飛びぬけて多い。ソウル市の「協同組合都市構想」政策と市民の努力の結果であると言えよう。

(3)　**自活勤労事業団と自活企業**

　これは「国民基礎生活保障法」によって組織された自活企業、保健福祉部長官が認定した自活勤労事業団、市長が認証した自活企業である。農協など既存の大組織を除くと最も大きく組織された社会的経済団体である。すなわち90年代に都市貧民の密集地帯で組織された失業者による労働者協

同組合運動がルーツである。97〜98年のアジア金融危機があり、韓国は事実上IMF（国際通貨基金）の管理下に置かれた。失業者があふれ出すなか、自活支援事業は「特別就労事業」「公共勤労事業」などの検討の中で生み出された。

筆者は当時、ソウル大学に留学中であったが、それを毎日目撃した。様々な試みの中から00年9月に「国民基礎生活保障法」が制定されて制度化される。その結果として現在では全国各地247ヵ所に「地域自活センター」が設置され、政府から指定を受け、定額補助金の支援を受けている。また2700ヵ所以上の「自活勤労事業団」を運営し、1200社以上の自活企業が組織された。自活企業の内のいくつかは「社会的企業」の認定を受け、協同組合への転換を模索しているケースもある。

(4) マウル企業

「都市再生、活性化及び支援に関する特別法」によるもの及びソウル市長が定めたものである。地域に住む住民のニーズと地域の問題解決を目的にした企業で協同組合原則を準用しているもの。ソウル市は12年9月に「マウル共同体企業の育成政策」を発表し、「マウル共同体総合支援センター」を設置。市内の25自治区に「マウル企業インキュベーター」を配置した。14年には65ヵ所のマウル企業を選定して30億7200万ウォン（国費を含む）を助成している。現在、全国に1200社、ソウルには110社のマウル企業がある。

(5) 重症障害者の生産施設

「重症障害者生産品優先購買特別法」に定めた重症障害者生産品の生産施設。

(6) その他

公正貿易（フェアトレード）など市長が定める基準によって社会的な価値を実現することを主たる目的にした企業または非営利法人。

3．朴元淳ソウル市長のグローバル市民連帯構想

ここで紹介した「ソウル特別市社会的経済基本条例」の目的が、ソウル市の協同組合を初めとする社会的経済の発展を担保する制度をつくることにあることは既に述べた。しかし同時に、ソウル市民が直面している格差社会（韓国では両極化という）が、むしろグローバル化し国境を越えた国際金融資本とこれに一体化して国際化している韓国の財閥系企業グループの姿勢に起因していることを認識し、それへの対応策としても練り上げられているということである。昨年11月の「ソウル宣言」は冒頭で「2008年の

アメリカに端を発した危機が2011年のヨーロッパ財政危機へ、更に最近アジア及び新興国経済の金融不安に繋がった。かような危機が市場原理主義への過度な傾斜と、ほとんど規制のない金融世界化の結果であるという事実を否定することは出来ない。経済危機は所得の両極化と社会的排除をもたらした」と述べ、続いて「社会的経済はなぜ重要か」「グローバルな社会的経済のネットワークを目指そう」その実現に向けた「10項目の具体的かつ実践的な提案」によって構成されている。(第2章の資料1.を参照)

　グローバルな攻撃に対してはグローバルな市民の連帯なしには希望を見出せないという認識のもとにこの条例は制定されている。すなわち第20条には「社会的経済の活性化のための国際協力」があり、先述のように「市長は国際社会的経済の協議体の円滑な運営と活動のために協議体の事務局運営に必要な経費を予算の範囲で支援することが出来る」としている。『ソウル宣言』には「グローバル社会的経済の協議体の創立を推進するために、ソウルに臨時の事務局をつくり、2014年中に総会を開催すべく準備する」とある。『ソウル宣言』を受けての条例であることを容易に理解できよう。

　韓国では去る6月4日に統一地方選挙があり、ソウル市長選挙が注目の焦点の1つであった。与党セヌリ党の鄭夢準(チョン・モンジュン)候補は韓国を代表する財閥グループ現代重工業の筆頭株主で、選挙政策では「成長戦略—パイを増やす都市再開発構想」を掲げた。対する朴元淳市長は「公平公正な協同組合都市—ソウルを市民参加で作ろう」と呼びかけた。同時に上記のように選挙の直前の4月に「社会的経済基本条例」を提案、ソウル市議会が採択して現職によるソウル市政の方向を鮮明にしたのである。

　市長選挙の結果はおよそ60対40、約20ポイントの大差で朴元淳現市長の勝利に終わった。ソウル市議会選挙でもまた朴元淳市長の支持派が絶対多数を制した。勝因は選挙の直前の3月に野党第1党の民主党と無党派層や知識人による新政治連合が劇的に統合して新政治民主連合を結成したこともある。4月16日に客船セウォル号沈没事故が発生し、政府与党に不利な情勢が醸し出されたなど選挙には色々な要因が重なっている。ともあれ朴元淳市長の政策が引き続き実行される体制が整ったことの意味は社会的経済の発展にとって非常に大きい。

4．「2014グローバル社会的経済アソシエーション」へ

　昨年の「ソウル宣言」の採択、今年4月の『ソウル特別市社会的経済基本条例』の制定、ソウル市長選挙における朴元淳現市長の当選、これ等を

経て11月17〜19日『2014国際社会的経済協議体（ASSOCIATION）創立総会＆記念フォーラム』がソウル市庁と市民庁で開かれる。このアソシエーション＆フォーラムの最大の特徴は地方政府（自治体）と協同組合を先頭にした社会的経済の連携によってグローバリゼーションの弊害に対抗するグローバルな連帯を民と官の協力体制によって恒常的に組織しようと提案していることである。

招請のパンフレットによれば「ソウル特別市と GSEF（GLOBAL SOCIAL ECONOMY FORUM）2014ソウル組織委員会は、より良い世界を夢見て境界を越え、協力と連帯を追求する国際社会的経済協議会に社会的経済の先進的な都市政府及び民間団体を招待します」とある。この創立総会と記念フォーラムの構想と目的は「全地球的な危機と地域問題の解決を追求するために、全世界の社会的経済の先進都市及び民間組織の協力と連帯の場『2014国際社会的経済協議会の創立総会及びフォーラム』がソウルで開催されます。ソウル市と GSEF2014ソウル組織委員会が共同で主催する今回の総会では昨年開催された国際社会的経済フォーラムに続き、社会的経済の活性化によって社会問題を解決してきている全世界の革新的都市と様々な国内外の団体が一堂に会し、より良き未来のためのビジョンと経験を共有し、相互協力を約束するネットワークの場です」とある。

昨年は日本から横浜市、京都市の代表、日本生協連の執行役員、生協総合研究所のメンバー、パルシステム生協連の職員、協同組合学会の会員など約10数名の人々とともに筆者も参加した。今年は仲間とともに充分に組織的に準備して取り組み、世界の仲間たちとの連帯の絆を広げたいと考えている。

〈追記〉

8月初旬、ソウル市を訪問して朴元淳市長、社会的経済課協同組合政策チーム長のキム・ソルヒ氏、中小企業政策や労働政策に詳しい国会議員（新政治民主連合）のチョン・スノク氏、ユニークな政策展開で著名な冠岳区庁長の柳鍾秘（ユ・ジョンピル）氏等との会話の中から次の貴重なデータを得た。

①社会的経済企業の力量が質量ともに発展した結果、公共購買という市からの発注額が13年度は517億ウォンであったが14年度は800億に達するであろうこと。

②協同組合起業コンサルタントの相談が14,648件、協同組合教育が188回（2669人）に及んでおり急激な増加が継続していること。

③社会的経済企業のみならず中小零細商工企業を発展させるための「都市型小商工人支援法」が成立し15年5月に施行されること、等。

また、ソウル市では両極化解消のために率先垂範して非正規の職員4681人を正規職に転換させたが、予算規模は却って縮減できた。「その理由は不要不急の予算をなくし、非効率な外注費を圧縮したからである」と朴元淳市長は話されていた。詳細は後日報告したい。

第5節　新自由主義の継続か、社会的連帯経済への大転換か？
──総選挙後の韓国の政治と社会運動の動向

はじめに

韓国ではさる四月一三日に総選挙が行われ、与党セヌリ党は過半数を取れなかっただけでなく第二党に転落するという惨敗を喫した。野党第一党の「共に民主党」は第一党に躍進。選挙の二ヶ月前に「共に民主党」から脱党して結成した安哲秀氏らの新党の「国民の党」も約二倍に躍進して議会のキャスティングボートを握った。左翼政党の「正義党」は選挙前の五議席を上回る六議席を獲得。今や朴槿恵政権は野党の同意なくして議会で法律一本すら通過させることが出来ないというレームダック（死に体）状態に陥った。

ところが与党も野党もマスコミも世論調査機関も、この大逆転を全く予測できなかった。このレポートでは、今回の選挙の結果について敗因・勝因について述べると共に、何故この大変動を予測できなかったのか、諸勢力の情勢認識のあり方の問題点についても考える。あらかじめ指摘しておくと政治家やマスコミは政府や政党の動向、世論調査に注目するあまり、永きにわたる新自由主義政策の継続の結果としての貧困、格差の増大とその雛寄せを受けてきた人々、なかんずく社会の多数を占める中小企業、地域社会、青年層、農漁村の人びとの意識と行動の変化など韓国社会の深刻な状況を軽視してきたように思われる。この点を学生運動、青年層の動き、協同組合運動の発展などを含めて考えることにしたい。また与党惨敗後の韓国の政治情勢について、特に来年12月に迫った大統領選挙に向かって、野党など政党と諸社会運動には何が問われているか、筆者の見解を述べることにしたい。

韓国の政治制度は大統領に絶大な権力を付与しているが、一期五年の任期で朴槿恵大統領の再任はない。与党のセヌリ党にとっては、残り二年弱の政治政策の選択と次期大統領候補選びが焦点となる。選択を誤れば政

府・議会とも政治権力を失うことになる。また野党「共に民主党」、「国民の党」、「正義党」の三党にとっては、真の政策転換のための政策づくりと協定合意が出来るか否か？　合意に基づいて大統領選で野党統一候補を実現できるか否かが今後の韓国政治を左右することになる。執筆に当たっては畏友権寧勤氏（韓国の農漁村社会研究所副理事長）の最新の論文を参考にさせて頂いた。記して謝意を表したい(注1)。

1．与党セヌリ党が少数派に転落

韓国の国会は一院制であり議席数は300議席で、その内の小選挙区が253議席、比例区が47議席である。解散はないのでこの議席が議員資格停止などによる変動がない限り四年間継続することになる。

表1　2016年4月の総選挙の結果

政党名	当選者(うち比例)	選挙前の議席数
セヌリ党	122(17)	146
共に民主党	123(13)	102
国民の党	38(13)	20
正義党	6(4)	5
無所属	11(0)	19
合計	300(47)	292

今回の選挙の結果は表1の通りで、与党のセヌリ党は24議席減で第二党に転落した。野党第一党の「共に民主党」は123議席を獲得し第一党に躍進した。ただし、無所属議員11人の内の7人は、朴槿恵批判派と目されセヌリ党から公認されなかったために無所属で立候補して当選したもので近く入党するものと見られている。したがってセヌリ党は最終的には129議席となり第一党となって議長も得るか、と思われているが、過半数の150議席にははるかに及ばない。第一野党の「共に民主党」、第二野党の「国民の党」のいずれか、あるいは両方の賛同を得ないと議会運営は頓挫するという事態である。

後にも述べるが、朴槿恵政権の選択肢は野党へ一定の譲歩をして、融和的な政策を選ぶか。それとも妥協や歩み寄りをせず強硬策に出て、国政が停滞するなら無責任な野党のせいであるとして、政府・大統領の権限を最大限に行使する策に出るのかの何れかである。

2．各党派の特徴と消長

先ず簡単に各党派の特徴と消長の評価について述べる。セヌリ党が保守党であることは云うまでもないが、金大中・盧武鉉政権の10年間、野党を経験する中で軍事政権色からニューライトと呼ばれる近代的な保守党への転換を図った。しかし内部には朴槿恵大統領に近い親朴派と一定の距離を置く反朴派との派閥抗争を抱えている。後にも述べるが両派には必ずしも

政策上の分岐は見られないが、朴槿恵大統領が野党に対して対決一色で臨む場合には反朴派は一定のブレーキをかける立場に立つと見られている。セヌリ党のトップとして選挙の先頭に立った金武星代表は朴大統領と距離を置き、選挙の当日までは「総選挙に勝利して与党の大統領候補トップに立つであろう」と報じられてきたが惨敗の後、代表の座を辞任したので今や与党には本命の大統領候補は不在である。

野党第一党の「共に民主党」は金大中・盧武鉉大統領の流れを組む党であり、日本の「産経新聞」などは左派とか革新系という書き方をするが、筆者はそうは考えていない。同党の多くの人びとが軍事独裁政権に対して民主化闘争を闘ってきたのは歴史的事実であるが、全ての人ではない。肝心のこれからの政治をどうするか、という点では保守に近い中道右派から中道左派までの幅があり、自由貿易を促進して先ずパイを増やそうとしてきた政策では保守派と一致してきた。今回の選挙に当たって采配を振るった「共に民主党」の非常対策委員長・金鐘仁氏は全斗換大統領時代の国家安全企画部（旧KCIA）の出身である。また同氏が同党の有力政治家として迎え入れた金鉉宗氏は前通商交渉本部長であって韓米FTA交渉の主役として活動した後、サムソン電子海外法務会社の社長として活躍した人物である。かような人物を招いて重要ポストにつけている点から見ても単純に「進歩派」「革新的」と評価することは出来ないのである。確かに「共に民主党」の政治文書を見ると「経済の民主化を図る」とあるが、如何なる法律や制度をつくるのか、具体性が乏しく明快さを欠く。

次に「国民の党」であるが「産経新聞」などは同党を中道派と表現し、「正義党」を極左派としているが、これにも筆者は同意できない。安哲秀氏（元ソウル大学大学院長）を中心とする同党は、保守VS革新という対立軸よりもむしろ公平・公正な政治を創造して政治文化の変革を経済民主主義に連動させると強調している。格差是正や経済民主化の内容として、例えば大企業が中小企業等の下請け企業と契約する場合に、費用の中に研究開発費や人材養成の教育研修費を含めさせ中小企業のパワーアップを保証するように主張している。

大企業や財閥の特権的地位を規制している点に注目したい(注2)。今回の選挙で同党は二〇議席から三八議席にほぼ倍増した。当選したのはこれまで伝統的に「共に民主党」の強固な地盤であった全羅北道、全羅南道、光州市と比例区からである。この地域の二八選挙区の内、「共に民主党」が獲得したのは三議席に過ぎず、「国民の党」はここで二三議席を獲得している。

最後に「正義党」であるが、同党は民主労総を母体にして誕生した左翼政党である民主労働党の流れを組む党派の一つである。民主労働党は内部対立から三分裂し、一派は国会議員が北朝鮮と内通しているとして逮捕起訴されるという弾圧を受け、憲法裁判所から解散命令を受けた。このような逆境の中で五議席から六議席へと増加したのは善戦といえる。

3．野党の勝因とセヌリ党の敗因

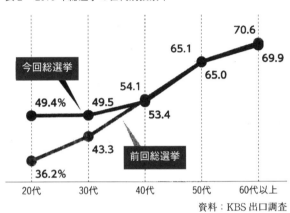

表2　2016年総選挙の世代別投票率
資料：KBS出口調査

　韓国のマスコミは、テレビが国家の厳しい管理統制下にあり、主要な新聞「朝鮮日報」、「中央日報」、「東亜日報」はいずれも保守系である。進歩系では他紙に比べて発行部数は少ないが「ハンギョレ」等がある。したがって民主化運動など社会運動を推進する人々は、自ら作り出した「ハンギョレ」やインターネットを利用したメディアで対抗している。

　ところで今回の総選挙においては全てのマスコミや世論調査機関が与党のセヌリ党が圧勝するという予則をした。「ハンギョレ」さえも選挙前日の四月一二日に「与党一六〇議席で金武星代表の大統領候補指名に弾み」「党代表に親朴槿恵派のイ・ジュヨン代案論」（電子版）と報じている。朴槿恵大統領と政治的に距離を保ってきた党代表の金武星氏が総選挙圧勝の功績を手に大統領候補に躍り出て、朴大統領派を抱き込むために親朴派に党代表のポストを譲りわたし挙党体制を構築するであろう、という見立てである。日本共産党の機関紙「赤旗」は選挙の翌日の四月一四日号にソウル特派員の栗原千鶴特派員記事の見出しに「与党が第一党維持へ……韓国の総選挙開票進む」と書いている。これらは世論調査機関の調査結果をもとに独自の情勢判断を加えて書かれている。多くの選挙区で野党は乱立で敗退し、比例区でも各党派の支持率を計算した結果として与党の勝利は動かないと判断したのであろう。

　ところが選挙の結果の分析検討が進むにつれて、選挙民の行動に大きな

地殻変動とも呼ぶべき変化があったことが明らかになってきた。その第一は青年層が圧倒的に野党を支持したこと、そしてこの層の爆発的な投票率のアップである。

　表2に示しているのは今回の選挙と前回の2012年の選挙の世代別投票率の比較である。前回は20歳代、30歳代の若い世代の投票率が極端に少なく、20歳代が36.2％、30歳代が43.3％であったが、今回は20歳代が49.4％、30歳代が49.5％へと跳ね上がっている。（地上波放送三社、KBS、MBC、SBSの出口調査）また別の調査では若い世代の政党支持率は地域により変動あるものの概ね70％～80％が野党を支持しており、特定党派よりも野党を勝たせるためにより有力な候補に票を集中するように呼びかけていたと伝えられている。そのことは小選挙区では勝利した「共に民主党」が比例区で「国民の党」と同じ一三議席に留まっており、しかも票数で「国民の党」が上回っていた。つまり小選挙区では当選の可能性の高いと思われた「共に民主党」の候補に投票し、比例では「国民の党」に投票した人々が大勢いたことを如実に示している。何故このような投票行動となったか、については後にも述べるが青年層や学生運動の熱のこもった運動があった。もう一つ重要なことは地域別の投票率の変化である。

　韓国では伝統的に全羅北道、全羅南道、光州は野党が強く、慶尚北道、慶尚南道、大邱、釜山は与党の金城湯池と云われてきた。全国平均の投票率は58.0％であったが野党勢力の地盤である地域は軒並み平均を上回る勢いを見せ、逆に与党勢力の強い地域は投票率が低かった。これは明らかに伝統的な与党支持者たちが投票所へ足を運ばず、消極的ながら与党不支持の意思表示をしたと考えられる。

4．変化の原動力――若い世代と新しい社会運動

　これまで与野党の特徴や今回の選挙の消長について述べて政策的な対立点には触れてこなかった。そこで次に朴槿恵政権と野党の対立点は何であったか、述べることにしたい。日本では殆ど伝えられていないが実は選挙前の韓国の国会の最大の論争点は「国民保護と公共の安全のためのテロ防止法」の是非であった。名前は美しいが内実は国家情報院（KCIA）の権限を大幅に拡大するものであり、一言でいえば弾圧強化法である。反対演説に立ったウン・スミ議員（学生運動と労働運動で過酷な拷問を受け今なお後遺症に苦しむことで著名）は、フィリバスター（時間制限なしの演説）の権利を行使して一〇時間二〇分に及ぶ血涙あふれる大演説を行い、一般市民、青年、学生たちの琴線に触れた。

朴槿恵大統領の基本政策は労働、公共、金融、教育の四大改革である。労働は国際競争力を強めるため労働者に犠牲を認めさせることであり、公共は効率化のために競争原理を導入すること、金融も国際競争に耐え抜く金融機関の育成であって地域に密着した信用協同組合や農協金融にも同じ様な競争原理を導入するもの。教育は片方では余りにも過酷な教育費負担に苦しむ若い世代の要求に一部応えるポーズを示しつつも歴史教科書の国定化など露骨な国家主義を実行してきた。そして湧き上がる社会運動を監視し抑圧する仕組みとしての「……テロ防止法」が先の国会で抵抗を振り切って強行可決されたのである。

　ここで注目して頂きたいのは反対運動が伝統的な街頭デモのみならず、社会的経済と呼ばれる新しいタイプの社会運動の実践、選挙へ行って堂々と自己主張をしようとの呼びかけが、青年層、大学学生会などから積極的になされたことである。先に述べた若い世代の投票率のアップは自然発生的に行われたのはない。例えば福祉国家青年ネットワークのムン・ユジン代表（25歳）は次のようにアピールしている。「朴槿恵政権になってセウォル号事件、国定教科書など政治・社会的問題のみならず労働改悪法案、非正規雇用の増加など青年を失望させることが多かった。これ以上我慢してはいけないと考えて皆が投票に出ることになった」と。また「かたつむりユニオン」や「なめくじユニオン」（宿無し者の住宅協同組合）など沢山の青年組織が片方で自らの手で協同組合やコミュニティ・ビジネス（韓国ではマウル企業と呼ぶ）など社会的企業を起業しつつ、他方で政治においても棄権せずに行動しようと立ち上がったのである。

表3　韓国の社会的企業と協同組合基本法による協同組合の設立状況

認証社会的企業	1012 団体
予備社会的企業	1251 団体
合計	2534 団体

（2013年末の政府統計）

一般協同組合	3597 組合
一般協同組合の連合会	15 連合会
社会的協同組合	122 組合
社会的協同組合の連合会	1 連合会

（2014年1月末の政府統計）

　高麗大学の総学生会は学内のみならずソウル城北区に拠点を設けて「4・13投票奨励運動」を展開した。ソウル大学の総学生会も連日「第20代総選挙投票激励」キャンペーンを実施した。延世大学の総学生会も学内のダンスサークルと共にフラッシュモブを行い、投票参加を呼びかけた。このように数えきれない程の青年、学生、労働者の新しいタイプの運動が行われ、これが投票率のアップと野党勝利の原動力となっ

たのである。
　もう一つ語らなくてはならないのは国会が2006年に「社会的企業育成法」を、2012年には「協同組合基本法」を制定したことである。これによって社会的弱者や環境保護など社会的目的をもった企業が次々に登場した。また五人以上の賛同者があり法に則って届け出さえすれば協同組合を創ることが出来るようになり、一定の要件を満たして政府が認定すれば社会的協同組合を設立できるようになったことである。これによって大企業や政府に依存せず、自らの力で働き、生き、連帯して地域社会を創造するという「新しいタイプの社会運動」が登場してきた。また朴元淳ソウル市長のリーダーシップにより国に先駆けて「ソウル市社会的経済基本条例」を制定し、一般協同組合、社会的協同組合、社会的企業、マウル企業、自活企業などをサポートしている。やや古いデータであるが筆者が調査した社会的企業と一般協同組合、社会的協同組合の新規設立状況は別記の通りである（表3）。

5.2017年の大統領選挙の動向

　最後に2017年の大統領選挙の動向について述べて締めくくりたい。まず与党のセヌリ党であるが朴槿恵大統領は五月中旬現在、与党内で党内批判派の意見に耳を傾ける姿勢はない。総選挙の敗北の原因についても責任を負う姿勢はない。大統領秘書室長には父親の朴正煕政権でセマウル運動を担当し、ソウル市長や忠清道知事という経歴を持つ李元鐘氏を任命。光州事件の国家記念式典に参加しなかった。MBC放送の労働組合のストライキに対して国家情報院を介入させ、韓国言論労組がこれを検察に告発するという事態も発生している。韓国の二大労組（全国民主労働組合総連盟〈民主労総〉と韓国労働組合総連盟〈韓国労総〉）の対北朝鮮接触申請を拒否した。北朝鮮側が核兵器を放棄しなければ開城工業団地の操業再開はもちろん、民間交流も全面禁止するという方針を明らかにしたものと受け止められている。来年の大統領選挙に向かってどのような政策と候補選びをするか、目下のところ予断を許さないが一言で表現すれば「妥協なく我が道を行く」という事であろうか。
　しかし5月20日に「中央日報」が報じた韓国ギャラップの世論調査の結果は、与党「セヌリ党」の支持率は29％、「共に民主党」は26％、「国民の党」21％、「正義党」6％であった。セヌリ党が支持率20％台に落ちたのは2012年3月以来の四年ぶりだ。
　野党はどうであろうか。第一党の「共に民主党」は選挙の前には「106

議席を獲得すれば執行部は責任を負うことはない」という姿勢であったがソウル・首都圏をはじめとする思わぬ大勝利に歓声をあげたものの勝因について冷静な分析や論評は見当たらない。若い世代や地方における動きについても、新しい社会運動についても積極的評価が乏しい。そんな中、5月14日付の韓国ギャラップの次期大統領候補選好度調査が話題を呼んでいる。安哲秀「国民の党」共同代表が4月に続いて連続一位になった。安哲秀氏20％、文在寅前「共に民主党」代表18％、呉世勲前ソウル市長「セヌリ党」9％、金武星前セヌリ党代表5％であった。

　社会運動の側はどうであろうか。政党が社会運動と良好な有機的関係を築くこと。社会運動が政治に関心を寄せ連帯しつつも従属せず良好な有機的関係を築くこと。これが希望されているのであるが、コンセンサスはなく、今はまだ緒に就いたばかりだと思う。

　新しい社会運動の先導者である朴元淳ソウル市長が5月13日に光州市の全南大学で「新しい世の中を夢見る青年たちに送るシグナル」と題する特別講演を行った。コンベンションホールを埋め尽くした学生、教職員、光州市民に向かって彼はこう述べた。「歴史の後退が止まらなくなっています。未来に進まなければならない時に私たちは過去に、後ろに、後退ばかりしているのです。4月13日の総選挙は"反乱"ではなく"革命"です。国民は政府与党と朴槿恵政権の傲慢と独善、沈没しつつある大韓民国号のバランサーになってくれたのです」そして自分自身の活動体験を一つ一つ語り、振り返りながら「断言しますが、これらすべての活動は光州がつくった勇気の結果です。このように光州精神は平凡に生きてきた朴元淳の人生を変えたのです」と。

（注）
（1）　権寧勤『韓米FTA発効以後の韓国における「農」の変化』（日本の農協中央会のシンクタンクであるJC総研（日本協同組合総合研究所）の機関誌「にじ」二〇一六年夏号所収、筆者訳・補筆）
（2）　丸山茂樹『韓国の「市民社会」の現段階とヘゲモニー闘争』（古川純編「市民社会と共生」日本経済評論社、二〇一二年、所収）。丸山茂樹『韓国における市民社会と市民政治論争』（内藤光博編「東アジアにおける市民社会の形成」専修大学出版局、二〇一三年、所収）

〈資料4〉 ソウル特別市社会的経済基本条例

第1条（目的）
　この条例は社会的経済の理念と構成主体、共通の基本原則を樹立して、関連する政策を推進することにあり、各社会的経済の主体とソウル特別市の役割について基本的な事項を規定することによって、ソウル特別市の社会的経済の活性化と持続可能な社会的経済の生態系の構築に貢献することを目的とする。

第2条（基本理念）
　この条例は社会構成員の共同の人生の質と福祉水準の向上、社会経済的な両極化の解消、社会安全網の回復、協同の文化の拡散など社会的価値の実現のために、社会的経済と市場経済及び公共経済の調和をつくりあげることを基本理念とする。

第3条（定義）
　この条例において利用する用語の意味は次の各号の通りである。
1　"社会的価値"というのは次の各項目の行為を通じて経済的・文化的・環境的な福利水準を向上させる公的概念の効用を云う。
　　イ．安定的な職業の創出
　　ロ．地域社会の再生
　　ハ．男女の機会の平等
　　ニ．社会経済的な機会において排除される危険に置かれている社会構成員の回復
　　ホ．共同体の利益の実現
　　ヘ．倫理的な生産と流通
　　ト．環境の持続可能性の保全
　　チ．その他、労働・福祉・人権・環境の次元で地域及び社会構成員の社会的・経済的・文化的・環境的な福利の増進
2　"社会的経済企業"というのは第4条の基本原則を順守する企業によって次の各項目のいずれか1つに該当する組織のことをいう。
　　イ．「社会的企業育成法」第2条第1項による社会的企業と「ソウル特別市社会的企業育成に関する条例」第2条第2項に定める予備社会的企業

ロ．「協同組合基本法」第2条または個別法律によって設立された協同組合または協同組合連合会（社会的協同組合、社会的協同組合連合会を含む）

ハ．「都市再生、活性化及び支援に関する特別法」第2条第1項第9号による地域（マウル）企業及びソウル特別市長（以下、"市長"という）が定めた地域（マウル）企業

ニ．「国民基礎生活保障法」第18条による自活企業、保健福祉部長官が認定した自活勤労事業団及び市長が認証した自活企業

ホ．「重症障害者生産品優先購買特別法」第9条の重症障害者生産品の生産施設

ヘ．その他、公有経済、公正貿易など市長が定める基準によって社会的な価値の実現を主たる目的とする経済的な活動をする企業及び非営利法人または非営利民間団体など

3　"中間支援組織"という中央部処、または地方自治団体と社会的経済企業の間の架橋の役割、社会的経済企業の間の連携、社会的経済企業の支援など社会的経済の生態系の造成を支援する組織。

4　"社会的経済の当事者の連合体"とは、社会的経済企業たちが交流及び協力するために自発的に集い、結成した当事者組織を云う。

5　"社会的経済の生態系"とは、社会的経済企業の設立及び発展、市場の造成及び利害関係者の多様な参加、再生産と再投資を好循環的に成し遂げられるシステムのことを云う。

6　"社会的経済の民間ネットワーク"とは、社会的経済の当事者の連合体、社会的経済を支援する中間支援組織及び民間企業・団体たちの共同事業、相互扶助や相互取引を推進させる組織または関係網のことである。

7　"社会的経済組織"とは、第2号から4号までの包括的な組織を云う。

第4条（基本原則）

① 社会的経済企業は次の各号の基本原則によって行う。

1　組織の主な目的が社会的価値の実現

2　民主的であり参加型である意思決定構造及び管理形態を通じて個人と共同体の力量強化

3　主に構成員が遂行する業務やサービス、活動を土台にして行う経済活動によって獲得される結果を、構成員や社会的価値実現に使用するとか、その収益を資本よりも人と労働に優先して配分4

経済の透明性と倫理性の順守など
② 市長は、社会的経済企業の支援について、細部の基準を関係する法律及び第1項の原則によってつくることが出来る。

第5条（市長の責務）
① 市長は、社会的経済の活性化と社会的経済企業間の有機的な協力と連帯が成し遂げられるように、必要な支援及び施策を総合的かつ効果的に推進しなければならない。
② 市長は、ソウル特別市（以下、"市"という）の各種の政策樹立と事業の執行において社会的経済との連携を促進するよう、該当する政策と事業が社会的価値の実現に寄与するように積極的に考慮しなければならない。
③ 市長は社会的経済の活性化と持続可能な生態系の造成のために、関連する政策の樹立、施行、評価において社会的経済企業、社会的経済の当事者の連合体などの意見が反映されるように努力しなければならない。
④ 市長は社会的経済の発展が地域住民の生活水準の向上と地域経済に寄与することが出来るように自治区と協力する。

第6条（社会的経済企業の責務）
① この条例によって支援を受ける社会的企業は、第4条の基本原則を順守して、社会的価値の実現のために誠実に努力しなければならない。
② 社会的経済企業は社会的経済の活性化について責任感をもって社会的経済主体の相互間の協業と共有、相互取引の精神に立脚して、持続可能な社会的経済の生態系の構築のために努力しなければならない。

第7条（他の条例との関係）
① 社会的経済に関しては特別の場合を除いて、他の条例に優先してこの条例を適用する。
② 社会的経済に関する他の条例を制定するとか改正する場合には、この条例の目的と原則に合致するようにしなければならない。

第8条（社会的経済の基本計画）
① 市長は、第9条の希望経済委員会の審議・議決を経て社会的経済企業の自律的な活動を促進し、体系的に支援・育成するために社会的経済の基本計画（以下、"基本計画"という）を5年ごとに樹立してこれを施行しなければならない。

② 基本計画には次の各号の事項が含まれなければならない。1 社会的経済の活性化のための基本方向。2 社会的経済の発展戦略及び基盤造成に関する事項。3 社会的経済企業の間の相互協力及び社会的経済の政策と関連する関係機関の間の協力に関する事項。4 社会的経済の活性化のために関連した条例と政策の改善に関する事項。5 その他、社会的経済の生態系の造成に必要な事項

③ 市長は、基本計画によって年度別の施行計画を毎年、樹立・施行しなければならない。

④ 市長は、第1項及び第3項による事業施行の結果と成果などについて評価を実施しなければならない。

⑤ 市長は、基本計画の樹立及び施行のために、社会的経済について実態調査を実施して、実体調査結果を反映させた基本計画を樹立しなければならない。

⑥ 市傘下の投資・出捐機関の長又は自治区庁長は、市長が要請した場合に第5項による実態調査に必要な資料の提供に協助しなければならない。

第9条(社会的経済の政策の審議・調整)

市長は、社会的経済の活性化及び生態系の造成など社会的経済の政策を審議・調整するにあたっては「ソウル特別市希望経済委員会の設置及び運営に関する条例」において規定している希望経済委員会へ上程するものとする。

第10条(社会的経済支援センター及び部門別支援機関)

① 市長は、社会的経済の活性化及び生態系の造成のための業務を効率的に遂行するために市社会的経済支援センター(以下、"支援センター"という)を設置・運営する。

② 市長は、社会的企業、協同組合、地域(マウル)企業、自活企業など社会的経済の部門別の特性を勘案した企業育成のために、その育成業務の一部を関連条例で定めた専門性のある機関に委託することが出来る。

第11条(支援センターの機能)支援センターは次の各号の機能を遂行する。

1 社会的経済に関連した政策の協議・調整及び社会的経済組織の総合的支援
2 基本計画の樹立の支援
3 社会的経済の人材の養成と社会的企業の発掘及び事業化の支援
4 社会的経済の活性化のための支援制度及び政策の研究開発

5　社会的経済企業間の協力支援及び業種、地域及び広域単位のネットワークの構築・運営の支援
6　社会的経済企業の設立と運営に必要な専門的なコンサルタンティング支援
7　社会的経済企業のモニタリング及び評価
8　社会的経済の活性化のための広報及び教育支援体系の構築
9　社会的経済の市場造成の支援
10　その他、社会的経済の活性化及び生態系の造成に必要な事項

第12条（支援センターの委託管理及び運営）
①　市長は、支援センターを効率的に管理・運営するために関係法規又は市長が定めた機能を遂行することが出来る与件を備えていると認定される社会的経済の関連法人や団体等へ委託して運営させるとか、別途の独立法人を設立することが出来る。
②　協同組合の設立及び運営支援についての業務を「ソウル特別市協同組合活性化支援条例」第8条に定めている協同組合の相談支援センターに委託することが出来る。
③　自活企業の育成に関しての業務を「ソウル特別市自活事業支援に関する条例」第5条に定めている市広域自活センターへ委託することが出来る。
④　地域（マウル）企業の育成についての業務を「ソウル特別市地域（マウル）共同体をつくることの支援等に関する条例」第22条に定めている市地域（マウル）共同体総合支援センターへ委託することが出来る。
⑤　市長は、支援センター及び部門別の支援機関の管理及び運営に必要な経費を予算の範囲で支援することが出来る。
⑥　第1項による細部の事項は「ソウル特別市行政事務の民間委託に関する条例」により行うものとする。

第13条（経営支援等）
　市長は、社会的経済企業の設立と運営に必要な統合的な経営支援システムを構築し、関係法規によって経営・法律・技術・税務・労務・会計などの分野についての専門的な諮問及び情報提供など各種の支援を行うことが出来る。

第14条（施設費等の支援）
①　市長は関係法規により社会的経済企業の設立または運営に必要な敷地購入費、施設費などを予算の範囲で支援・融資または公有地を

賃貸及び無償で貸すことが出来る。
② 市長は、不用物品などを関係法規により社会的経済企業に無償で譲与することが出来る。

第15条（財政支援及び基金の設置）
① 市長は、社会的経済企業の自立のために必要であると認定された場合、予算の範囲で財政支援をすることが出来る。
② 市長は、社会的経済企業の資本調達のために関係法規により社会的金融システムを構築する事が出来る。
③ 市長は、社会的経済の活性化及び持続可能な社会的経済の生態系の造成のために社会的経済に関する基金を設置・運用することが出来る。
④ 第2項の社会的金融及び第3項の基金の設置・運用に関して必要な事項は、別に条例で定める。

第16条（教育訓練及び研究支援等）
① 市長は、社会的経済の人材養成、社会的経済の企業の設立・運営に必要な専門人力の育成など社会的経済の構成員の力量強化のために教育訓練を実施することが出来る。
② 市長は、第1項の教育訓練及び社会的経済の専門人力の養成のために市傘下の投資・出捐機関、「高等教育法」第2条による大学、社会的経済に関する研究活動などを目的とする研究所や機関、または団体を専門人力の養成機関として指定することが出来る。
③ 市長は、第2項により指定された専門人力養成機関に対して、予算の範囲で事業遂行に必要な費用の全部または一部を支援することが出来る。

第17条（優先購買等の支援）
① 市長は、関係法規により社会的経済企業において生産した財貨やサービスの優先購買を促進しなければならない。
② 市長は、民間の消費奨励などを通じて社会的経済企業が生産した財貨やサービスの販路開拓のために努力しなければならない。
③ 第2項の優先購買の促進及び販路支援の実効性を確保するために必要な事項は、別に条例で定める。

第18条（社会的経済の当事者の連合体等の支援）
市長は、社会的経済企業の設立、経営活動に関する支援及び当該部門の活性化の戦略の樹立などのために、広域及び自治区単位、業種単位を基準にして設立された社会的経済の当事者の連合体や社会的経済の民間

ネットワークが民間の主導で設立される場合、必要な支援を行う事が出来る。

第19条（民間企業等の参加の拡大）
　市長は、民間企業及び団体などが社会的経済企業の設立及び育成に参加することが出来るように、次の各号の事項の支援をすることが出来る。
　1　地域内の社会的経済企業・民間企業・団体の交流・協力、ガバナンスの構築及び活動の支援
　2　連携企業の活性化のための参加企業の支援拡大

第20条（社会的経済の活性化のための国際協力）
① 市長は、社会的経済の活性化のために国際協力のための努力をしなければならない。
② 市長は、国際社会的経済の活性化と関連した国際協力を推進するために、次の各号の業務を行う事が出来る。
　1　国際社会的経済の民官パートナーシップを基盤とする社会的経済ネットワークの構築
　2　国際社会的経済の連帯と行動のための教育プログラムの共同開発
　3　国際社会的経済のビジョンを共有し、人的資源の育成のための社会的経済の人的交流プログラムの企画運営
　4　国際社会的経済が市場経済、公共経済と調和して発展するような社会的経済発展モデルの開発
　5　国際社会的経済の協議体と事務局の運営及び協力のための支援
　6　国際機構及び研究所などの誘致及び支援
　7　その他、社会的経済の国際協力と関連して市長が必要であると定めた事項③市長は、第2項により国際社会的経済の協議体（以下、"協議体"という）の円滑な運営と活動のために協議体の事務局運営に必要な経費を予算の範囲で支援することが出来る。

第21条（広報及び褒賞）
① 市長は、社会的経済企業について地域住民の理解増進のために、次の各号の措置を講じることが出来る。
　1　模範モデルの発掘及び拡散の支援
　2　社会的経済企業の製品及びサービスの品質向上、および広報支援
　3　専門家フォーラム、ワークショップ開催などを通じた社会的経済企業についての認識の拡散
② 市長は、社会的経済の活性化のために次の各号に該当する場合にはこれを褒賞することが出来る。

1　自立経営及び地域社会への寄与など模範となる社会的経済企業
2　社会的経済の活性化に顕著な功労があると認定される個人または団体
3　社会的経済の活性化に顕著な功労があると認定される自治区又は公務員
③　第2項による具体的な手続きは「ソウル特別市表彰条例」による。

第22条（指導・監督）
① 　市長は、財政支援を受けた社会的経済企業などにおいて、支援内容にもとづいて支援金が目的通りに使用されているかを確認し、指導・監督しなければならない。
② 　市長は、財政支援を受けた社会的経済企業が財政支援金を目定以外に使用した場合には、支援金の交付決定を変更または取消しをしたり、既に交付された支援金を回収することが出来る。

第23条（権限の委任及び委託）
① 　市長は「ソウル特別市事務委任条例」の定めるところにより、社会的経済に関連した業務の全部または一部を区庁長に委任することが出来る。
② 　市長は、社会的経済の活性化及び生態系の造成のために、この条例で定めている市長の権限に属する事務の一部を法人及び団体などに委託することが出来る。

付則

第1条（施行日）この法は公布した日から施行する。
第2条（他の条例の改正）
① 　ソウル特別市社会的企業育成に関する条例を次のように改正する。第6条第4項をこの条例の第11条に入れ替える。
② 　ソウル特別市社会的企業の製品の購買促進及び販路支援に関する条例を次のように改正する。第2条第1号をこの条例の第3号に入れ替える。第3条（一般的な経過措置）この条例の施行の前に「ソウル特別市社会的企業育成に関する条例」、「ソウル特別市協同組合活性化支援条例」、「ソウル特別市地域（マウル）共同体づくり支援等に関する条例」、「ソウル特別市自活事業支援に関する条例」の規定によって行われた処分・手続き、その他の行為はこれに該当するこの条例の規定によって行われたものと見なす。

〈訳者注〉
　訳文中の「地域（マウル）企業」「地域（マウル）共同体」とあるのは原文では「マウル企業」「マウル共同体」である。マウルとは韓国の固有語で一般的に「ムラ、部落、里」と訳されるが、適当な訳語がないため「地域（マウル）企業」とした。
　この条例は2014年5月14日に公布、施行された。（原文はソウル特別市のホームページに発表された文書による。）（翻訳：丸山茂樹—2014年6月1日）

〈資料5〉 カナダ・ケベック州の「社会的経済法」

社会的経済法 Social Economy Act
2013年3月19日　提出
2013年10月10日　通過

〈注釈〉
　本法の目的は、社会的経済のケベックの社会的経済開発にたいする貢献を認識すること、および同分野での州政府の役割を決定することである。同法は、社会的経済を推進するため、政策ツールの創出と適用を通じて社会的経済の発展を支援するため、および社会的経済企業が行政の政策やプログラムへのアクセスを促進するために機能する。
　社会的経済シャンティエおよびケベック協同組合共済組合評議会は、本件に関して州政府との主たる対話者に任ぜられる。
　社会的経済に関する市町村地方行政区土地占有大臣の機能が明確化され、社会的経済パートナー委員会が本大臣へ助言するために創設された。
　諸大臣は、それぞれの方策およびプログラムを更新する際、および事業体への新しいツールを開発する際に、社会的経済を政策とプログラムへ織り込まなければならない。
　最後に、本法の執行にかんするアクション・プランの採用と報告書の提出を含む、計画立案、フォローアップおよび報告を通じて社会的経済に関する行政の説明責任を保証する政策が提案されるものとする。

　本法により改定される法律：市町村地方行政区土地占有省に関連する法律（第M221章）第27法案

社会的経済法
　アソシエーション、協同組合および共済団体により運営される社会的経済企業は、19世紀中期以来、ケベック州およびその地域の発展、占有および社会経済的活力へ寄与してきた。
　社会的経済企業は、モノやサービスを生産するために集団を形成する人々の努力および起業精神の欲求の結果であり、よってその熱情を推進し、

そのメンバーおよびコミュニティの幸福に貢献してきたことに鑑み；

社会的経済企業が、コミュニティのニーズを満たすためにコミュニティにおける勢力を動員する能力を有し、よって集団的富にとって重要な手段となっていることに鑑み；

社会的経済企業が、さまざまな手段において、企業の構造および経営方法に反映される集団的諸価値を基盤とし、かつ持続可能な連帯経済を生じさせていることに鑑み；

ほとんどの社会的経済企業が、二大団体、すなわち社会的経済シャンティエおよび協同組合共済組合評議会に組織化されており、それぞれが地域およびセクターのネットワークにより支援されていることに鑑み；

社会的経済企業に加えて、様々な団体がその分野における支援者として行動し、専門性、諸資源および様々なサービスを提供していることに鑑み；

社会的経済の事柄におけるケベックの経験と専門性は数多くのフォーラムにおいて共有され、かつ国際的にも認知されていることに鑑み；

ケベック州議会は次を発効する。

第1章 目的および適用

1. 本法の目的は、数多くの活動セクターおよびケベック州土のすべてにおいて、ケベックの社会経済的発展にたいする社会的経済固有の貢献を認知するものである。本法はまた、社会的経済における州政府の役割について規定する。
2. 本法の目的は次の通り
   (1) 社会経済的開発の手段として社会的経済を推進すること
   (2) 政府の行動および透明性における一貫性を推進する視点から政策ツールを創出しかつ適用することにより、社会的経済の発展を支援すること
   (3) 社会的経済企業が行政の政策やプログラムへアクセスできるようにすること
3. 「社会的経済」は、その活動が特にモノやサービスの販売または交換に存在し、かつ次の諸原則にしたがい運営される企業により実行される社会的目的を有するすべての経済活動を意味する
   (1) 本企業の目的はそのメンバーまたはコミュニティのニーズを満たすことである。
   (2) 本企業は、公的機関および個人情報保護(第A章2.1)により管理さ

れる文書へのアクセスに関して、本法の意味におけるひとつまたはそれ以上の公的機関の意思決定権限のもとにはない。
（3）本企業へ適用される規則はそのメンバーによる民主的ガバナンスのために供される。
（4）本企業は経済的実行性をめざす。
（5）本企業に適用される規則では、企業活動により生み出された剰余収益の分配、またはその剰余収益を各メンバーがその企業に対して行った取引の割合に応じてメンバー間で分配することを禁止する。
（6）本企業を経営している法的人格へ適用される規則により、企業の解散の際に企業の残余資産を同様な目的を持つ他の法人へと移譲されなければならない。第1項の目的として、社会的目的は金銭的利益ではなくメンバーまたはコミュニティへのサービスを第一義的なものとし、かつ特にメンバーやコミュニティの福利および持続可能な質の高い雇用の創出にたいする企業の寄与を特徴とする。社会的経済企業は、法的人格を付与されている協同組合、共済組合またはアソシエーションにより第1項で定義されている諸原則に従い、特に、その活動はモノやサービスを販売または交換により構成され、かつ経営されている企業である。

4．本法において、「行政」とは、
　（1）政府部局および財務省事務局
　（2）ケベック投資機関 Investissement Quebec およびケベック住宅協会 Societe d'habitation du Quebec
　（3）政府により任命されかつ監査一般法（第Ⅴ章 5.01）により規定されている他のすべての政府機関

5．社会的経済シャンティエおよび協同組合共済組合評議会は、社会的経済に関して政府の主たる対話者である。

第2章　大臣の役割と機能

6．市町村地方行政区土地占有大臣は次の機能を持つ
　（1）ケベック州における社会的経済の発展を推進する政策を、社会的経済シャンティエおよび協同組合共済組合評議会との協議ののちに、財政経済省とともに共同で、開始かつ政府への提案を行うこと
　（2）他の社会的経済について政府の行動を調整すること
　（3）社会的経済企業向けのプログラムおよび方策の実施において州政府を支援すること

(4) 本法の適用のために規定される諸機能や活動を実行する際に『行政』を支援すること
(5) 社会的経済についての知識を深めるために活動すること

第3章　州政府の役割

7．すべての省庁はその権力と責任を行使する際に、その行動および第4項において責任を持つと規定されたすべての機関において、それらの政策やプログラムを更新する際および企業向けの新しいツールを開発する際に、社会的経済を方策やプログラムに取り込むことにより、ケベック州の社会経済的構造の統合された一部として認識しなければならない。さらに、関係ある時はいかなる時も、諸大臣はケベック州および国際的なレベルにおいて実行されている社会的経済イニシャチブを推進しなければならない。

第4章　政府のアクション・プラン

8．政府は2014年4月1日までに社会的経済アクション・プランを導入しなければならない。このアクション・プランは、社会的経済シャンティエおよび協同組合共済組合評議会との協議ののち、関係する政府各省庁および政府機関と協力して、当該大臣により作成され、かつ政府に提案されなければならない。当該大臣はまたこのプランのフォローアップ、報告および評価に責任を有する。このアクション・プランは、社会的経済についての本法および政府により採択された方針に基づき、かつ行政はケベックにおける社会的経済の開発および推進を支援しなければならないというアクションであると認識される。

9．このアクション・プランは、この計画に含まれる義務およびその他社会的経済にかんして行政により実施される行動について報告する機構を提供する。当該大臣は第10項に規定された検討以前に18か月を超えないうちにこのアクション・プランの実施に関する報告書を発行する。

10．政府は5年ごとに社会的経済アクション・プランを見直さなければならない。しかしながら、2年を超えない期間は見直しを延期することができる。

第5章　社会的経済パートナー委員会

11．社会的経済パートナー委員会は、社会的経済の議題に関するあらゆる質問を当該大臣へ助言する。

12．当該大臣は、社会的経済パートナー委員会の構成を決定する。加えて、

本委員会が社会的経済において活動している団体の利害となる可能性がある特定の議題について議論する際、当該大臣はその団体の代表および大臣の見解によりその議題にたいする委員会の理解を深めることができるとされるその他のいかなる人格も、その討議に参加するよう招聘する。委員会の構成は男女同等であるように努めなければならない。

第6章　改正条項
13. 市町村地方行政区土地占有省 he Ministere des Affaires municipales, des Régions et de l'Occupation du territoire に関する本法の第Ⅱ目の第2.2小目（第M章22.1）は廃止される。

第7章　暫定的および最終的規定
14. 市町村地方行政区土地占有省は、本法の管理運営に責任を有する。
15. 第12項の目的に照らして、最初の社会的経済パートナー委員会の構成メンバーは2014年4月10日までに決定されなければならない。
16. 2020年10月10日までに、およびそれ以降10年ごとに、当該大臣は政府に対して本法の実施に関して報告しなければならない。

　本報告書は、州議会へ30日以内または、州議会が開催されない場合は再開後30日以内に議題とされなければならない。
17. 本法は2013年10月10日に施行される。

（翻訳：市民センター政策機構）

第4章　海鳴りの底から――日本の先進事例

第1節　岩手県宮古市・重茂(おもえ)漁協の復興への取組みと特徴点
　　　　――協同精神で漁船の共同利用制による復興と6次産業化の実践

はじめに

　2011年3.11東日本大震災・福島第一原発事故によって岩手・宮城・福島の漁業は壊滅的な打撃を受けた。漁業の復旧の目途が立たず漁民の高齢化がすすんでいる上に過去の災害や投資によって借金を抱えている人も多く、漁業及び海産物加工など関連産業から去らざるを得ない人々も少なくない。そんな中で政府当局の方針や援助が降りてくるのを座して待つのではなく、協同組合精神を結集して再建・復興の方針を決め、いち早く実践している岩手県宮古市の重茂漁協が注目されている。

　重茂漁協もまた他の漁協と同様に壊滅的な打撃を受けた。しかし再建への行動はスピードが速いだけでなく、まず漁協が全精力を注いで漁業に欠かせない船の確保に取組み、組合員がこれを共同利用するという独特の所有・利用方式を編み出して再起を計っている点に特徴がある。もともと重茂地区はこんぶやわかめの養殖が盛んで、組合員が生産する水産物を漁協が加工・保管・販売するいわゆる6次産業化を実践してきた。それだけでなく、豊かな海の自然環境保全の活動を社会運動として地域をあげて取組み、あわびの種苗生産、さけ・ますの孵化放流などにも力を注ぎ、消費者組織との産直も続けてきた。こうした先進性が災害からの復興でも素早さと新しい方式を編み出す原動力になっている。

　そこでこの報告では復興への取組み状況と共に、これまでの重茂漁協の経営と運営、活動の歴史や特徴点についても様々な角度から報告することにしたい。

1．重茂漁協の位置と概況

　先ず重茂漁協の位置とおおまかな現況を述べる。岩手県の県都盛岡から東へほぼ一直線に約100キロ進み太平洋岸に達した所が宮古市である。市の人口は約6万3,000人。早池峰国定公園内最高峰の早池峰山、陸中海岸国立公園の中でも著名な景勝地の浄土ヶ浜も市内にある。宮古港は国内海

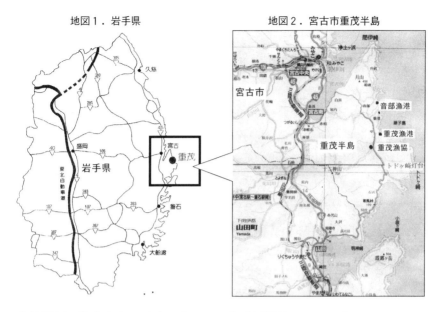

地図1．岩手県　　　地図2．宮古市重茂半島

上輸送網の拠点となる政令で定められた重要港湾の一つである。（重要港湾は全国に103港、岩手県には宮古港のほかに久慈港、釜石港、大船渡港がある）。ここには漁業関連の水産加工、運送流通、造船、漁具、漁網、関連機器、商業施設、観光、行政機関などがあって周辺の中小漁村の営みを支えてきたのである。

　市内には3つの漁協がある。市の北部にあるのが田老町漁協、市の中心を流れる閉伊川の河口にある宮古漁協、そして市の南部の太平洋に突き出した重茂半島をエリアとするのが重茂漁協である。半島の東端は本州最東端に位置し、魹ヶ埼灯台は映画「喜びも悲しみも幾年月」の舞台となったことで知られているが、宮古駅前からバスで約1時間、1日に数本もない僻地である。地区の人口は約1,600人で漁協の組合員数は574人。漁協の規模としてはごく平均的であり、リアス海岸の入り江毎に県が管轄する漁港2、市が管轄する小さな漁港8、合計10の漁港が散在し、その近くに集落がある。前浜の磯根資源を最も重要な産物としており、林業が多少あるとはいえ他には産業といえるものはない漁業専業の地域である。

〈歴史を振り返る〉

　ここで簡単に重茂漁協の歴史を振り返っておくと、昭和24年（1949年）の水産業協同組合法の施行に伴い重茂村に漁協を創立以来、大きな出来事の一つは昭和27年（1952年）の定置網の自営開始であった。第2に大きな出来事は昭和30年（1955年）の重茂村と宮古市の合併であったがこの時、

第4章　海鳴りの底から——日本の先進事例

両漁協は合併することなく教育に必要な通学バスや学生寮の資金を宮古市に寄付している。財政的には惜しむことなく協力するが、協同組合の自立・独立は堅持している。

　昭和38年（1963年）区画漁業権を獲得し、この年に歴史的なわかめの養殖事業を開始した。昭和48年（1973年）高台に新事務所を建設、ガソリンスタンドも新築。昭和51年に生活クラブ生協、群馬県民生協と取引開始。翌年にはさけます孵化場の整備と事業開始。以後、年々施設、機械類の整備を行い生産規模の拡大と生産性の向上を実現すると共に協同組合自治の発展のイベントを意識的に行い、競争の原理と協同の原理を同時に調和させる試みを実践してきた。

　今回の災害では、漁協事務所の建物は高台にあって無事であったが、家屋の全壊流出が88世帯、50名の犠牲者を出した。漁船は総数814隻あったが16隻を残して798隻が流出した。港湾施設、加工・貯蔵施設、作業施設、定置網施設もほぼ全壊、養殖筏はすべてが押し流された。組合員も漁協も生産施設も製品のストックもほぼ壊滅的な打撃を受け、ただ破壊された港と瓦礫を残しただけであり、ゼロどころかマイナスからの出発であった。

　重茂漁協の大きな特徴は、良質のわかめ、こんぶの養殖が盛んであること、あわび・うになどの水産物を加工・貯蔵・パッケージ・販売する一貫生産・流通を漁協として行っていること、またさけ、さば、いかなど多くの漁獲がある定置網事業をも漁協として行っていることである。またこれらの事業を持続可能なようにあわびの種苗生産、さけの孵化放流など資源管理もまた漁協の事業として行っている。そして販売活動において生協など消費者組織との産直をはじめ多様な流通チャネルを通じて行っている。後にも触れるがこのように多角経営であること、安定的な収入を得ることができる養殖事業や定置網事業を行う事によって組合員の所得水準が比較的高いのである。

　もう一つの特徴は海の自然環境保護のために植林に努め、さけが遡上する河川の保全に気を配り、海洋汚染の原因を作らないための合成洗剤追放―石けん普及運動を地域をあげて推進し、青森県六ヶ所村の核燃料再処理施設反対運動など反原発・反核運動を進めてきた。これらの活動を地域社会の人々と一体となって展開することによって、美しい自然が守られ、持続可能な漁業が営まれ、安定収入が得られるということもあって結婚・子育ての未来に自信をもつ若い後継者が育っているのである。

2．マスコミ報道にみる重茂漁協

「今、なぜ重茂か？」を理解するうえで参考になる新聞・テレビ・雑誌などマスコミ報道の一部を紹介する。
（１）「こういう時には助け合いが大切。迷いはない」（朝日新聞）
　『漁船シェアリング』『自立再生へ宮古・重茂漁協』『50隻を共同で利用』などの見出しで次のように伝えている（11年5月15日夕刊）。
　『「誰もが予想しなかった未曾有の震災。一致して乗り切るしかない」あわびや養殖わかめで知られる岩手県宮古市の重茂漁協（組合員約580人）。4月9日の組合員全員協議会で、集まった約400人に漁船や養殖施設の共同利用案を説明した。参加者は拍手で賛同した。漁協所属の814隻が被災。国や自治体の支援政策が決らないなか、共同利用は「多くの漁師が無収入になる危機的状況」（伊藤組合長）を乗り越えるために考えた案であった。
　主にあわびやうに漁、わかめ養殖に使う小型漁船を共用する。今回の津波で沖に逃げた漁船や、修理すれば使えるようになる漁船など約50隻を総て組合が所有。4地区に漁船を振り分け、収益は地区ごとに分かち合うという仕組みだ。また、新しく購入する船は総て組合が所有する。全員に1隻ゆきわたる数が確保できた後、個人に引き渡す。新船の代金は13年以後の水揚げ代金から10％を天引きするから、漁船を失って再出発する漁師たちは借金をする必要がない。　小野吉男さん（69歳）は、老朽化して廃船扱いにしていた小型漁船1隻を共同利用に提供するつもりだ。震災では、漁船と養殖施設7台を失った。孫と2人で年収1,000万円であったが、今後どうなるか分からない。それでも「こういう時には助け合いが大切。迷いはない」と話す。…』
（２）「何としても重茂の漁業を再生させる」（NHK）
　『豊饒の海よ蘇れ－宮古重茂漁協の挑戦』（11年9月6日）
　暮らしが立たず漁にも出られない日々、このままでは漁業離れ、脱落者が出てしまう…という危機感から重茂漁協の伊藤隆一組合長の再生への努力が始まる。NHKのカメラは民主党幹事長の岡田克也氏との会合に出たり、水産庁の補助金の説明会に出る姿を追いつつ、具体性、敏速性のない政治家や行政当局の話に対して「こういうのを相談倒れに倒れると言うんだ」と言い放つ伊藤組合長の言葉もとらえている。
　国や県の援助を期待しつつもそれを座して待つことなく、自ら進んで自助努力を重ねて何としても重茂の漁業を再生させようとする漁民たちの日々の姿を追う。震災後の3月から8月初めまでの6ヶ月間、東京の繁華街で重茂産のわかめのパックが販売され消費者の手にとられるまでを、伊藤隆一組合長を軸にして立体的に描いている迫力ある映像である。「何と

しても重茂の漁業を再生させるんだ」という強い意思。船がなければ手足をもぎ取られたに等しい…漁民の要請にいち早く応えること…修理可能な船の修復。青森・秋田など他の地域へ出かけて行って使っていない中古船を求め大型トラックで重茂へ運ぶ。これらの船を皆で共同利用する意思決定までの人々の不安や内面の葛藤…。400隻の新造船を漁連組織を通じて発注するところまでこぎつけたこと。

　先ず4隻が届き、喜びの中、浜辺で行われたセレモニー。当面の収入の道として、瓦礫の撤去や道路や港湾工事など行政当局からの仕事に積極的に従事すること。天然わかめの収穫を漁協が編み出した「漁協による所有と組合員の共同利用」によって開始する。収穫したわかめを浜辺でボイル、茎と葉の分離作業にいそしむ女性たちの姿。エリアを4つに分けて地区ごとにチーム編成を行い、収穫に応じた公平な分配。努力した分だけ報われる個人営業に慣れた人々の、協同労働への戸惑いや葛藤…等など。協同を是としつつも「悪平等」に陥らない工夫…これらもまた映像にまとめられている。国の補正予算の遅れと金額の不十分さ。これを岩手県当局が補い素早く現地の要請に応えた事実なども報じている。

　重茂漁協の活動を貫いているのは、組合員に対して常に情報をオープンにし、徹底した民主的運営を行っていることであろう。復興への道筋、そのための手段・方法、何時になったら復興できるのか、組合員が抱いている不安に対して、キチンとした根拠・情報に基づく説明が、地区代表者会議、役員会、組合員全員協議会などを繰り返し行うことによって、皆の納得のもとに決定がなされ実行に移されている。したがって協同組合のリーダーへの信頼は厚く、組合員同士は連帯感に満ち溢れていることが映像でよく分かる。

（3）「答えは現場にある」（雑誌『世界』11年9月号）

　達増拓也『岩手のめざす人間と故郷の復興』――インタビュー「答えは現場にある」――において岩手県知事は次のように話している。「船が流されただけでなく、養殖施設や加工工場なども壊滅的な被害を受けています。県内111の漁港のうち108の漁港が被害を受けている状況です。復興の核となる漁協の事務所が流失・全壊してしまっている例も多いので、まずすみやかに漁協の機能を回復させ、それぞれの地域ごとに主体性のある復興をはかっていくことに取り組んでいます。

　やはり「答えは現場にある」で、漁協を核とした復興という点では、先駆的なわかめ養殖などで知られる重茂漁協（宮古市）の自主的な取組みに教えられた点が大きいのです。…漁協の総会で、残存した漁船を一括して

漁協で確保し、お金を工面して補修を実施したうえで、操業に出られる漁業者に貸与し、漁業者がこの漁船を共同利用するという仕組みを全会一致で決め、そして早くも5月21日には天然わかめ漁の再開にこぎつけているのです。…私は岩手では漁協単位などで主体的な工夫を重ねて、零細であっても付加価値の高い漁業を目指していけばいいのではないかと思っています。野田村の漁協がイトーヨーカドーとの提携で売り出しに成功しているミニホタテ、牡蠣の養殖が盛んな山田町の漁業者が売り出して人気のあった「山田の牡蠣くん」などはその一例です。「牡蠣くん」は地場産の牡蠣の燻製をオリーブオイルに漬けたもので、養殖と加工からインターネットでの販売まで行う6次産業化の先駆的な事例です。…岩手における復興にとって、規模集約・大型化・民間資本の導入などの手法─端的に言って"TPP的"な路線は、まったく考えられません。…漁業などの第1次産業はすでに高齢化しているではないかとも言われますが、例えば高付加価値の生産物を送り出すことで収入も安定している重茂などでは若い世代の漁師が多く育っています。私たちの生命を支える第1次産業で働く人々が正当に対価を得られる社会的仕組みをどう考えるのか、そこが課題なのではないでしょうか。…』

3．6次産業化の成果─重茂漁協の組合員の平均年齢は55.6歳

　水産庁の『水産白書』（平成23年版）によると全国各地で漁村の高齢化と人口減少が進んでいる。漁村の高齢化率は全国平均よりも高く、65歳以上の高齢者の割合が50％を超える漁港後背集落はこの10年間で倍増したと指摘している。また人口集中地区（都市）までの距離が1時間以上かかる漁業集落も全体の2割となっているともいう。

　重茂地区もいわゆる条件不利地区に属するが、若い世代の漁師がいて組合員の平均年齢は55.6歳、全国平均より約10歳も若い。より詳しく見ると29歳以下が47名（8％）、30〜49歳が156名（27.2％）、50〜69歳が241人（42％）、70歳以上が131名（22.9％）である。この内1世帯に父親または母親と子供の2名の組合員がいるケースも少なくないのでこれが結果的に平均年齢を押し上げている。

　実際には働き盛りの漁師を親や祖父母が手伝っているケースも多い。特に養殖をしている世帯では働き手が多く、年収も1,000万円ないし1,500万円くらいある。都会のサラリーマンに劣ることはなく、家・屋敷も立派なものが目立つ。養殖をしておらずさほどの収入のない世帯でも、漁協の定置網事業への従事、加工場における作業など年間を通じて働く機会が計画

的につくられているので暮らしに困ることはない。すなわち結婚し子供を育てる将来の見通しが立つから若者がこの地に住むし余所からもやってくる。婿にしろ嫁にしろ他人に雇われるのではなく、自分で決めて働き、努力と工夫の成果を我が物にできる自営業—漁業は魅力ある楽しい仕事なのだ。

4．重茂漁協の各事業の概況

　ここで重茂漁協の事業の概要（平成22年度分）を紹介する。今回の被災は大きかったがこれまでの経営が極めて健全であり、蓄積された内部留保も大きかったので致命的な打撃にはならなかった。また組合員の共済への加入も多く、養殖施設や水産物への共済の掛け率が高いので、経済的な意味の再起へのポテンシャルは高い。以下は重茂漁協の今年度の事業概要である。

当該事業年度及び直前三事業年度の事業概要（単位：千円）

区分	項目	平成19年度	平成20年度	平成21年度	平成22年度（当期）
共済事業	長期共済保有高	12,094,850	12,264,700	11,641,300	11,650,800
	短期共済保有高	10,922,050	11,228,550	11,159,640	11,017,240
購買事業	石油類供給高	234,045	256,931	192,649	204,798
	資材類供給高	212,581	218,016	195,230	202,581
販売事業	受託販売取扱高	2,330,377	2,608,583	2,140,954	1,946,830
加工事業	海藻加工販売高	704,686	796,721	818,680	692,050
	魚類加工販売高	517,858	384,727	314,228	193,470
自営事業	自営定置水揚高	917,400	766,991	641,499	821,571
指導事業	指導事業収入	147,346	129,573	130,839	138,194
	指導事業支出	119,450	105,898	100,161	123,011

注1）『重茂漁協第62年度［平成22年4月1日から23年3月31日まで］業務報告書』より
注2）役職員体制は常勤の役員（理事）1名、非常勤の役員（理事）11名。監事4名。職員は参事1名、会計主任1名を含む25名（うち3名は信漁連へ出向）である。

5．重茂漁協の復興計画

　第63年度［平成23年4月～24年3月］の事業計画によって復旧・復興計画が定められた。これによると本年度中にわかめ、こんぶの養殖施設の一部、ボイル塩蔵施設、主要港2箇所の集荷所、3港のクレーン、さけ・ます孵化場、19トン型の操業船1隻、定置網5統、冷食工場海水引込み工事、情

報連絡施設を整備する。

　来年度から2年にわたって引続き養殖施設、クレーン、操業船、定置漁業トラック整備、定置漁舎、6箇所の漁港の荷捌所の整備を行う。その後更に10年くらいの展望を持って中長期にわたる復興事業として冷凍冷蔵庫関係、残りのクレーン関係、未完成の荷捌所の整備を行う。

　これらによって漁業生産の復興を計りつつ中古船の確保、県漁協連合会を通じた新造船の事業を進め加工事業、定置漁業の回復を徐々に進める。

　国や県の補助金などは時期的には遅れる見込みである。しかし養殖業を営む組合員の多くが施設・産品の共済・保険に加入しているので施設再建に当たっての資金問題は解決する見通しだ。むしろ月々の生活費が問題である。漁協では収入が元通りに回復するまでの間、組合員各自が生活費を切り詰め、市や県当局の公共工事などによる収入（日当）で補い、生活と生産の同時的回復を呼び掛けて既に実行している。

　報道では再建に当たって国が50％、地方自治体が25％、合計75％の補助金を地域の漁業組織に出すと伝えられている。しかし、岩手県では更にこれに上乗せして地域の漁協や生産者グループの自己負担は実質10％にする策が講じられている、と聞いた。

　可能なところから生産を開始し、生活を軌道に乗せ、施設や設備を再建しつつ消費者との連携をこれまで以上に強固なものにしてゆく―再建策を国家や大企業に丸投げするのではなく自主管理・自治を基本にして行政の支援をフルに活用する―基本方針を具体化したのが重茂漁協の事業計画（第63年度平成23年4月1日から平成24年3月31日まで）である。

6．協同することと競争（切磋琢磨）の重要性――高坂菊太郎参事との対話

　これまで「重茂方式」による復興について紹介してきたが、計画の陣頭指揮をとる参事兼業務部長との長時間にわたるインタビューから、印象的な幾つかのお話をピックアップしたい。

- **重茂に適した船**――中古の船を確保するために多くの組合員を被災していない県の港に派遣した。意外に多くの使っていない船があり、格安で分けてくれた。しかし、実際に使おうとすると、この地のわかめやうに漁の作業がやりにくい構造・レイアウトの船が少なくなかった。それを修理・改造して使っている。新しい船の発注には造船関係者にはニーズに合わせた設計、製造を心がけるようにお願いしている。
- **共済・保険金**――組合員は常日ごろから共済には必ず加入しているので、この点は安心している。しかしお金が下りても20％は漁協に積

み立てるように呼びかけている。施設や産品の保険金を安易に生活費に使ってしまわないようにも呼びかけている。再生産できる体制を整えることが最も大切である。これを怠ると将来を見据えた再建策が立たないために思わぬ脱落者が出かねない。

- **地域社会への貢献**——過去、漁協の利益の中から宮古市に数千万から数億円単位の寄付をしてきた。また、財団法人：重茂教育振興会を設立して高校生のための寄宿舎を作ったり奨学資金を出したりした。これは当漁協の初代組合長の西舘善平さん以来の伝統である。それが出来たのは定置網のお陰でもある。高収入を得ることのできる定置網を漁協の所有とした戦後の改革が大きかった。漁協の事務所の前には西舘善平さんの銅像と業績を称えた碑文がある。もともと教育者であり晩年を郷土の発展と人材育成に生涯を捧げられた人物である。

- **子弟の教育の重視**——昔は次男、三男は都会へ出なければならなかった。この半島の海の資源は限られていたのでそうせざるを得なかったのだが、彼らに教育を施し立派に生きてゆけるように、剰余金の中から援助したと聞いている。それが出来たのは前にも言った定置網という共有財産があったからだ。さらに加工、貯蔵、販売事業によって収益を増やした。養殖の展開によって更に豊かになり、拡大再生産に繋げる事ができた。

- **大規模合併に反対**——重茂漁協は行政当局が進める合併に同意せず今日まで来ている。その最も大きな理由は合併した大規模漁協を見ると、誰もが意見を述べ合う状況にないことがハッキリしたからだ。漁業といっても遠洋漁業、沖合漁業、沿岸漁業、養殖漁業など様々であり、季節ごとの水産物の漁業権調整などは漁民同士がとことん話し合って魚種、時期、数量を決めてゆかねばならない。そうしないと海の資源は荒れてしまい持続性を失ってしまう。既得権益などというものではなく、自然と資源の保全であり、それが漁業権の調整なのだ。しかし合併して大規模になると話し合いと合意による運営はなかなか出来ない。力の大きなもの、権力のあるものが決めてしまうことになる。

- **協同も競争も必要**——漁師はサラリーマンではない。漁でも養殖の仕事でも同じくらいの時間働いて、同じくらいの規模の施設をもっていても努力と技量次第で収入は2倍にもなる。それが漁業だ。競争して努力し技量を磨くこと。朝凪の仕事は9時〜5時の仕事ではな

いから競争と努力と絶えざる工夫の積み重ね。協同することは非常に大事だが、競争や個人の自発的な努力を妨げてはいけない。「うにやあわびの季節になると参事の私も海に出て競いながら漁をしますよ」。

　事業計画書のはじめに「天恵戒驕―天の恵みに感謝し驕ることを戒め不慮に備えよ」と書いてある。続いて「この天恵戒驕は初代組合長西舘善平翁が根滝漁舎新築記念に記したものである。私たちのふるさと重茂は天然資源からの恵みが豊富であり、今は何ら不自由はないが天然資源は有限であり、無計画に採取していると近い未来枯渇することは間違いない。天然資源の採取は控えめに、不足するところは自らの研讃により、新たな資源を生み補う。これが自然との共存共栄を可能とする最良の手段である」とある。

7．地域社会と共に生きる

　重茂漁協の大きな事務所ビルの前は広場になっており、初代組合長の銅像と石碑がある。構内に県立宮古病院付属重茂診療所もあり、道を挟んで漁協直営のガソリンスタンド、直ぐ近くには宮古市役所の出張所、郵便局、バス発着場、数軒の商店もある。

　漁協事務所の3階には数百人が集える大ホール、畳の和室、料理教室が出来る大きなキッチンもある。一言で言えば重茂漁協はこの地域コミュニティの中心になっており、人々はここを拠点にして様々な活動をし暮らしを営んでいるのだ。最近は事務所から遠くない高台のあちこちに仮設住宅が建ち被災者が住んでいるが、彼らは孤立することなく地域に溶け込んでいる。

　先の事業概要で「指導事業の中では教育情報費が総額2,756,661円」とある。これには季刊誌「漁協」の総代組合員たちへの配布、岩手県漁連の漁業情報の全組合員への配布、漁協女性部の活動の後援、漁協青年部の活動の後援などが含まれている。組合員が地域で活動するための情報交換、コミュニティの活性化のための活動を後押ししているのである。その一例を示すと重茂半島の入り口には次のような大きな看板が立っている。

　「お願い　ここでは合成洗剤を絶対に使わないことを申し合わせた地域ですからご協力お願いします。五十五年五月　重茂漁協通常総会　重茂漁協婦人部総会」

　今は婦人部ではなく女性部と名前をかえた漁協の女性たちは昨年5月末、

2日間にわたって全国の環境保護・合成洗剤追放・石けん利用推進運動の活動家や専門家、数百人を集めて「シャボン玉フォーラム in 重茂」というイベントを開いている。漁協からの予算は270万円余。川や海を汚さないための生活スタイルを創る努力を粘り強く続け、自分たちだけでなく全国に向かって発信し続けているのだ。

　また先にも述べた青森県六ヶ所村の核燃料再処理施設への反対署名運動を展開してきた。ひとたび核燃料施設に事故が起こり、放射性物資が海に流出したら、取り返しのつかない悲惨なことになる。母なる海を守りたいという想いから行動してきたのである。

まとめー「共生社会」か「悪魔の石臼」か

　11年7月末、産直で提携先の生活クラブ生協の組合員や役職員が約100名駆けつけて「バーベキュー交流会」を開いた。これまでの復旧に一区切りをつけて、新しい再建への道を歩むために消費者と生産者が心を一つにしようというイベントであった。重茂の人々数百人が集ったが、ここでは重茂中学校の和太鼓同好会の生徒約20名が見事な演奏を披露し、これに遠く山梨県の生活クラブ生協組合員の主婦たち10名の和太鼓組が競演、拍手喝采を浴びた。この時期はわかめの種糸を仕込む時期である。これを終えると来年3月には収穫が期待でき実収となる。田植えにも例えられる時期の楽しい盛大なイベントであった。

　バーベキュー大会の開会挨拶で、伊藤隆一組合長は再建のためには地域が一体となって協力すること、われわれ生産者と生協などの消費者が一体となって協力すること、更に広く全国民的な連帯の中で未来を創造してゆきたい、そのためにもと…「私たちは先祖から受け継いだ素晴らしい海を子孫に引き継いでゆくために、六ヶ所村の核燃料再処理施設への反対運動を続けてきました。私たちに対して『漁協がそこまでしなくても良いのではないか』という批判もあったのですが、この度の福島第一原子力発電所の事故で、不幸にも私たちの主張の正しさが証明されてしまったのです」と語り核廃絶、地球の環境を大切にし互いに手を携えて協同することの重要性を語った。

　現代社会は人間と自然、人間と人間が共に生きる「共生社会」の道を切り拓くか、それともカール・ポランニーが「悪魔の石臼」と呼んだ「ファッシズム」「ソ連型社会主義」と「新自由主義型の格差社会」の弱肉強食の道へ進むか、今岐路に立っているように思われる。

　原子力施設のある福島でも青森でも当該漁協は漁業権を放棄している。

1世帯数千万円といわれる補償金や交付金で"買収"されてしまったわけであるが、その背景には「漁業や農業では飯は食えない」「働き手は老齢化していてもはや継続できない」と嘆く人々や漁業はほんの片手間にしかしていない"漁協組合員"の"賛同"があったという。

今この度の災害を機会に漁民から漁業権を奪い、営利企業も漁業に参入できる「特区」制度が宮城県知事の村井嘉浩氏によって称えられ、県漁連の反対にも拘らず政府の復興会議の報告書にも、宮城県震災復興基本方針にも盛り込まれている。村井嘉浩路線を支持する人々は、大資本の導入によって漁業権を放棄する代わりに組合員は莫大な補償金を手にすることが出来るのみならず、大企業による大規模漁業の展開・水産加工工場の操業などによって雇用の機会が生まれ衰退した漁村は再び蘇るであろう、との誘いに傾く。

しかし、重茂漁協の実践は「共生社会」への道が決して夢ではなく実現可能であることを示しているのではないか、再生・復興への目途の立たない被災地の人々が今、〈危機〉の最中にあることは確かである。〈危機〉は英語で言えば〈crisis〉であるが、これには〈分岐点〉という意味もある。〈危機〉についてイタリアの革命家・思想家のアントニオ・グラムシはこう述べている。「危機は、古いものが死んでも、新しいものが生まれてこないという、正にこの現実の中にあるのだ。このような空白期間には多種多様な病的現象が起きるものだ」(『獄中ノート』)

協同組合陣営にとって重茂漁協は正に危機の中にあって生まれた自治と共生の復興への姿であり事業経営であり、また地域づくりでもあって協同精神の結晶のような存在であると思う。その第1の理由は今、求められている第6次産業化を実践し地域社会の持続可能な発展に貢献していること。第2は、「協同組合のアイデンティティに関するICA声明」を体現しているように思われることである。例えば、協同組合の価値には「組合員は正直、公開、社会的責任、他人への配慮という倫理的価値を信条とする」とあるがこれは重茂漁協の人々の信条そのものである。

また協同組合の定義には「共同で所有し民主的に管理する事業を通じて共通の経済的、社会的、文化的なニーズと願いをかなえることを目的とする」とあるが、重茂漁協が生み出した『船の共同所有・自主管理方式』はこれに見事にマッチしている。他にも協同組合原則の第4に「自治と自立」、第7に「地域社会への関与」があるが、重茂漁協はいささかも行政や企業に従属することなく自主管理・自主運営を大切にし、剰余金を地域社会に寄付して教育資金にあてたり、環境保護に力を入れ、地域コミュニ

ティの中心的な役割を果たしてきた。

　第3の理由としては『西暦2000年の協同組合―レイドロー報告』が提唱してきた優先すべき4つの分野を忠実に実践していることである。第1分野「世界の飢えを満たす協同組合」について言えば重茂漁協は、海産物を消費者に安定的に供給し続けることは自分たちの社会的責任である、と強調し実践してきた。第2「生産的労働のための協同組合」については組合員の家族経営による自律的生産労働と協同組合による加工・貯蔵・販売の協同労働を組み合わせて実践している。第3「保全者社会のための協同組合」、第4「協同組合地域社会の建設」は、これこそ重茂漁協が最も心血を注いできたことであって、豊かな暮らしを実現し、実際に後継者が育ち、地域の人々の連帯感が溢れていることを、この報告全体を通じてご理解いただけると思う。(2011年10月29日、記)

第2節　重茂漁協の復興への歩みに思う

はじめに

　2011・3・11東日本大震災・福島第一原発事故から5年を経て、重茂漁協が出版する記録誌に寄稿するように、との要請を受けました。私は震災以後、幾度か現地を訪ねて伊藤隆一組合長や高坂菊太郎参事のお話を聞き、協同組合研究雑誌『にじ』2011年冬号に「岩手県宮古市・重茂漁協の復興への取組みと特徴点-協同精神で漁船の共同利用制による復興と6次産業化の実践―」という論文を書き、『農業協同組合新聞』2012年1月10日号に「漁船の共同利用で故郷の暮らし復興へ」という記事を書きました。その記事の項目だけを述べますと①注目を集める重茂漁協の実践②漁協が復旧・復興の先頭に③重茂方式―漁船シェアリングとは？④漁村の6次産業化の実践⑤こういう時こそ協同組合の精神で、という内容でした。そのほかにも日本協同組合学会やエントロピー学会などの研究集会で現地調査の結果を発表する機会がありました。

　漁業の復興にあたって重茂漁協が岩手県の、否、日本の漁村の先頭を切って努力をされたことは広く認められています。しかし到達点を点検し、未来を思うと課題もまた山積しています。特に一つの漁協だけでは背負いきれない課題や政治政策的な問題が少なくありません。そこで要請にこたえるために先駆的な活動を記録した『にじ』誌の原稿は敢えてそのまま再録させて頂き、5年を経た現在の到達点とこれからの課題や問題点については新たに思いつくことの幾つかを書かせて頂くことに致しました。

1．称賛される重茂漁協の先駆的な復興への努力

　新進気鋭の漁業研究者である濱田武士さん（東京海洋大学）は全国の漁業の現場を歩き漁業当事者の仕事の姿や声を直に聞き取る名人です。その中から漁業は人々の暮らしの中にあり、暮らしは地域社会や関連する人々との良い関係の中でこそ維持できるし永続するものであることを説得力ある言葉で論じてきました。重茂が置かれている立場や情勢を知るためには、災害と漁業の全体像を知らなければなりません。そのための最適の書物があります。（※1参照）また、もっと広く日本の漁業の現在の姿を客観的に知ることが出来る書物も書かれています。是非とも濱田武士さんの著書を読んで頂きたいと思います。（※2参照）

　官庁の統計や政策文書だけに頼ることなく現場から積み上げた事実に基づき、同時に全地球的な視野から学問的な分析をして日本の自然・集落・協同・食文化を守るためには何が必要であるかを論じてきた漁業経済学者である濱田武士さんは重茂漁協を日本一の漁業者の協同組合であると絶賛しています。濱田さんに限らずNHKも、朝日新聞など日本の代表的なマスコミや雑誌『世界』も同様です。また、全国漁業協同組合連合会（全漁連）の機関誌『くみあい漁協』は「今こそ協同の精神でがんばろう―JF重茂復興への道」（No140、2011年夏号）、「生業としての復興-漁船供給への取り組み」（No141、2011年秋号）、「さかなびと海で生きる―女性の声をもっと聞いて…男女共同参画を訴え続け…盛合敏子さん〈重茂の女性部をリードしてきた岩手県漁協女性部連絡協議会会長〉」（No149、2013年秋号）、などで重茂漁協が復興事業と協同組合精神において日本の漁協の模範であると絶賛しています。

　これらはいずれも重茂漁協が誇りに思ってよいことですが、しかし、日本の漁業と農山漁村をめぐる情勢は決して楽観できるものではありません。そこで日本の漁業の行政責任を負う水産庁の文書から見た復旧・復興の状況を確認しつつ、重茂漁協の到達点と今後の課題について考えることにいたします。

　※1　濱田武士『漁業と震災』（みすず書房、2013年3月）
　※2　濱田武士『日本漁業の真実』（ちくま新書、2014年3月）

2．水産庁が公表した復旧・復興の状況

　水産庁がまとめた「東日本大震災による水産への影響と対応」（水産の復旧・復興状況、平成27年12月発表）は以下の通りです。
　1　水揚げは震災前年比で水揚げ量80％、水揚げ金額87％。

2　漁港については被災した漁港の97％が陸揚げ可能。
 3　漁船の復旧目標（2万隻）については90％まで進捗
 4　わかめ、ほたて、ぎんざけ養殖については、被災前の約8割、こんぶ、かき養殖については約5割まで復旧。
 5　加工流通施設の復旧については、被災した水産加工施設の約8割が業務再開。
 6　がれきにより漁業活動に支障のあった定置及び養殖漁場のほとんどで撤去が完了。
　次頁※3は、復旧・復興の進捗状況と岩手県、宮城県、福島県別の数表（水産庁）です。

3．重茂漁協の被害と復旧・復興

　これについては私が触れるまでもないことですが、敢えて確認しておきますと次の通りです。

　「当漁協管内におきましても、50名の尊い人命を失う他、被災家屋90世帯、漁船総数814隻の内16隻を残して798隻が被災、貯蔵施設、作業施設、定置網施設もほぼ全壊、わかめ、こんぶ等養殖施設は全て流出しました。漁協ばかりでなく組合員も長年、積み上げてきた生産施設を失い、ほぼ壊滅的な打撃を受け、ただ破壊された港と瓦礫を残しただけであり、ゼロどころかマイナスからの出発でありました」（第63年度〈平成23年4月1日から平成24年3月31日まで〉事業報告概況書）と述べています。
　そして災害から4年後の第66年度（平成26年4月1日から平成27年3月31日まで）の事業概況書では次のように報告されています。

　「東日本大震災、発災から丸4年が経過しておりますが、既に施設整備は完成したことから本年度は、特に資源の回復に力点を置き、あわびの漁獲制限や、うにの移植事業等を、積極的に取り入れて漁業生産環境の整備に組合員一丸となって取り組んでまいりました。しかし天然資源の回復には未だ道半ばの状況を強いられており漁業生産にも大きく影響したことや、原発事故による風評被害もあって共販実績は相対的に見ますと、計画1,751,750千円に対し1,665,574千円で94・5％、さらに、前年対比で見ましても98・7％となっており計画及び前年比とも下回る実績となりました。但し、風評被害については養殖漁業者には51,039千円、鮮魚に対しては、2,588千円の賠償金が補償されており国の責任に対しても、毅然とした態

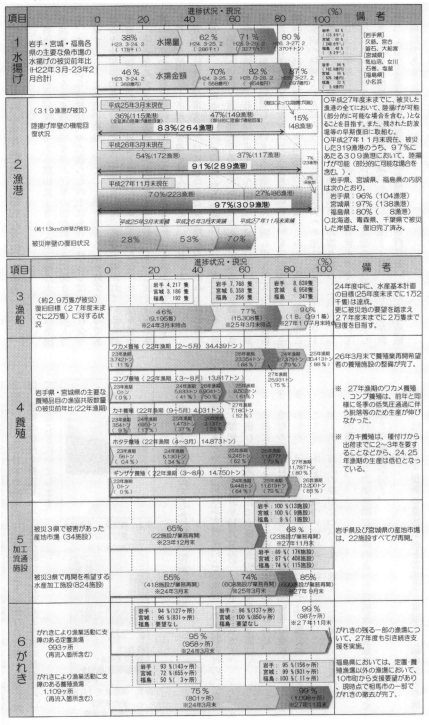

※3 《東日本大震災による水産への影響と対応》（水産の復旧・復興の状況） 平成27年12月　水産庁より

第4章　海鳴りの底から――日本の先進事例

度で臨んでおりますことを申し添えます。…（中略）…当漁協の財政状況については経営の健全性を示す指標となる、自己資本比率は36.55％、流動比率975.39％、固定比率87.1％となり、震災復興で施設整備が進んだことから、固定比率が基準値を下回っておりますので、今後、経営の健全性が確保できるよう実践的課題に継続して取り組んで参ります」

とあります。詳しく論評しませんが、マイナスからの出発という絶望的困難な状況から、協同と連帯の精神力で予定以上の速さで立ち直り、4年目にして新しい目標を設定する段階に入ったことを示しています。
　そして第67年度（平成27年4月1日から平成28年3月31日まで）の事業計画書においては、毎年のことながら冒頭に

「天恵戒驕　天の恵みに感謝し驕ることを戒め不慮に備えよ―この天恵戒驕（てんけいかいきょう）は初代組合長西舘善平翁が根滝漁舎新築記念品に記したものである」
「わたくしたちのふるさと重茂は天然資源からの恵みが豊富であり、今は何ら不自由はないが天然資源は有限であり、無計画に採取していると近い将来枯渇することは間違いない。天然資源採取を控えめに、不足するところは自ら研鑽により、新たな資源を産み補う。これが自然との共存共栄を可能とする最良の手段である」

とあります。
　この"重茂魂"に続く基本方針は次の通りです。
「…先行き不透明な経済情勢に陥っておりアベノミクスの3本の矢である〈大胆な金融政策〉〈機動的な財政政策〉〈民間投資を喚起する成長戦略〉は未だ実を結んでいない状況の中で、行き過ぎた新自由主義が進行し格差を招いており、社会の歪みだけが浮き彫りになっております…」と情勢を捉えています。私は的確な現状認識だと思います。また重茂に限らず被災地共通の課題についても率直に指摘しています。すなわち復旧・復興は果たしたが、現場への経済的な負担が「施設の復旧・復興資金の償還や再建した施設の固定資産税が重くのしかかって参ります」とあります。この負担をこのままにして置いて良いのか、政治政策の問題でもあると思います。
　そして「…漁協の〈原点・役割・使命〉が今大きく問われています。」と述べ「組合員の生産・生活の基盤である漁業と漁村の再生を目的とした

〈浜の活力再生〉〈組織事業基盤の確立と人づくり〉〈漁村活性化に向けた漁協の役割発揮〉の3つの柱」を全国のJFグループが方針として採択したことを明らかにし、組合員の参画を求めています。

「ふるさと創生」が唱えられていますが、これを協同組合が先頭を切って、中心的に実行しようとしている事は大変重要な方針だと思います。上意下達ではなく、自主的で参加型の地域社会の創造が重要なのです。また、重茂漁協はこの間に核燃料再処理施設反対運動、原発再稼働反対運動にも熱心に取り組んできました。2012年7月16日に東京で開かれた「さよなら原発10万人集会」には伊藤隆一組合長以下大勢の重茂漁協の人々が参加してノーベル賞受賞作家の大江健三郎さんらと共に演壇に立ち「原発事故は取り返しのつかない被害を孫子の代まで及ぼす」という趣旨の話をされました。この方針もまた大変重要な方針だと思います。（私はこのことについて「生産協同組合方式による震災復興―先進事例としての重茂漁協」というレポートを『JA農業協同組合経営実務』2012年10月号に書いております）

事業推進方針の中で私が注目したのは、生産は組合員が創意工夫を凝らして切磋琢磨、競争しながら生産量や技術を高めるが、販売は共販を厳しく徹底させるという事が強調されている事、組合員の経営安定と福利厚生について岩手県が認定する〈地域再生営漁計画〉に取り組み、持続的な漁業の確立と地域経済の活性化を図るとしている事です。もう一つは「安心な水産食品づくりと環境保全」を活動の柱に据えている事です。組合員の生活と生産を支えるためには漁協の強化、地域社会の活性化が必要であり、地域社会の活性化のためには食品の需要者である消費者との安全安心・信頼関係がないと成り立ちません。自分の利益のためには社会の利益を考え、次の世代のことも念頭に置いて環境保全にも心を配ることが大切であるという重茂漁協の魂は漁協のみならず日本の農協、生協を含む協同組合すべてに必要な考え方＝哲学であると思います。

4．復興をめぐる2つの方向

少し視点を変えて政策的な面から過去5年を振り返ってみたいと思います。地域の人々の暮らしと仕事の再建を、町や村、漁協や農協等人々の身近なところから行うか、上から目線で上意下達の方式で行うか？これは政策上の大問題であり、今も同様だと思います。

宮城県当局は県内全142漁港の内60漁港を優先的に復旧し、水産加工や流通機能をここに集約する方針を決め、12月8日に県漁業協同組合に伝えました。県知事は〈拠点港には重点的に予算をつける。大企業を誘致して

投資させる。加工工場や流通網も作るから、やがて雇用の機会もできるだろう〉と語りました。つまり必要な地域では〈技術と資本を持つ民間企業との連携を望む地元漁業者主体の法人が、漁協に劣後しない漁業権を取得できること〉にするという。このやり方は「外部の資本と手を組む漁業者を漁協から分裂させる」という結果を招く…そうなったら第二の災害が起きる…これを「知事災害」だと名付けたのは最初に著書をお薦めした濱田武士さんでした。(「2012国際協同組合年福島県実行委員会設立総会の講演録『漁村・漁協への影響と復興の課題』、及び『水産特区構想の真相とその問題』『にじ』誌2011年冬号)

「復興には10年間で計32兆円が使われる見込みだ。単純計算で被災者1人当たり約6,800万円になる。それでも、原則2年間とされたプレハブ仮設住宅にまだ6万3,000人が暮らす。震災の後、「復興の司令塔」を期待されて発足した復興庁は、何をしてきたのか。」(朝日新聞 The Globe2016年1月17日号)

復興予算は「東日本大震災復興特別会計」で約3兆2,500億円組まれています。この内、復興庁独自の執行予算は3,000億円、各省庁への移し替え予算が2兆1,000億円です。「司令塔」とは言いながら実際には90％以上が各省庁へ縦割りに配分されているのです。

宮城県の方式は漁協の意向を取り入れておらず、復興庁の方式は司令塔とは程遠い従来型の中央官庁による縦割り式に妥協したものでした。

以上の宮城方式、復興庁方式とは異なるのが「岩手方式」であると思います。県の政策文書は次のような方式を明らかにしています。

「七種の特区からなる〈岩手復興特区〉を創設することにより、岩手の迅速な復興を実現し、命を守り、海と大地と共に生きる、岩手、三陸を創造する」

☆荷づくり特区（土地利用手続き等の迅速化、多重防災型まちづくりに向けた財政支援等）

☆再生可能エネルギー導入促進特区（多様なエネルギー資源を活用した電源開発等）

☆保健・医療・福祉サービス提供体制特区（施設の早期復旧、町づくりと一体となった体制構築、遠隔医療の推進など）

☆教育推進特区（教育施設の早期復旧、教職員の配置充実化、児童生徒の居場所づくり等）

☆企業・個人再生特区（早急な二重債務対策の実施、税制優遇による被災地投資の加速化等）

☆漁業再生特区（漁船・施設などの共同利用、漁船建造許可の迅速化、漁港復旧等）

☆岩手の森林再生・活用特区（多機能海岸防災林の造成等）

　このような現場の暮らしと生業の再生を最優先にした政策の立案に当たっては重茂漁協から学ぶことが多かったと建増拓也知事が語っています。（雑誌『世界』）

5．おわりに——これから誰が？　何をなすべきか？

　重茂漁協が日本の模範的な協同組合であること。基礎自治体（市、町、村、地区）と地域の協同組織（農協、漁協、生協、信用組合・信用金庫など）こそが、人々が何を求めているか？　何を優先すべきか？　一番知っていること。復旧・復興の方針の決定と実行に当たっては現場の要求に忠実でなくてはならないこと。重茂漁協と岩手県では、これが実行されていること、等を述べてきました。

　しかしながら、何回も申し上げたように課題は解決していません。これだけ立派に復旧・復興の努力を続けてきた重茂漁協でさえ就業者の平均年齢は高くなっています。重茂漁協だけでは解決できない政治や政策の課題から目を逸らすわけにはいかないのです。

　日本では大都市、輸出産業が優先され、農林水産業は軽視されてきました。農林水産業の衰退は農林漁業者の責任ではありません。長年にわたる工業優先・中央集権的な政策と仕組みこそが責任を負うべきものです。これまでの政策を大転換して、日本全体で身近にある資源を大切にして持続可能な生かし方をすることが必要です。一言でいえば「天恵戒驕」の日本全体化です。そのためには、漁協は同じ生産者仲間である農協ともっと仲良く連携しなければなりません。また、漁協・農協は消費者組織である生協ともっと仲良く連携する必要があると思います。漁協、農協、森林組合、信用金庫、生協がもっと仲良く連携して協同組合陣営をつくりあげる努力をしたい。これに基礎自治体（市町村、地区）が連帯してゆくならば、巨大企業中心、輸出産業中心、大都市中心の中央集権的な世の中を変えることも可能だと思います。

　大震災を機にして農に根差した理想郷「イーハトーブ」を描いた宮沢賢治が改めて想起されています。また福島第一原子力発電所の大惨事を体験して"真の文明は人を傷つけず、自然を破壊しないはず"と叫んだ田中正造翁が100年に及ぶ足尾鉱毒事件と共に多くの人々に想起されております。私は重茂の皆様が西舘善平翁とともに宮沢賢治、田中正造翁の精神を引き

継ぎ、新しい世の中を切り拓きつつあるのだと深く信じております。

第3節　福井県池田町——過疎地における潜在資源の顕在化

はじめに—なぜ福井県池田町に着目したか—

　都市においては子供たちのいじめ・自殺、高齢者や貧困者の孤独死など、温かい人間関係の喪失が人々の心を痛めている。他方、農山漁村では過疎化と高齢化で限界集落の増加が広がっている。過疎と過密、富者と貧者の格差拡大など人間と人間、人間と自然の調和が失われているのは誰の目にも明らかだ。それにも拘らず「日本は資源のない国だから輸出産業に頼る以外にない。人・モノ・金・情報・教育・文化など人的・物的・文化的資源が都市に集中するのは必然の成り行き。解決策は成長戦略の成功あるのみだ……」という政策とイデオロギーが日本を支配している。

　この「資源小国論・輸出産業優先論」に真っ向から挑んでいる人間的な営みが福井県池田町にある。

　池田の人々は自分たちがもつ自然資源、文化資源、人的資源をフルに連結活性化させる試みを着実に続けている。自分たちが住む地域の自然を生かし、伝統文化を大切に守り育て、近隣の人々同士が愛しあい、生活でも経済でも協同・連帯して町づくりに励んでいる。その内容と到達点を以下に報告するが、筆者は池田町の実践例を「真の豊かさ」「新しい生き方」「足元からの世直し」、大きく構えて云えばグローバリゼーションへの対案（オルタナティブ）の実践として捉えたい。

　同時にこの実例が示すような数々の実績にもかかわらず、なお過疎化の流れが続いているという冷厳な現実をも直視せねばならぬと思う。先進事例を紹介してそこから学ぶことは重要だ。そして、各地域の実践を基礎に都道府県レベル、国レベル、更に国際的なレベルでもネットワークし、時代の大転換へと進むことなしには解決できない歴史的課題があることを指摘しておきたい。

1. 福井県池田町の概況

　池田町の面積は194km²余と広大であるが人口は3060人、1006世帯（平成25年4月1日）。森林が91.7％で農地は約486ha（うち水田が429ha）。温暖な太平洋側と異なる日本海側気候で東西南北とも山々に囲まれ、降雨（雪）量は冬に集中する豪雪地帯である。隣接するのは約40km以内に福井市、大野市、鯖江市、越前市、南越前町があり、南端の冠山（かんむりやま）を越

えると岐阜県の揖斐川町に連なる。福井市へは車で約50分の距離とはいえ、鉄道はなくバス路線も1日に数本。近年は幾つかの長大なトンネルが出来たので冬の交通途絶は少なくなった（図1）。しかし周囲と隔絶しているせいか言葉も文化も"池田は独特、格別な存在"と自他共に云われてきた。例えば後述する福井市内に池田町のアンテナショップ「こっぽい」屋があるが、「こっぽい」は「喜ばしい、有難い、宝物」という意味で池田の日常語であるが他の地域にはない。自治体合併にも同意せず、農協も森林組合も合併を拒否して独自の道を歩む。自分たちのことは自分たちで決めたいという自治精神とそれを可能にする金銭に換算できない豊かさを大切にしたい心がそうさせたのだという。

図1　池田町の位置

　町内には旧石器時代、縄文、弥生、古墳時代の遺物遺跡があり、福井県三国町が出自の継体天皇の后目子姫はここ池田出身で地元の部子山に祀られている。延喜式にもある須波阿須疑（スワアズキ）神社の本殿は国の重要文化財。神社の傍には「能楽の里歴史館」があり鎌倉・室町時代に遡る優れた能面の数々が保存されている。江戸時代には町内二ヶ所に金山があった。

　周囲から隔絶された山村であるが、古代以来、豊かな自然に囲まれた人間の住みよい土地であったことをこれらの歴史、史跡は示している。人々は神仏を敬い、町全体の各種行事は勿論の事、地区集落ごとに歌や踊りの祭りを楽しみ、町や地区の出来事は"ケーブルテレビ池田"で24時間放映され、活字にもなって情報と文化が共有されている。

2．潜在資源の顕在化
(1)「能楽の里」の伝統を受け継ぐ

　池田町には先に述べた「能楽の里歴史館」の他に由緒ある能面100面を展示する「能面美術館」、隣接して能面打ちを伝授する「古木庵」がある。福井県は能面打ちの越前出目家の発祥の地。館長の桑田能守氏が全国各地から集う弟子たちに技能を伝授している。

　毎年2月には「能面祭り」が行われ、3月には町の近代的な施設「能面

の里文化交流会館」で大規模な公演が行われ著名人も集う。「田楽能舞」は鎌倉時代に執権北条時頼がこの地に立ち寄り舞って以来の伝統芸能であると云い、国の重要無形文化財である。小さな山里であるが高度な伝統文化が町の人々によって綿々と受け継がれている。

(2) 売り上げ1億3,000万円の「こっぽい屋」

　かつては各農家の自家用であった地場野菜とその加工品が毎日出荷されている。生産者が組織した「101匠（たくみ）の会」の主婦188人と農業団体、加工業者が自分で価格を決めた農産物を持ち寄って町内に約20カ所ある集荷場に一旦集められ、さらにトラックで集荷し福井市内にあるショッピングセンター「ALPLAZA」の一角にある池田町のアンテナショップ「こっぽい屋」に届けられる。この店は平成11年に始まり15年目を迎えるが、僅か30坪の小さな売り場ながら年間売り上げが1億3,000万円を超える。

　人気の秘密は美味しく信頼できる品質、池田町と作る人々の情報がよく分かり、価格も適正であるからという。町では、ここを観光案内や情報発信センターと位置づけ、品物を「おすそ分けの品」と呼ぶ。自慢の自家製品のおすそ分け、との想いだ。「こっぽい屋」への委託料は売り上げの20％、これまで無収入であった主婦たちが毎月数万円から10数万円の収入を得ている。

(3) 完全有機農業を目指す「101匠の会」

　しかし会員たちも「こっぽい屋」のスタッフも金銭には代えられない仲間の学び合い、工夫と改善の誇り、生きがいが大切だと口々に言う。品物には黄色・赤色・金色3種の「ゆうき・げんき正直シール」のいずれかが張られ、田畑にはシールを張った看板が立っている。黄色は「低農薬・無化学肥料栽培」、赤色は「無農薬・無化学肥料栽培」、金色は「完全有機栽培」の証しだ。有機栽培を目指す勉強会が、室内の座談会や現地の畑で計画的に行われ、栽培方法や工夫達成の記録は『福井県池田町ゆうき・げんき正直農業ＩＣＴ（池田町カルチャーテクノロジー）』年度版にまとめられ数年おきに改訂されている。この「１０１匠の会」には次の憲章がある。

　①私たちは誰にも恥ずかしくない本物を作ります
　②私たちは自然の営みを邪魔しません
　③私たちは喜びと楽しさを分かち合います
　④私たちは心を込めて匠の会の技を活かし磨きます
　⑤私たちは池田で暮らすことを楽しみます

　ここに込められているのは豊かな土、美しい水、澄んだ空気の素晴らし

い農村文化を創る心であり池田の農産物の付加価値を高めている。ちなみに黄色の畑は6.4ha（64人）、赤色は3.8ha（40人）、金色は5.8ha（89人）である（平成24年度）。

(4) **ゴミや牛糞を堆肥産業へ**

池田町の家庭では全ての生ゴミを分別し、紙で梱包して66ヵ所のごみステーションに出す。約100人のボランティア団体「環境フレンズ」の町民が交代で100％回収し、「高品質堆肥製造施設」へ運ぶ。ここで育牛・繁殖畜産農家（4戸、約200頭）と養鶏農家（1戸、1000羽）からの糞や稲作農家からのモミ殻が混ぜられ堆厩肥が作られる。

堆厩肥製造施設は機械化された最新式で生ゴミ69.1トン、牛糞676トン、モミ殻28トンから堆肥350トン（年産）が生産されている。製造元は「池田町あぐりパワーアップセンター」、販売元は「池田町農林公社」、商品名『土魂壌』『ゆうきの液肥』で販売されている。これは地域資源を活用した最小コストによる一つの地場産業となり、かつ地域連結型農業を支えている。

(5) **林業・木工を活かす**

池田町の特長は何と言っても林業である。下池田地区には樹齢100年を超える足羽杉の美林がありブランド化を図っている最中だ。岐阜県との境の冠山にはブナ、ミズナラの自然林が広がる。これらの豊富な木材資源をさまざまに活用する取組みが多様に展開されている。先ず木質バイオエネルギー源としてペレットストーブの企業と森林組合と町が協力して普及に努め、町営温泉施設の「冠荘」を拠点にして有効性を実証しながら普及活動をしている。

また、町の中心部には「町の駅」を設け、正面に巨大な杉の柱を使った駅内店舗「こってコテ池田」では食堂・喫茶、町の特産品を売るコーナー、コンビニの機能もあり、地域観光・交流の情報センターも兼ねている。隣接して木工品の展示と即売・製造、研究施設「木の里工房」が建てられている。美しいデザインの木材建築だ。池田町の小中学校の生徒の机や椅子はここで作られており、各地へ販売もされている。道を隔てて池田町の振興を担う様々な団体が同居する池田町農業公社の建物も特徴のある木造建築である。

(6) **自然資源を活かす**

地域の「宝」である自然資源を活かして滞在型・体験型の本来の観光を振興する。足羽川上流の志津原エリアを観光集積地域とする。町営渓流温泉施設「冠荘」と農事組合法人の滞在型交流施設「ファームハウス・コム

ニタ」（イタリア語で共同体という意味）を拠点に、河川と高原を活かし夏はアドベンチャー・ボート、冬はスキーと年間を通して楽しめる。さらに「そば道場」、「能面美術館」、渓谷に架かる美しくスリリングな吊り橋「かずら橋」「ふれあい橋」、川魚料理や釣りができる「天池の宿」などで地元産の食文化を提供する。

3．池田に人が集い住みつく仕組み

　過疎化の農山村にとって最大の課題は学校を卒業した子供たちが高校へ、大学へ進学するにつれて故郷を離れ人口の減少と高齢化に歯止めがかからないことである。池田町も例にもれず、戦後8000人いた人口は年々減少してきた。しかし、手をこまねいてきたわけではなく様々な試みを実行している。そのうちの幾つかを紹介する。

(1)　日本農村力デザイン大学

　町の施設である「能楽の里文化交流会館」と農事組合法人の交流宿泊施設「ファームハウス・コムニタ」で2泊3日の合宿をしながら池田町の自然と人々の営みに触れてもらい、「自分磨きと地域づくり」を学び合う。年5回開講し、町長はじめ大学教授、専門家などが僅かな謝礼や手弁当で講師となる。毎回20～30人参加するが、これが縁となって池田に通う人、古民家を買って別荘にする人、住みつく人など池田シンパづくりの源泉の1つになっている。後にふれる日本経済新聞編集委員の鈴木純一氏もその1人である。

(2)　ふるさと十字軍

　これは40歳以下の夫婦か家族で定住し、農林業や畜産業にも従事して20年続ければ提供している土地・家屋を無償で譲渡する制度である。池田町の環境や農業に魅せられ、これまで応募した65家族世帯を審査し、パスした10家族が既に入居している。

(3)　農事組合法人「農村資源開発共同体」

　農協青年部の有志27人が母体になって1996年に立ち上げた組織で、担い手不足の田畑の受託耕作などを行っている他、諸交流活動、都市の住民が滞在して体験農業などが出来る木造2階建ての半ドーム状のホテルを兼ねた大施設「ファームハウス・コムニタ」を建設した。このコムニタ建設には2億円を要したが、その内30％、約6000万円を農協組合員が拠出した。これが「環境理想郷（エコトピア）池田づくり」の出発点になった社会活動である。彼、彼女等は同志的に結束しており、今日の池田町の政治・経済・文化活動の推進力になっている。因みに現町長は農協青年部・農事組

合法人のリーダーであった。

⑷ **魅力あふれるイベントの実施**

ア．池田エコキャンドル

「菜の花プロジェクト」の一環として9月末に実施される「池田エコキャンドル」は、全町民に倍する8000人以上の人が集う大イベント。小中学校、環境団体、青年団などが個性を生かしたロウソク（空プラスチック容器や牛乳パックなど活用）を約2万個つくり、毎年テーマに沿ったデザインを決める。幻想的な美しい光景は言葉に尽くしがたい。コンセプトは「万の灯り、ゆれて心ひとつ」。ステージでは心をつなぐ歌や音楽や舞が繰り広げられる。近年はあちこちで同様の催しがあるが、発祥地はこの福井県池田町である。

イ．池田食の文化祭

毎年7月下旬の土曜、日曜に行われるこの祭りには近隣市町から4000人以上の人々がやって来て普段は静かな町も大賑いとなる。町内の飲食店、農協、森林組合、漁協、各団体が参加して地元の食材を生かした特別メニューを競う。コメ、野菜、川魚、牛肉料理はもちろんのこと「猪、鹿、熊肉の卸売り」もある。このイベントに魅せられて古民家を改築して別荘をつくる人、定年後の棲家を池田町に決めた人たちもいる。

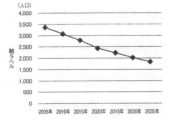

図2 池田町の将来人口推計
（国立社会保障・人口問題研究所）

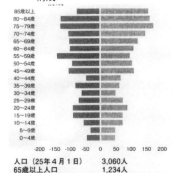

図3 池田町の人口ピラミッドと世帯構成

人口（25年4月1日）	3,060人
65歳以上人口	1,234人
高齢化率	40.3％
世帯数	1,006世帯
うち核家族世帯	473世帯
うち高齢単身世帯	148世帯（14.7％）
小学校児童数	106人
中学校生徒数	74人

4．町の自立促進計画と発展戦略

年々減少する人口を逆転させる戦略について「池田町過疎地域自立促進計画―平成22年度～27年度」というＡ4、41頁の緻密で現実的な政策文書を元に池田町長の杉本博文氏に訊いた。町長はご自分が町勢要覧に書いた「池田町には一流の自然も高級な食材もありません。著名人もおらず有名な観光地でもありません。でも、日本人が見過ごし、失いかけた『普通の暮らし』『あたりまえの営み』『いつもの景色』が生き残っています。そして町民たちはこのなにげないことを

「町の宝・私の宝・私たちの宝」と感じ、明日へつなげよう…」としているという文章を私に示しながら、2035年に人口は2000人を割って町全体が限界に達するであろうという官庁統計（国立社会保障・人口問題研究所）の予測値（図2、3）を跳ね返す戦略をつくった胸の内を語ってくれた。

　町長の話の要旨は「地域資源を活かした産業開発・事業創出」戦略を実践する以外にない。その実践を担保するのは子供たちが故郷で十分に暮らしてゆけるように町民のパワーをアップして産業を振興すること。そして池田を知り感じた人々の自然資源・風景資源・文化資源・食資源・農村の営み資源などをもっと体験したい、という欲求を「資産」として地域経済を活性化させる「資本」に上昇させることだという。それは行政だけでできることではなく①住民、協同組合、地元事業者など住民の自助努力、②新たな共助の組織による事業展開（第三セクターの株式会社「まちUPいけだ」の立ち上げ、「いけだ農村観光協会」の立ち上げなど）、③池田町役場はコーディネーターとしての力を発揮するが組織も予算規模も小さくして、その代りに住民の自発的な活動・参加型民主主義を貫く。そのためにはマン・ウーマンパワーが絶対に必要だ、役場の職員、共助組織、自助組織の力量を高め事業マネジメント能力・新事業展開能力・組織力の強化と協働化を一層推進するほかないという。それは次の戦略となって具体化された。

　発展戦略の第1は、池田町総合振興計画の目標『風格ある、美しいほっとランド池田』を実現するための環境計画である（図4）。

　発展戦略の第2は、池田町の観光・交流・定住をめざす観光振興政策である。自助努力を続ける民間事業者、農協、森林組合、漁協などの参加、協力、出資を得て、共助組織である第3セクター「まちUP池田」や「いけだ農村観光協会」を立ち上げ、町役場は株主として出資、あるいは顧問としてアドバイスするのである（図5）。

　池田町が過疎化傾向に歯止めをかける努力を開始したのは、先に述べた農事組合法人「農村資源開発共同体」の発足である。1996年にオープンした「ファームハウス・コムニタ」は農協青年部の活動家たちの拠点であると同時に、都市からやってくる様々な人々との交流拠点でもある。そのリーダーであった杉本博文氏は1996年に町長となり、現在は5期目である。福井県町村会の会長をつとめるほか全国町村会長会など様々な活動で席が温まる暇がないほど超多忙であるが町役場の職員たちが彼をしっかり支えている。その1人が溝口淳氏だ。農林水産省キャリア官僚であったが、研修で派遣された池田町の人々と触れ合う内に、ここに移り住み町民として生きる道を選んだ。今は町長の知恵袋の1人である。最初に述べた「日

図4　人と自然、心がかよう環境理想郷(エコトピア)

図5　物見遊山から地域の光を観る観光へ

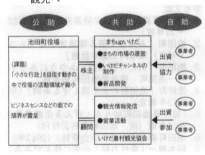

本農村力デザイン大学」の副学長は伊藤洋子女史（元「宣伝会議」編集長、東海大学教授）である。「全く予算はないが知恵を貸してほしい」という町長の熱意に応えて就任。今は東京から移住して池田町民になっている（まだまだ紹介したい知恵や技を持つ人々が沢山ここへ来ているが割愛する）。

触れておかなければならないのは日経新聞の鈴木純一氏（同紙編集委員）が12回にわたって連載した『農村力輝く山里に住んでみる』の「池田町―ブータンの予感」論のことである。貴重な記録であり確かに同氏が指摘するように「普通の暮らしの幸せ」をモットーにしている点で、国民総生産（GNP）ではなく国民総幸福（GNH）を目指しているブータンと池田町は似ている。しかし、決定的に違うのはブータンが農薬・化学肥料農業など近代化を全く経験していないことだ。池田町が資本主義経済や近代農業技術を十二分に経験した後の今、「地域資源を活かした循環型農業」「地産地育の環境保全型農業」「地域の光を観る観光・交流・定住」への道を選択しているということである。単純な「古き良き時代への回帰路線」とは根本的に違う「未来創造路線」であるということだ。

もう一つは政府や財界が進めている「攻めの農業」の名の下にごく一部の農家と大企業による農業輸出産業化論ではないことである。明治以来のアジア侵略戦争・太平洋戦争、また高度経済成長期を経てバブル経済が崩壊して20年余、被害甚大な東電福島第一原発事故を経た現在もなお従来の政策がまかり通っている。世界を覆う新自由主義の暗雲に乗ったグローバル巨大企業がＴＰＰ推進など我が物顔に振る舞っている。そんな中で「地

域資源連結循環型農村」を旗印に、池田町も強い産業振興を目指しているが「地元民による地元資源を活かした地元民のための経済振興」であることを指摘したい。外部資本に依存し経済効率を優先させ、農村地域社会や環境保全を蔑ろにする道とは根本的に異なる。民主主義の及ばぬ外部資本の支配的な力を背景にした政策と思想を乗り越え克服することが肝要なのである。

参考文献
1．「池田町過疎地域自立促進計画」（平成22～27年度）
2．池田町「みんなで創る環境理想郷（エコトピア）環境向上基本計画」
3．池田町「あたりまえが　ふつうにあるまち―池田町　福井県池田町勢要覧」
4．池田町「池田町の水を清く守る条例」（平成13年制定）
5．「福井県池田町ゆうき・げんき正直農業」2011年版（財・池田町農林公社刊）
6．池田町森林組合「座談会資料」（2013年）
7．鈴木純一「農村力輝く山里に住んでみる」（日本経済新聞、平成24年7月7日～9月29日号）
8．池田町「農村力を活かした『まち育て』資料集」（2013年）

第4節　山形県・置賜(おきたま)自給圏推進機構の出発とその意義
――内発的な連帯による「地方創生」運動の登場

はじめに

　山形県の約4分の1をカバーする南部の3市5町（米沢市、南陽市、長井市、川西町、高畠町、小国町、白鷹町、飯豊(いいで)町）を活動領域とする置賜自給圏推進機構が誕生した。この組織の運動内容と意義について報告するのが本稿の目的であるが、初めに少し経過を述べる。

　2014年4月に各界約300人の参加を得て「置賜自給圏機構を考える会設立総会」が開かれた。そして4カ月後の14年8月に一般社団法人「置賜自給圏推進機構」設立総会を置賜総合文化センターにおいて開催、スタートを切った。お手本になる前例がない手探りの出発であったが、島根県隠岐の島・海士町の山内道夫氏（町長）が〈消滅可能性自治体〉と云われながら若者の移住者が相次いでいて全国的にも著名なその経験と政策を示した記念講演を行った。(注1) 3市5町の首長も賛同し、正会員（個人会員、団体会員）と賛助会員（個人、団体）を構成員とする会員組織と理事会、常務理事会、監事、顧問などの体制を整えると共に（後に詳しく述べる）、具体的な活動を行う8部門の部会を設けて各責任者を置き、会員や地域関係者の自発的な参画を求めて活動を始める。このようにして1年を経た、昨年

15年8月に第1回社員総会を開き、さまざまな領域でユニークな活動を開始していることが報告された。アメリカの輸入ポテトチップスに品質でも価格でも負けることなく国産のポテトで勝利した大手菓子メーカー・カルビー食品の元社長、松尾雅彦氏が連帯の意を表しつつ記念講演を行っている。(注2)

筆者は置賜地方を度々訪れて関係者との会話を交わしてきたが、15年11月に長井市あやめ温泉桜湯で開かれた「置賜自給圏秋の収穫祭・シンボルマーク発表会」に参加し短時間ではあったが講演をする機会があった。(注3)その収穫祭の前後に同機構の2人の代表理事をはじめ各分野の常務理事、町長、企業の社長諸氏、JA山形おきたまの副組合長など多くのキーパーソンと長時間にわたるインタビューをする機会を得た。夫々に含蓄のある実践内容や思索についての貴重な対話であったが、紙幅の都合上詳しくは別の機会に譲り、ここでは出来るだけ置賜自給圏推進機構の全体像をお伝えすることにしたい。

1．新しい発想―内発的な地域の創造を目指す

定款によると置賜自給圏推進機構（以下、自給圏機構と略す）の目的は、「NPO、協同組合、企業、任意団体等が協働して、山形県置賜3市5町の地域課題に取り組む活動を応援し、社会目的にかなった経済活動や市民活動を応援し、社会目的にかなった経済活動や市民活動を拡げ、地域資源を基礎として置賜自給圏の実現を目的とする」。この目的を達成するために次の事業を行うとして「1．地産地消に基づく地域自給と圏内流通の推進。2．自然と共生する安全・安心の農と食の構築。3．教育の場での実践。4．医療費削減の世界モデルへの挑戦。5．前号の目的を達成させるために『産・官・学・民』が一体となってすすめる構想推進体制の構築」を掲げている。

次に組織機構として、代表理事2名、理事20名以上、監事3名以内とし、代表理事には山形大学工学部教授の高橋幸司、高畠町の農家の渡部務の両

氏が就任した。高橋氏は東日本大震災の後に設けられた大学本部直轄組織『東北創生研究所』の主要メンバーである。この研究所は1極集中ではなく自立分散型社会を作るための研究をすることを目的にしている。また、アカデミーの砦に籠ることなく各分野の人々が協働して新製品の開発や流通をバックアップすることも志向している。

　もう1人の代表の渡部務氏は高畠町有機農業提携センターのリーダーで故一楽照雄氏（旧協同組合経営研究所理事長）と共に有機農業を40年余にわたって続けてきた草分けで、詩人・作家の星寛治氏と共に著名な人である。副代表理事には、生活協同組合・共立社の松本政裕理事長と東北おひさま発電(株)の後藤博信社長。専務理事にはNPO法人「結いのき」の井上肇専務（元生活クラブ生協やまがた専務理事）。顧問には鈴木憲和（衆議院議員・自民党）、近藤洋介（衆議院議員・民主党）等12氏が就任した。

　組織の現況は個人正会員243名、団体正会員28社、賛助個人会員24名、賛助団体会員4社、会費収入は182万2000円である。（第1回社員総会議案書より〈15年8月、長井市タスパークホテルにて開催〉）

　自給圏を創るという発想自体が新しいものであるが、更に1つの自治体を超えた地域の経済的・文化的な圏域を活動舞台にしていること、産官学民が協力して実行しようとしていること、政府の予算配分にのみ期待を寄せたり、圏外の資本誘致に躍起になってきた、過去にくり返された開発パターンとは全く異なる、内発的な連帯による発展を目指していることに注目したい。

2. 自発的な参加型の8つの部会

　では自給圏機構は目的を達成するために、誰が、何をするのか。設立総会で既に8つの部会を設置して部門責任者を決め、地域に住む関連した人々の自発的な参加を呼びかけるとともに初歩的な現状の調査や視察から始めて問題点や課題の整理に着手している。その内容は参加者、開催日時、議題と資料、討議検討事項の記録など詳細を極めてた文書があるが、要点のみを設立総会文書、第1回社員総会資料、『置賜自給圏通信』などからピックアップして紹介したい。

再生可能エネルギー部会（部門責任者江口忠博：漆工芸家）

　この部会と「森林等再生可能資源利用活用研究部会」と共通することも多く、合同部会を開催して進めている。地域に新設された太陽光及び水力発電所の建設経営を目指す「おひさま発電(株)」の第2発電所竣工式への参加を初めとして、置賜木質バイオマス利用研究会を視察。森林資源やエ

ネルギーに関する講座、シンポジウムを開催する方針を決めた。地域にある資源の量と質、今現在使われている薪などの使用実態の調査を行政とともに行い、自給圏にふさわしい提案を行うべく準備することを決めた。

圏内流通（地産地消）部会（部門責任者　高橋尚：生活クラブ生協やまがた理事、舟山康江：農水省OB、前参議院議員）

　この部会は先ず手始めに、域内3市5町の学校給食の食材や発注方法など基礎的な現状を把握するため「学校給食調査」を行うことを決め、調査票を作成。15年2〜6月にかけて実施し、結果をまとめた。ここから浮かび上がったことは少なくないが、これらを基にして置賜の自給を高めるためにどんなことが必要か、また大豆や冬場の野菜等の品目別の検討など、今後も検討を続ける。

地域資源循環農業部会（部門責任者　渡部務：高畠有機農業提携センター）

　この部会は大勢の参加を得て①地域内資源を最大活用できる循環型農業の推進を図るために実態調査（堆肥、生ごみ、籾殻、稲わら）。②自給飼料の生産拡大と安定に向けた取り組み。③関連団体のさらなる参加を促し、会員を拡大する—等について4回にわたり協議。そのほか現地視察（小国町＝籾燃料化、木質パレット加工と暖房機。長井市＝レインボープランの実践。上山市＝生ごみ、汚泥、堆肥化プラント。米沢市＝山形大学横山孝男教授、雪室の実践例の見聞）を行った。今後は耕畜連携の更なる拡大に向けたJA、山形酪農の状況調査や自給飼料、飼料米の調査などを行う。

教育・人材育成部会（部門責任者　高橋幸司：山形大学教授）

　人材養成のために「置賜自給塾」を開講する。また味噌、粕漬けづくり、畑づくりなどのために「置賜実務塾」を開講する。夏休みの子供企画、高校生を対象にした置賜の良さを知る連続講演会を開催する。かつて水運が栄えた最上川の再利用・再活用の検討を行う。

土と農に親しむ〈身土不二の農舞台〉部会（部会責任者　菅野芳秀：農業、塚田弘一：長井商工会議所専務理事）

　この部会は自給率を高め、農に親しむ「市民農園」の拡大を行政と協力して実行することを目標に定めた。そのためにまず、長井市と飯豊町のエリアをモデル地域として設定し、女性や子供が継続的に参加できる仕組みを整える。もう1つの柱はUIJターン者向けのプログラムの検討である。検討して得た結果を東京都内の山形県Uターン情報センターに登録・提供する方針である。

食と健康部会（部会責任者　佐藤由美子：生活クラブ生協やまがた理事）

　この部会は毎月、農業者、医師、主婦などの参加者がそれぞれの立場か

ら食と健康について論議を重ねてきた。その結果、活動方針と目標を次のように決めた。①置賜に暮らす人たちにとっての、身体に良い食べ物、食べ方、健康な暮らし方の講座の開催。②会員、部会員及び参加者が自分の周りの人たちに伝え、広める活動を積極的に展開する。③栄養価の高い有機農産物の普及に努める。④医療、福祉、農業の担い手が相互に情報交換し連携を強める。

構想推進部会（部会責任者　横山太吉：レインボープラン推進協議会相談役）

この部会は自給圏機構を広く一般社会へ伝え、その理念と目標が共有されるように「置賜の地球遺産」の認定制度を作ること。また誰にも親しまれるシンボルマークを公募して決定し普及することを方針として決めた。

シンボルマークの公募を実施した結果、全国の66人から応募があった。赤沼明男審査委員長（東北芸術工科大学グラフィックデザイン学科准教授）のもと厳正な審査の結果、15年11月関玖瑠未さん（東北芸術工科大学３年生）の作品が選ばれ、置賜自給圏収穫祭で発表された。

3.自給圏機構という発想の源泉

ここで、自給圏機構の発想がどのようにして生まれてきたか、その源泉について関係者の話や諸々の文書から考えて見たい。

長井市のレインボープラン

第１の淵源は長井市で88年に開始された長井市のグランドデザインのための協議が翌89年の「良いまちデザイン研究所」となり、その中から「自然と対話する農業」の構想が生み出され、更に「レインボープラン」が生み出されたことである。これは地域で発生する生ごみを資源とみて市民が分別して出し、行政が回収し家畜の糞尿や稲殻と混ぜて発酵させて、堆肥化して再び農地に還元するシステムを作るということである。これを市民と行政と農民とが一体となって実行する。一言で云えば「使い捨てシステム」をやめて「循環型システムを構築する」ということであるが、長井市の人々はこれを人間の相互理解と自覚的な取り組みなしには成立しないという。人間の意志と信頼関係が循環型システムの要になっていると云うの

である。率先して提案し実行したのは名刺に「百姓」とある菅野芳秀氏である。氏は約1000羽の鶏を飼う養鶏家であり水田も耕作している専業農家である。長井市のレインボープランが有名になって全国からの見学者が絶えないが、当事者たちは大きな堆肥施設や収集システムよりも、ここに至る人間の営みと哲学を知ってほしいと強調している。

高畠町の有機農業

　高畠町の有機農業については自給圏機構の代表理事の渡部務氏のところで既に述べた。

　高畠町に有機農業研究会が発足したのは73年であるから長井市のレインボープランよりも10数年先である。約40名の青年の内10名がそれぞれ10アールずつ拠出し、合計1ヘクタールの水田で有機農業を実行したのが始まりであったと伝えられている。以後40年余、紆余曲折はあったが徐々に仲間が増えて、点が線となり面となって「有機農業の里—高畠」が世に知られるようになる。農法のみならず都市の消費者グループとの関係もまた有機的に結ばれており、生産と消費との連帯が相互の支えとなっているのである。経営規模も他の平均的農家よりも大きく、経営は安定している。しかし、それにもかかわらず近隣の農家の離農、若者の離村傾向は続き農村の衰退傾向をまぬがれていない。

　地域社会の維持・発展なくして有機農業の発展もまたない。高畠の人々が率先して「産直」のみに籠らずに「自給圏機構」に参画したのはごく自然に理解できるところである。

米沢藩という文化圏と東日本大震災

　置賜地方は今日では米沢市から東の福島市へと繋がっているが、江戸時代には最上川を通じて日本海側の酒田と長井の水運があり、長井から米沢へ通じる1つの経済圏でもあった。物資や文化の交流も盛んだったのである。また上杉鷹山という米沢藩第9代藩主は、地域資源を最大限に活かして民の暮らしを立て直し、危機に頻していた藩財政を再建した名君として知られている。地域資源を如何に活かして民の暮らしに役立てるか、産物の加工技術を高めて如何に富を増やすか、彼が全精力を傾けたことが今、思い起こされている。

　このように山形県の約4分の1を占める置賜地方が1つの文化圏として自覚されてきたのは事実であるが、それが一層自覚的に語られるようになったのは、11年3月の東日本大震災であった。山形県は比較的被害が少なく、米沢市を拠点として復興支援活動を系統的に行った。その先頭に立っていたのが、「復興ボランティア支援センターやまがた」である。ここには宗

教団体、商工会議所、青年会議所、労働組合、生協、一般市民が自発的に参加している。日頃はあまりお付き合いのなかった人々がここに結集した。そのリーダーが当時、生活クラブ生協やまがたの専務理事・グループホーム「結いのき」のリーダーでもあった井上肇氏である。彼は現在、自給圏機構の専務理事を務めている。同氏は「結いのき」を避難者の拠点にしつつ山形県知事吉村美栄子氏の協力を得て、全国から運ばれてくる救援物資の集積拠点をつくり連帯の輪を広げていった。被災者への支援を通じて、これらの活動が長い歴史を持つ高畠町の有機農業の担い手や長井市のレインボープランの担い手と結びつき、現在の自給圏構想に繋がった。

東洋のアルカディアー「最も美しい理想の田園」

　もう1つ私が欠かせないと思うのが、美しい自然とその恵みと共に生きてきたという誇りである。飯豊町後藤幸平町長とのインタビューの時同氏は町の田園風景の美しさ、森林資源の豊かさ、里山が自然と共に生きる人間にとってどんなに価値あるものか、1878年（明治11年）に西欧人の目で東北を旅した旅行作家イサベラ・バード『日本奥地紀行』の「置賜は東洋のアルカディアー理想郷である」との言葉を引用しながら、その故郷の誇る森林が、市場原理主義・経済合理性の名のもとに放棄されようとし、清らかな水資源が粗末に扱われ、あまつさえ減反政策で水田耕作さえも制限されて、若者が住みにくい僻地であると断定され蔑まれたことへの憤りを淡々たる口調で語られた。そして非常に豊かな森林資源の永続的活用、農産物の特産物化など町民参加で作成した将来計画書『未来に繋ぐアルカディア・いいで』（「飯豊・農の未来事業」）を示された。

　そこには増田寛也著「地方消滅」論に代表される「地方創生」とは全く異なる、故郷への愛と誇りと地域文化を含む地域資源を活かして自給圏を創りだす意思が漲っている。漆工芸家で常務理事の江口忠博氏は「ここは縄文遺跡の宝庫であり、数千年前から人々は漆塗りの櫛で髪の毛を櫛けずり、芸術的な土器をつくるなど高度で文化的な生活を育んできた土地柄です。今日ではプラスチックや農薬・化学肥料に代表される安くて便利だが健康も美もない安易な暮らしが普通になってきた。これから脱却して本物の味と漆食器や工芸品に親しむ人々が少しずつ増えています」と語っている。自給圏機構は故郷の美と真の健康の再発見の運動でもあり、広い意味の新しい民芸運動でもあるということを感じた。

4．学校給食の実態調査と自給圏機構の今後

　未だ発足して1年余を経過したにすぎない自給圏機構であるが、第3セ

クターの山形鉄道フラワー長井線を活用した観光事業が「酒蔵列車とグリーンツーリズムのモニターツアー」として実施され、マスコミにも大きく報道された。また循環型地域社会づくりの塾が開講されて人材養成と各界のネットワークに弾みがついている。更に諸活動の成果の一つとして報告書「置賜3市5町の学校給食の現状と課題」がある。その概略を紹介したい。

　学校給食については各地域で米飯給食や地産地消の実践が報告されてきたが、この報告書は、8自治体の現状を立体的に分析し、7つの課題を浮き彫りにした点で画期的な報告書である。内容は、①09年に改正された学校給食法と改正前の法との比較、②3市5町の取り組みのそれぞれの特徴点、③見えてきた課題、からなる。詳細な調査が出来たのは、行政当局・学校当局の協力を得られただけでなく、給食の献立をつくる栄養士、料理をする調理師、受託する業者、児童と父母など多様な関係者の協力を基に調査票を作成し、評価の論議を重ねたからである。ここでは課題の見出しのみにとどめるが、自給圏機構の醍醐味を利かせたこの報告書は話題を呼んでいる。

見えてきた課題

　その中で見えてきた課題は、①教育の一環としての学校給食の再認識、②食材調達業務は誰が行うか、③炊飯業務はどこで行うか、④給食の仕上げ時間、⑤米のビタミン強化措置は必要か、⑥地産地消推進に向けて—需給調整役の重要性—、⑦学校農園、学校田の普及を、としている。また、おわりに、では旧米沢藩という狭いエリアではあるが8つの自治体それぞれに、自校方式とセンター方式といった違いのほか,自治体の直接運営と委託方式といった運営主体の違い、地元産食材の納入方法など、様々な特色があることが分かった。この報告書は各自治体及び関係者に公開され、人びとの論議の基礎的資料として使われる。

　最後に自給圏機構の今後について筆者の考えを述べると、その評価を短期的に行うのではなく、長期的な視野から行う必要があるということである。なぜなら地方が衰退したのは過去30～50年にわたる政策や人々の営みによるのであって、一朝一夕に解決できるものではないからだ。自給圏機構に対して短期的に成果を求めるのは誤りである。ただ、確かなことは野放図なグローバリゼーションの負の側面が弱者の切り捨て、経済のみならず環境悪化や人心の荒廃にまで及ぶことが人々に気づかれるならば、健全な真のローカリゼーションとしての"自給圏推進機構的なるもの"が、名

前は違っても置賜のみならず日本各地に、否、全世界に広がるのは間違いないということである。(自給圏機構の代表の1人、渡部務氏は2016年カナダ、モントリオールで行われたGSEFフォーラムでその体験を美しい映像と共に発表し、人々に深い感動を与えた。)

(注)
(1) 離島からの挑戦—最後尾から最先端へ—と題して町の経営指針『自立・挑戦・交流～そして人と自然が輝く島』(A4サイズ14頁)の文書を配布。超過疎化、超少子高齢化、超財政悪化の中から02年5月の町長選挙で地縁・血縁を否定した町長を島民が選択。先ず、職員の意識改革…役場は住民サービス総合株式会社であるとし、年功序列を廃止して現場主義・適材適所に再編。大合併に反対し、生き残りのための短期作戦(行財制改革)を断行。中長期作戦(島まるごとブランド化で地産地消！ キーワードは"豊かな海"。産業振興策には若者が必要とのアピールと目に見える実践でIターンが294世帯に！ 何に力を入れるか？ 未来を支える人づくり…人間力溢れる海士人の育成につきる。増田寛也氏の「地方消滅」(中公新書)では消滅可能性が高い自治体に分類されている。(設立総会の記念講演「若者が移住してくる離島」(山内道雄・島根県海士町長の講演)より筆者が要約)
(2) 置賜自給圏推進機構はすごいチャレンジだ。問題を発見し、地域のピンチを究明してチャンスの所在を明確化すること。カルビーは米国産ポテトチップスとの競争に勝利した。その原因は、顧客のための"鮮度の追求"と品質のための"農工業一体"に徹し、①日本の農家がポテトチップスに適した規格品栽培に成功し、契約栽培を実行した。②卸も小売も鮮度の高い品を店頭に置く体制を築いた(流通費用を半減)。③平準化した生産で在庫を作らない生産体制を築いたからである。置賜は、まず"地域内流通"に着手し、その基礎の上に30年後のビジョンを描いて欲しい。食の自給、住の自給、エネルギーの自給、「成長戦略」から「真善美」への文明の転換に向かって頂きたい。日本だけでなく中国も韓国も北朝鮮も農業と農村政策で失敗している。アジアの中でも自給圏機構の役割に期待する。(1周年記念講演会「21世紀日本は文明転換期」(松尾雅彦・元カルビー株式会社社長)より筆者が要約)
(3) 自給圏機構は確かに山形県の置賜地方の人々のオリジナルであると思う。しかし、現代の世界を見渡すと類似した組織や運動があちこちに見いだされる。それは一言でいえば巨大都市の爆発的な膨張と地方や農山漁村の衰退に対する、対案の模索と実践である。私が深く関与している「グローバル社会的経済フォーラム」(GSEF)もその1つである。その特徴は地域社会のためになる経済を地域の人々と自治体が協力して振興し、グローバリゼーションの悪影響を抑制しようというものである。このGSEFは14年11月に韓国ソウルで設立された。16年9月にはカナダ・モントリオールで盛大なフォーラムを開催する。カナダの次にはスペインのバスク州、イタリアのボローニャ市などが名乗りを挙げているが、日本、置賜からは参加するだけでなく、世界

中の仲間を日本、山形県置賜に招いてここで世界フォーラムを開催するという気概を持っていただきたい。(15年秋の収穫祭のミニ講演「地域自立と社会的経済フォーラム（GSEF）」（筆者の講演の要約）

第5節　ワーカーズ・コレクティブの現在と未来

はじめに

　ワーカーズコレクティブ・ネットワーク・ジャパン（WNJ）は2014年2月に「ワカーカーズ・コレクティブ全国会議 in 大阪」を大阪市立大学で行いました。そこで記録された2013年の調査データによると正式加盟会員団体は395団体、組合員数は10,398人、総事業高は141億6300万円となっています。WNJは2017年10月21～22日に北海道・札幌において全国集会を行い、ここで最新のデータが発表されます。またこれとは別に、ワーカーズ・コレクティブの働き方が、資本主義的営利企業における雇用労働や官公庁の公務員労働とどのように違っているのか？ 働いている人々の意識や感じ方、実際の運営構造について、特定非営利活動法人：ワーカーズ・コレクティブ協会が2015年7月に行った調査報告書『ワーカーズ・コレクティブのガバナンス・協治』（市民セクター政策機構発行）に詳しいデータがあります。最新の上記のデータはここでは引用しておりません。以下に記載するのは、筆者が約10年前に取材して書いたもので、データとしては古いものですが、今日の姿と歴史的課題を考える上で資料的価値があると考えて敢えて収録する次第です。また、日本に初めてワーカーズ・コレクティブを紹介した筆者のレポートも第5章「アメリカの新しい波」の中に収録してありますので比較してお読み頂けると幸いです。

　「ワーカーズ・コレクティブ」や「労協」は、国際的には労働者協同組合、労働者生産協同組合、ICA（国際協同組合同盟）の『西暦2000年の協同組合—レイドロー報告』（日本経済評論社、1989年）では、「生産的労働のための協同組合」と呼ばれており、「労働者生産協同組合は、労働者と職場との間に新しい関係を築き、もう一つの産業革命をもたらす最良の手段である」として推奨されています。「雇う、雇われる」という関係ではない協同労働への道は、文明史的に新しい歴史を切り開くという意味を持っていますが、なかなか理解されにくく、発展にはさまざまな困難を抱えています。

　さて日本では「WNJ」と並んで同じ性質をもつ「日本労働者協同組合（ワーカーズコープ）連合会」があります。同連合会は35周年記念誌『みん

なで歩んだ良い仕事・協同労働への道、そしてワーカーズコープ35年の軌跡』(2017年6月刊)を発行しています。これによりますと、2015年度の就労者数は1万3151人です。(内訳はセンター事業団7476人、地域労協加盟組織2149人、高齢協連合会3390人、社会福祉法人協議会136人)。この内のセンター事業団の事業高の合計は、190億5400万円(介護福祉、子育て、建物総合管理、公共施設運営、若者困窮者支援、協同組合間提携、環境緑化、食農、配食サービス、販売売店、講座、廃棄物収集運搬、その他)となっています。

　この本では労働者協同組合(ワーカーズ・コープ)には触れませんでしたが、上記の本のほかに是非お勧めしたい書物があります。失業者の労働組合である全日自労の中央執行委員長を長年務め、「中高年雇用・福祉事業団」全国協議会の理事長として活躍し、労働者協同組合の創設への道を導いた大功労者である中西五洲氏の著書です。中西五洲『労働組合の民主的変革』(共著・労働旬報社、1985年)、『労働組合のロマン―苦悩する労働組合運動からのレポート』(労働旬報社、1986年)、『理想社会への道―私の資本主義改造論』(同時代社、2005年)等です。中西五洲氏の尽力とイニシアティブなくして労働組合から労働者協同組合への飛躍はあり得ませんでした。中西さんは政治でも経済でも組織運営でも最も重要なことは「徹底民主主義である」と強調してやみませんでした。中西五洲氏の業績と教えは非常に重要であるというのが筆者の考えです。

１．ワーカーズ・コレクティブが生まれた背景

　農協や生協や金融の協同組合と並んで「モノやサービスを作って供給・販売する」労働者生産協同組合(ワーカーズ・コープ)は19世紀以来、協同組合人によって大変重要な分野であると認識されてきましたが、実際にはなかなか成功しませんでした。それには幾つかの理由がありますが、ここで詳しくは触れません。しかし、特に日本ではこの「協同労働の協同組合」は社会運動としての歴史も少なく、法律的・社会的なバックアップもないまま長い間、軽視ないし無視されてきたと言えるでしょう。

　しかしながら、1980年の国際協同組合同盟(ICA)第27回モスクワ大会の『西暦2000年の協同組合』、いわゆる「レイドロー報告」によって協同組合陣営が優先すべき４つの分野の第２番目に「生産的労働のための協同組合」を組織することの重要性が指摘され、その成功事例としてスペインのモンドラゴン協同組合グループやイギリスのスコット・ベーダー・コモンウェルズ等が紹介されて、一躍脚光を浴びることになりました。

　また、1960年代の末から70年代にかけてフランス・パリの五月革命に始

まる全世界的な青年学生・女性・黒人・マイノリティの「大反乱」ヴェトナム戦争反対運動の中から国家や営利企業に従属しない生き方・働き方を可能にする「場」を求めるエネルギーが湧き出し、これが「新しい社会運動」「新しい協同組合」の土壌になりました。さらに地球規模の環境問題がローマ・クラブのレポート『成長の限界』、カーター・アメリカ大統領への報告『西暦2000年の地球』等で指摘され、これが大きな衝撃となって現在の産業社会文明に替わるエコロジカルな文明、すなわち真の豊かさと永続性、多様性と循環性を兼ね備えた新しい経済や人間のあり方が関心を集めるようになってきました。

　もう一つ付け加えると、ヨーロッパでもアメリカでも1000万人もの失業者がいて、これが最大の社会問題とされ、協同組合人は国家や企業に対策を要求するだけでなく、自ら主体的に「人間的で尊厳のある働く場を創造しよう」という思いも生まれてきたのです。このような時代背景と人々の欲求の中から、1980年代初めに活動的な生協運動の女性組合員の手によって「ワーカーズ・コレクティブ」運動が開始されました。私は、既に1987年（昭和62年）の論文「ワーカーズ・コープの可能性、その現在と未来」（農林中金研究センター編・白井厚監修『協同組合論の新地平』所収、日本経済評論社刊）においてこの問題について包括的に論じましたが、約20年を経た現在、運動の現段階を踏まえて再び同じテーマで論じることにいたします。

　そして、ワーカーズ・コレクティブとは何か。一般的に「ワーカーズ・コープ」と呼ばれる労働者生産協同組合が日本では何故「ワーカーズ・コレクティブ」としてスタートしたのか。失業者の労働組合をルーツとする労働者協同組合と違ってそれはどんな特徴をもっているのか。今後いろいろな地域分野にも発展の可能性があるのか。こうした疑問に応えるために、このレポートでは、まずワーカーズ・コレクティブの具体的な姿と基礎的なデータを提供しつつ、現在は都市で主婦たちが中心になって展開しているこの運動が、農村にも、中高年の男性にも、やがては若い世代にも広がっていくためにはどんな課題をクリアしなければならないのか、そしてこの運動の意味するところを考えることにします。

2．ワーカーズ・コレクティブの事業分野と特徴

　最初にワーカーズ・コレクティブ（以下、文中ではワーコレと略します）の生きた姿と到達点を知っていただくために、現在進行中の事業分野ごとの特徴や団体数などを紹介したいと思います。一口にワーコレと言っても、数名で経営しているリサイクル・ショップもあれば、数百名で生協の物流

センターの仕分け事業を請け負っているものまで大小さまざまあります。事業分野も、主婦が得意な食事づくりや保育や家事介護などから、編集企画・出版・VTR 製作のような専門性の高いものまで、いろいろです。

(1) 家事・介護サービス

「近くに頼れる親戚もいない。自分だけでは手に負えない…」、これに対応する家事・介護のワーコレは年々増え続けて226団体になりました。どんな人々が利用するのか。例えば、「3人目の子どもができた時、上の2人の時と同様に夫婦2人で何とかなるだろうと漠然と考えていました。しかし、だんだんお腹が大きくなってきて2人の子どもの世話をするのも大変になってくると、主人がいない日中、急に病院へ行くことになったらこの子たちをどうしよう。出産中の子どもの面倒は…。不安になってベビーシッター協会や家事介護協会に問い合わせると『利用が何日から何日までと決ってないと受けられません』と言われ困った。そこで郵便受けに入っていたワーコレのビラを思い出し、電話したら『何時でもいいですよ』と快い返事。自分が望むサービスをしてくれるので感謝、感謝…。」

多くのワーコレでは、24時間、365日の生活のニーズに合わせて活動できる体制づくりに努めています。しかし、介護保険の適用部分は収入が安定するものの、これだけに限ると人々のニーズに応えられないケースが多い。そこで「コミュニティ・オプティマム福祉」（地域最適の福祉）という概念を編み出しました。要は「自分が受けたいと思う家事介護・福祉」を創り出し供給することです。介護保険の制度や予算に縛られて、それだけに依存するといつの間にか目的やミッション（使命）を見失い、営利企業と変わらない経営になってしまう。そこで絶えず話し合い学び合い（ワーコレではこれを共に育て合う「共育」と呼んで、ワーコレの不可欠の要件であると考えています）、他のワーコレとも情報交換し、地域によっては連合組織をつくり、連携してサービスと力量の向上をを図っています。

(2) 保育・託児、子育て支援

保育園、幼稚園などには公立・私立さまざまな施設がありますが、質的にも量的にも人々のニーズに十分応えているとは言えません。我が家に来て訪問保育してほしいというニーズも強い。ワーコレでは各地域で主婦が創り出した子育ての相互扶助の仕組みを"子育て支援でまちづくり"という概念でまとめ、市民が自主的に創り出した公共性のある事業として位置づけています。また、可能な地域では行政側からの委託、資金・施設の提供も得て充実を図っています。この事業分野は年々増えており、現在は１１８団体になりました。しかし、狭い範囲の主婦同士の助け合いから、地

域に開かれた公共性のある事業へと発展させるにはかなりの資金、保育の専門的知識や技術力を高めなくてはなりません。また、「自分たちが受けたいサービスを相互扶助の精神によるコミュニティ価格で」という考え方と、時間給が「地域最低賃金ギリギリ」の水準という現実の中で、世間並みの収入を得たい若い世代の参加が難しいという難題を抱えています。発展の可能性は大いにあるが、資金、専門知識、マネジメント能力、労働条件、収入など解決すべき課題が多く、ワーコレの可能性と困難性をもっとも端的に示している事業分野の一つです。

(3) **弁当食事サービス・パン菓子製造**

「この地域には仕出し弁当屋さんやコンビニは山ほどあるけど、安全な食材を使った安心できる弁当屋さんがないわね」「みんなの努力でデイケアー・センターができた。食事も提供するために弁当のワーコレをつくろう」、「高齢者や身障者に安全・安心の配食サービスをしてほしい」「手作り天然酵母のパン屋を！」など、いろいろな動機から弁当・パン・菓子製造・レストラン等のワーコレが誕生しています。その数は98団体で年々増加しています。

共通している特徴は、まず何よりも地場や国産の安心できる確かな食材を使うこと。環境に配慮して使い捨て容器はなるべく使わず弁当箱や箸は回収し、合成洗剤でなく石鹸で洗うなど、コストをかけても健康と環境に十分な配慮をしています。

最初、主婦たちの最も得意な分野としてスタートしましたが、発展するにつれ保育園や諸施設の給食、行政側からの高齢者・要介護者への配食サービスの請負なども増えてきました。ここで大切なことは営利主義に負けないワーコレのポリシーを鮮明にし、これを支持する地域の人々の輪を広げていくプロセスです。地場野菜を使って地域経済に貢献し、地域に働く場を創造するという点から見ても、町づくりの一端を担っているのです。

(4) **生協の業務委託**

後にも述べますが、ワーコレ第1号が1982年11月に設立されたのは、神奈川県で生活クラブ生協が「デポー」と呼ぶ小型店舗に似た荷捌き場をつくる時、そのフロア業務を請負うために組織されたのです。組合員たちは業務への参加・自主管理をも望んだのです。

その後、生協の業務委託の分野は、物流センターの仕分け業務の請負、個人組合員への配達業務の請負、出版物の編集・印刷の請負など、従来は専従職員が行っていたり、外部の業者に外注していた分野にも広がってきました。これらの業務委託と平行してワーコレ独自の事業を複合的に行っ

ているワーコレも多々あります。生協の自主管理・自主運営の理念を、組合員活動や生協の運営管理だけでなく生協業務の労働においてもワーコレを広げてきた、と言うことができます。現在の団体数は113団体。

　その特徴の一つは、ワーコレの組合員が絶えず協議を重ね、各人のワーク時間数・時間帯のローテーションを組んでいることです。参加する組合員の生活の事情に合わせて、午前中だけの人、限られた曜日・時間だけの人、週5日間ほぼ皆勤の人など、互いの希望を調整してワーク（仕事）とライフ（生活）のバランスをとっています。

(5)　**編集企画・印刷出版**

　先にも述べた生協の出版物の編集・印刷から出発しつつも、生協に限らず一般の市民団体、企業、さらに市役所・関連団体などからも受注して進めています。初めのうちは生協の機関誌づくりや組合員活動のVTR作成などの延長上の活動でしたが、結婚や出産前にこの分野でキャリアを積んだ人、長い経験の中から専門性を身につけた人など、レベルが高まるにつれて、一般の営利企業との競争力を蓄えたワーコレも生まれています。さらに、市民によるメディアを創造し供給するという展望もあります。現在の団体数は38団体。

(6)　**リサイクル・石鹸製造**

　使い捨ての文化から3R（リデュース、リユース、リサイクル）の文化へ。不要になったモノも修理して再利用する。リサイクル・ショップを作る。あるいは、回収した天ぷら油を原料にした石鹸工場を作る。各地にある石鹸工場は生協運動の歴史の中でも重要なエポックを画した合成洗剤追放・石鹸運動の中から生み出されました。モノを大切に使い、資源を節約し、廃棄する場合は環境への負荷を和らげて循環型社会づくりに貢献するのが、この分野のワーコレのポリシーです。現在は17団体。

　この他にワーコレを名乗っていませんが、ボランティアを結集し、NPOをつくりリサイクル事業を行い、収益金をアジアの女性団体の自立支援に提供している「WE21ジャパン」という団体が生協の組合員などによって組織されており、現在55の店舗を展開しております。

(7)　**移動サービス**

　高齢者、身体障害者、要介護者の中には「出かけたいけれどもままならない」あるいは「デイケアー・センターへ行きたいが移動手段がない…」といったニーズが、高齢化社会になるにつれてますます増えています。その要望に応えて組織されたのが移動サービスのワーコレです。ワーコレは、地域住民がつくる公共的な福祉活動としてこれを行っています。営利目的

ではないが、無償のボランティア労働でもない「コミュニティ価格」を設定して活動しておりますが、「お金を受け取る以上、交通法規による営業許可が必要」とか、「事故補償をどうするのか」などさまざまな手枷足枷を加えられていて、ニーズは多いのに未だ十分な展開ができていない分野です。しかし、制約をクリアして許認可を得たところでは事業はどんどん伸びています。現在の団体数は16団体。

(8) その他

衣服のリフォーム・採寸、住宅相談と健康な住宅づくり、健康のための体操教室などの事業、地場野菜や果物を使って加工食品を製造販売する事業など、さまざまな事業のワーコレが合わせて26団体あります。

3.ワーカーズ・コレクティブの歴史と「価値と原則」

次に、ワーコレの歴史を簡単に振り返りつつ、どんな原則によって設立・運営されているかを述べることにいたします。

(1) 神奈川から全国へ、色々な業種へ

1982年に第1号のワーコレが設立されて以来、「地域の人々に喜ばれる仕事の場をつくるためにみんなが出資し、みんなで働き、みんなが責任をもって管理運営に参加する」というワーコレのアイデアは、生協組合員の大きな興味の的になりました。「消費材を買うだけでは物足りない。仕事もやり、経営し、多少でも収入を得たい…」「働きたいと思っても余り面白くないパートしかないから、いっそ自分たちで仕事場をつくろう」「見聞すると心がワクワクする。確かに面白そう…」。最初は生協施設のフロア業務の請負を出発点にしましたが、組合員たちが「この組織は色々な分野でも応用できる素晴らしい仕組みだ」ということを理解するのに大した時間はかかりませんでした。クッキー作りの大好きな女性たちによるワーコレ、地元の農産物を加工して販売する農産加工、リサイクル・ショップ、託児所のワーコレなど次々と色々な分野へチャレンジしました。また、地域的にも神奈川県から東京、千葉、埼玉へ。さらに、熊本、北海道などからも新聞・雑誌・テレビニュースで知った女性たちの熱いまなざしが注がれ、見学に訪れる人も多くなって全国的に広がりました。

(2) 2年に一度、全国会議を開く

そして、1993年に第1回全国会議が「生き方も働き方もワーカーズ・コレクティブで」のスローガンの下に開かれ、1995年に第2回全国会議が「ワーカーズ・コレクティブで社会を変えられるか」をテーマに開かれます。さらに、翌1996年には緩やかな全国の連絡組織としてワーカーズコレ

クティブ・ネットワーク・ジャパン（WNJ）を組織しました。

　WNJの仕事の一つは、ワーコレにふさわしい法律をつくる活動を促進すること。また、ワーコレ自身の依って立つ基本的な原理原則の討論をすること。そして、可能な限り情報収集・連絡調整、対外的な窓口になることでした。

　ワーコレ発足当初からの悩みは、ワーコレに相応しい身の丈ピッタリの法律がなく、法人格を取得するのに苦労していることです。それは四半世紀を経た今も続いていて、法人格の現状は、中小企業等協同組合法による「企業組合」14％、「NPO法人」24.5％、「有限会社」0.5％などさまざまですが、実は過半数の61％が法人格のない「任意団体」なのです。ですから、企業や行政との契約一つ結ぶのにも大変な苦労を強いられています。そこで当時国会で議論の的であった「市民活動促進法案」（後のNPO法）について意見書を出すことに取り組みました。また、「ワーコレ法案」の作成のためにも「ワーコレの価値と原則」の討議を始めます。1997年には第3回全国会議「21世紀に向けてワーカーズ・コレクティブ法を提案＝1人ひとりの自立をめざして」をテーマにして開き、同時に「ワーカーズ・コレクティブ法案要綱第1次案」を発表します。1999年の第4回全国会議は「21世紀はワーカーズ・コレクティブの時代〜ワーカーズ・コレクティブ法制定に向けて」をテーマに開き、「ワーコレ法案要綱第2次案」をつくります。

　2001年に初めてWNJの事務局づくりが議題となり、1名の専従の事務局員が活動を始めます。各々のワーコレは小規模で財政基盤が弱く、地域の連合組織も神奈川を除いては弱体で全国組織を維持する財政的・人的な力がなかったのです。しかし、別の言い方もできます。各々のワーコレは毎週・毎月、みんなで会議を開き、共育の機会をつくって徹底した参加民主主義を実践してきました。その徹底した下からの民主主義を積み上げ、その結果ナショナル・センターの機能の必要性を実感し、やっと事務局づくりに到達したのだ…と。この年の第5回全国会議は「どんな時代も輝く主体的な働き方〜ワーカーズ・コレクティブ法の実現を」をテーマに開きました。翌年、WNJのロビー活動の努力もあって、民主党が中小企業等協同組合法の中に「市民事業組合」を加えるという法改正案の検討を衆議院法制局へ依頼しています。

　2003年の第6回全国会議は「働きづくりまちづくりワーカーズ・コレクティブがあたたかい地域をつくる」をテーマに北海道・札幌で開き、2005年の第7回全国会議は、WNJ10周年を記念してワーコレ発祥の地である

① 全国ワーカーズ・コレクティブの団体・メンバー・事業高の推移
（出所はいずれも「第7回ワーカーズ・コレクティブ全国会議」から）

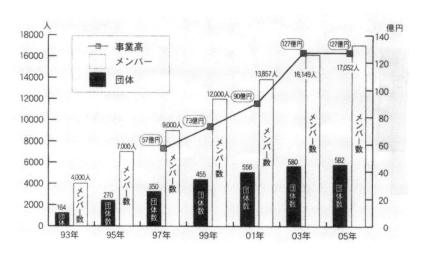

② 全国の福祉関係ワーカーズの部門別実績

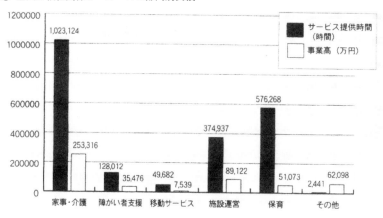

神奈川県横浜市で2日間延べ約900人が参加して「ワーカーズ・コレクティブがリカレント型（循環型）社会をつくる」をテーマに行いました。ここで、ワーコレの到達点を上記のデータ①、②で見ておきましょう。

(3) 身の丈に合った法人格が欲しい

　この間、公益法人改革に関連して政府の内閣官房行政改革推進事務局と「出資型（拠出型）非営利法人制度」について懇談したり、行革担当大臣に意見書を出したりしてワーコレをつくりやすく、活動しやすい法律・制度をつくるよう要請の努力を続けています。

株式会社は届け出るだけ（準則主義）でどんな業種でも設立ができるのに、協同組合は何故生協・農協・信用事業など縦割りの法律で行政の許可主義の中に制約されているのか。協同労働の協同組合の法制度がないのは何故か。出資型の協同組合であるワーコレは公益性がないとか、営利目的の団体に分類されたりするのは何故か。協同組合も協同組合基本法あるいは統一協同組合法によって、協同組合の価値と原則を定め、株式会社と同じようにどんな業種においても準則主義（届け出制）で設立できるようにするのは当然の基本的権利のはず…。現在の日本の協同組合法制度は国家統制主義を受継いでいる時代錯誤の法制度ではないか。このような認識が共有されつつあります。

(4)　ワーカーズ・コレクティブの価値と原則

　以上のような経験と論議の積重ねの中から、1995年に「ワーカーズ・コレクティブの価値と原則」が編み出されました。以下、長いですが、全文をご紹介いたします。

〈価値〉

　ワーカーズ・コレクティブは相互扶助の精神で自立、相互責任、民主主義、平等、公正という価値に基礎をおきます。またそのあらゆる活動において、正直、公開、社会的責任、ならびに他者への配慮を大切にします。

〈原則〉

1．目的：ワーカーズ・コレクティブは、社会的、経済的自立をめざす人々が、地域に開かれた労働の場を協同で作り出すものです。
2．加入：協同労働に参加し、人間としての自立を推進する事業を共有するために、責任を引き受ける用意のある人は、誰でも自発的意思によって出資をして加入できます。
3．民主主義：小集団制をとり、1人1票の民主的運営を行います。また一人ひとりが経営責任を負い、組織の情報を共有します。
4．財務：初期出資で起業する自覚を持ち、また起業に必要な資本を準備します。なお資本の一部分は不分割とし、個人に帰さないこととします。社会的基準による公正な労働所得および社会保障の実現をめざし、財務に関する情報は公開しなければならない。解散時に清算後の組合財産は他の協同組合またはワーカーズ・コレクティブに譲ります。
5．教育：自立をめざして社会、経済、エコロジー等についての基礎知識を学習し、生活価値産業の技能を共育によって高めます。
6．地域社会への貢献：ワーカーズ・コレクティブの事業は地域の生活価値に直結するものであるから、事業を通じて地域社会の維持発展に役立

つ領域を拡大していきます。
7．協同組合間協同：ワーカーズ・コレクティブ及び他の協同組合との提携による協同事業、共同利用施設の設置を進めます。
8．公的セクターとの関係：ワーカーズ・コレクティブは、政府その他の公的組織から独立した市民の団体です。目的および地域社会への責任をはたすために必要な事業については、事業分野を明確にしたうえで、公的なセクターとの連携を行います。

4．ワーカーズ・コレクティブの労働時間・年収・年齢

　ここで、もう少し詳しくワーコレの仕事の実態、年収について、今後の展開方向を考える出発点として確認する意味でもご紹介しておきます（数字に一部整合性がないのは未回答の団体があるためです）。

　ここで明らかであるのは、月40時間以下の人が過半数であり、ほぼフルタイムで働く人は2％、50人に一人の割合であるということです。また、年収は、103万円以下の人が約80％を占め、250万円以上の人は2％にとどまっています。年齢構成では、子育てがそろそろ終わる40歳代〜50歳代が圧倒的に多いのです。ここには性別の図は出しませんでしたが、女性が96％、男性は4％で、やや増える傾向があるとはいえ、現在は主として中年の女性たちによって担われている運動であるというのが現状です。

5．成長の要因と阻害要因

　ここで、ワーコレの歴史と現状の中から見えてくる成長発展の要因と阻害要因について簡単に観察してみましょう。

　まず成長要因ですが、何と言っても「世の中に役立つやりがいのある仕事を自分たちで経営することの楽しさ」一言で言えば"ワーコレの魅力"です。この魅力をみんなで語り合い広めたことです。しかし、客観的な要因も考慮しておく必要があります。一つは、NPO法が成立し、市民活動団体が法人格を得やすくなったこと。二つには、介護保険法が成立してワーコレが行ってきた市民の自主的なオプティマム福祉（地域最適の福祉）と介護保険を組み合わせることによって仕事を増やし、経営を安定させるのに役立ったことです。さらに今後の情勢ですが、指定管理者制度によってこれまで行政が行っていた事業を民間に委託する動きが急であること。団塊の世代が定年退職期を迎えて「会社人間」たちが地域に帰って来ること。ワーコレがこの有利な客観状況を的確に掴み、ダイナミックに対応すれば、比較的短時間に5倍、10倍に飛躍するチャンスがあると思います。

① メンバーの①か月の労働時間　　② メンバーの年収

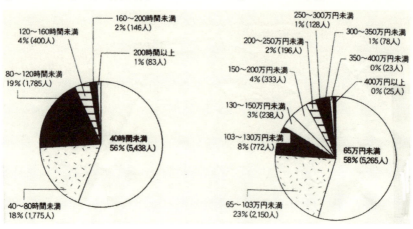

　しかし、阻害要因も少なくありません。ワーコレへの理解度はまだまだ低く、政府や地方自治体ばかりでなく、農協も生協さえも本腰を入れた法制定運動への協力をしていないのが現状です。NPO法人は僅か数年で26,000団体を超えましたが、ワーコレは先に見たように未だに任意団体が多数であり、自治体や企業と契約することすら阻害されているケースが少なくありません。また、成功したワーコレが零細な段階から中規模に飛躍しようとするチャンスは多々あるのですが、必要な専門知識や技術を持つ人材がいなかったり、資金を提供する金融機関に恵まれないなど、簡単には解決できない課題が山積しています。ここで求められているのは、農協や生協や協同金融機関など同じ協同組合陣営・市民セクター陣営が連帯すること。また、退職者を出す労働組合とも協力して志（こころざし）のある人々をワーコレへの参加ないしサポーター（支援者）として組織することです。この課題は、もう一度「協同組合地域社会」戦略と関連して最後に考えることにします。

6．ワーカーズ・コレクティブ誕生の回顧と未来への戦略
(1)なぜ「ワーコレ」か

　最後に、ワーコレの誕生を回顧しながら、未来への戦略を考えることにします。ワーコレが探求してきた道は、金銭的な多寡を価値基準にしたGNP主義経済ではなく、良き人間関係、良き生活環境、真の豊かさを味わうことのできる生活価値の創造と実践でした。資本主義の価値観でも、伝統的な社会運動の価値観でもない、エコロジカルで自治自律の生活価値

を創造する「新しい社会運動」の一翼を担うのがワーコレ運動なのです。

最初に「何故、コープでなくコレクティブと名乗ったのか」と設問しましたが、経過を申しますと、私が1981年にアメリカへ行った時、サンフランシスコの湾岸でもワシントンDCでも、まるで雨後の筍のように沢山のワーコレが組織されていたので、これらを取材・研究して雑誌『社会運動』に「アメリカの新しい波」というレポートを連載しました。その時に、適当な訳語を見出せず「労働者集団経営体（Workers Collective）」とか「自主管理協働組合（Workers Collective）」と書いたり語ったりしたのですが、漢字は余り馴染まれず、カタカナの「ワーカーズ・コレクティブ」がそのまま定着したのです。

アメリカの若者たちは、自分たちの運動を伝統的な社会運動とは「違う言葉」で表現したかったのです。例えば、参加型民主主義、徹底民主主義、自主管理経営、エコロジカルな人生、オルタナティブな技術、コレクティブ、等々…。それは日本の女性たちも同じ気持ちだったのです。

WNJが掲げる「リカレソト（循環）型社会」という概念に含まれている思いもまた、単に「学生・OL・主婦・ワーコレ・大学や専門学校再入学・ボランティア等をいろいろ選んで生きられる社会」という意味にとどまらないのです。

⑵循環型社会を戦略として捉える

この循環型社会という概念は、広く深い意味があって言葉だけでなく、戦略として捉え、どうやって実現するかという道筋と方法…戦術を伴わなくてはなりません。

どういうことかと申しますと「リカレソト（循環）型社会の創造」というのは、新しい文明の創造という大きなスケールの文脈の中で語られるべき事柄であるからです。

現在私たちが生きている産業社会文明は、限りある天然資源を浪費し自然環境を破壊し、揚げ句の果ては人間の健康も未来世代の生存をも傷つけようとしている…。これを大転換させて、地球環境を維持し、再生可能な自然の循環をまもり、自然と人間が共生できる文明をめざす。そのためには人間同士が破壊的競争で奪い合い傷つけ合うのでなく、助け合い連帯し合うことが必要だ…。

こうしたことをワーコレは価値と原則の中で簡潔ながら、相互責任・エコロジー・生活価値などの言葉で表現している訳です。

反自然・非人間的な社会システムに代って、「リカレント（循環）型の新しい社会システム」を創造する運動と事業は、壮大な文明創造・社会変革

のヴィジョンであってワーコレだけで実現できるものでないことは明らかです。このように循環型社会の概念は大変重要なのですが、ここではこれ以上詳しく触れる紙幅がありません。私が共同代表をしているエントロピー学会は、物理学者や経済学者、環境運動家など約600人が集う学際的な団体ですが、その成果の1つである下記の2冊の書物を参照してくださると幸いです。(エントロピー学会編『循環型社会を問う…生命・技術・経済』2001年、『循環型社会を創る…技術・経済・政策の展望』藤原書店刊、2003年)

　話を元に戻しますが、もし循環型社会をワーコレだけで自己完結的にできるかのように思い込むなら、それはスローガン倒れ、観念的な絵に描いた餅に終わり運動を失敗に導くでしょう。

　そうではなく、同じ志向を持つ人々が地域社会の中で連帯し、ある時には新しく生まれようとする運動を助け、ある時は他者に助けられつつ共同の運動・事業として構想しながら実現させてゆく戦略を持つことが必要なのです。この戦略をつくり日々の活動で実践しているか否かがワーコレ運動を発展させるか、停滞させてしまうかの分岐点になると思います。というのはこのような戦略・戦術を常に考えて実践してきた優れた事例があるからです。

(3) 地域社会をつくり・変える戦略

　全国のワーコレの組合員数は17,052人ですがこの内、実に6,027人(35％)を神奈川県が占めています。

　神奈川県のワーコレは日本の中で最も組合数も多く、内部の連帯感も強く、神奈川県や横浜市の行政当局にも一定の影響力をもつに至っています。

　何故か？　私は神奈川の経験を深く研究する必要があると考えておりますが、以下に皆さんもすぐ手に入れることができる幾つかの文献を紹介しましょう。

　神奈川の生活クラブ生協の創立者である横田克己氏の著書『愚かな国のしなやか市民』(ほんの木社刊、2002)は、神奈川のさまざまな運動の歴史とそれを導いた思想と参加した人々の思いが重層的に語られていて諸運動がそれぞれに自立しつつも分かちがたく結び合っていることを具体的な事例を示しつつ語っています。

　『参加型福祉社会を拓く』(風土社刊、2000年)は、生活クラブ生協・コミュニティクラブ生協・福祉クラブ生協・神奈川ネットワーク運動・神奈川ワーカーズコレクティブ連合会が協力して立ち上げたプロジェクトが編集したものです。地域に住む生活者の目線で、福祉サービスの受け手とつくり手の活動がいかに人々の間の心暖まる連帯によって紡ぎ出されている

かを示しています。ワーコレが、単独ではなく生協運動や地域政治運動と結んで成長していることが良く判ります。

『現代社会をつくり・かえる』（参加型システム研究所編刊、2005年）は、神奈川のシンクタンクである同研究所が、ワーコレを含む神奈川の諸運動の経験を分析し課題を理論的にまとめたものです。

これらの文献から読み取ることのできる教訓の1つは、第1にそれぞれの団体は、志（こころざし）をもつ人々がお金と知恵と時間を持ち寄り、独立の市民社会としてつくってきたこと。第2に企業や行政に依存したり従属することなく各団体が支え合って連帯の力を発揮してきたこと。めざすところは市民自治の徹底した参加型の地域社会をつくること。

これらを言葉を変えて表現すれば、協同組合地域社会をつくる戦略です。ワーコレもこうした関係性の中でこそ生き生きと存在し発展できるし、現に発展している訳です。これは最初に述べた『西暦2000年の協同組合』（日本協同組合学会・訳編、日本経済評論社）レイドロー報告の中の第4の優先分野に掲げられている『協同組合地域社会の建設』という戦略の日本における実践であるといえます。

日本の協同組合の指導者たちは、レイドロー報告に皆賛成したはずですが、「生産的労働のための協同組合」についても、「協同組合地域社会づくり」についても実践的には全く理解していなかったか無視したようです。神奈川の場合、ここで提起された戦略を愚直なまでに忠実に実践した。その結果がここに稔っている、と言えるのではないかと思います。

第6節　神奈川県の福祉クラブ生協の参加型福祉と共育活動

はじめに

日本で初めて組織された福祉専門の協同組合である福祉クラブ生協は、横浜市港北区の地で89年に設立されて以来20年余、地道な活動を続けて福祉サービスの領域を広げ、一歩一歩新しい拠点をつくりつつある。

しかし、活動は派手ではなく組織拡大も牛歩の観があるからか、これまではあまり目立つ存在ではなかったが、その特徴点である「本当に自分達に必要な福祉サービス」を市民たちが自らつくりだしていること、また「今はサービスを提供する側でもやがては受け取る側になる」という「お互い様」の心で結ばれて実践している"参加型福祉"であること、"協同組合教育"（福祉クラブ生協では上から一方的に教える教育ではなく、共に学び育ちあうという意味をこめて"共育"という）を計画的かつ系統的に徹底して実

行していること、サービスを提供する組織はすべて自主管理・自主運営をモットーとする「働く人々の協同組合」である"ワーカーズ・コレクティブ"が行っていること、その他、様々な福祉サービスを次々に生み出し組み合わせてゆくユニークさ、それらの先駆性が着目され最近では研究者たちが足を運ぶようになり、同じように福祉活動や学習活動や自主的な経済活動を多面的に進めている長野県の"あずみ農協"の女性たちとの交流が始まるなど、徐々に注目を集めるようになってきた。

　そこで本稿では福祉クラブ生協の活動内容と到達点を報告すると共に、その特質について考察する。筆者としては特に福祉クラブ生協が、『西暦2000年の協同組合—レイドロー報告』の提唱している4つの優先すべき活動分野について、「生産的労働のための協同組合」の"労働者と職場との間に新しい関係を築き、もう1つの産業革命をもたらす最良の手段である"というテーゼと、「協同組合地域社会の建設」の"都市のなかに村を建設するのに役立つ多くの異種協同組合の集合体をつくる"というテーゼ、それぞれの忠実な実践者であることに注目したい。

　また同時に福祉クラブ生協は、先駆者であるが故に現実に抱えている困難さや課題についても喜代永真理子理事長や関口明男専務理事との対話から得たことに触れることにしたい。

1.福祉クラブ生協はどんな活動をしているか

　福祉クラブ生協は、高齢者や福祉サービスを必要とする人びとが食料品をはじめ日常生活に必要な物資を共同購入しているという点では他の生協と同じであるが、既に述べたように共同購入に留まらず、都市の住人である組合員のニーズに応えて次々に新しい福祉サービスを発見し、働く者の協同組合であるワーカーズ・コレクティブを新しく組織してきた。以下は、その業種別の大まかな事業概要である。

(1)世話焼きワーカーズ・コレクティブ

　他の生協と福祉クラブ生協との違う点は配達拠点を"ポイント"と呼び、ここで消費材を受け取った生協組合員が同時に"世話焼きワーカーズ・コレクティブ"の組合員となり中核的存在になっていることである。近隣の生協組合員へ消費材を1軒1軒配りながら注文用紙を回収し「地域の情報をもらったり伝えたり」する。また「介護や子育ての相談や必要なサービスを繋げたり」「消費材の使い方や生活の知恵など情報交換をしたり」「組合員の安否確認をして、何かあると必要なことを行い」「組合員の"あったらいいな"の声の中から多種多様な新しいサービスづくりや物資の開発

に繋げたり」するのである。

　実に、この"ポイント"で活動する人々こそが福祉クラブ生協のキーパースン、即ちこの助け合いの協同組合の基盤である。世話焼きワーカーズ・コレクティブ（以下、W.Coと略す）の組合員は僅かな"分配金"を受け取るが、それはやがて自分もサービスを受ける側になるという"コミュニティ価格"として了解している。これは出来るだけ市場経済・貨幣経済に頼らない協同連帯の仕組みづくりの一環でもある。

・福祉クラブ生協の到達点

　現在"世話焼きW.Co"は20団体、766名のメンバーがいて1万5,361世帯の組合員と共に活動している。"ポイント"まで消費材を週1回配達するのは福祉クラブ生協の役職員で総数42名。彼らは雇用関係にある労働者であるが、同時に組合員活動を下支えするオルガナイザーでもある。予約共同購入の消費材の供給高は37億125万円である。また、その他各種の福祉サービスを実行するW.Coは87団体あり組合員総数は2,760名、事業高は6億9,514万円である。さらにデイサービスなどの施設事業、利用事業、共済受託もしている。なお、福祉クラブ生協の出資金総額は12億2,001万円である。

　行政からの受託事業は、介護保険対応事業として訪問介護・居宅介護支援・通所介護・福祉用具貸与・障害者支援を行っている。横浜市・川崎市・鎌倉市からは食事サービス事業を受託している。

　先に専従役職員とW.Coの協働ワークについて述べたが、これ以外にも福祉クラブ生協のスピリットに共鳴する家族や近隣の人びとのボランティア活動が大小無数にあり、有形無形に福祉クラブ生協とW.Coを支え輪を広げている。

　このようにボランティアの活動、組合員活動、専従役職員の雇用労働、W.Coのコミュニティ・ワークによって福祉クラブ生協は成り立っており、公的セクターや営利企業セクターだけに依存しない非営利・協同の地域社会を徐々に広げているのである。（データは11年6月、第22回通常総会議案書より。以下、データの出所は同じ）

　世話焼きW.Coと組合員の対話、活動を出発点に以下に見る様々な福祉サービスが創りだされ、それに応じて次々にW.Coが生み出されてきた。

(2)家事介護事業

　福祉クラブ生協が生まれた80年代はまだ、国家による介護保険制度はなかった。だから組合員のニーズに従って各種の家事介護の必要性が出され

自ら実行してきた。サービスの金額はお互い様の価格（福祉クラブでは"コミュニティ価格"と呼ぶ）を皆で決めてきた。

00年以後、国家の介護保険制度が出来たので人々はこれを活用するが、時間あたりの給付金はコミュニティ価格の数倍であった。そのため一時期、大多数が介護保険へ傾斜することになり福祉クラブ生協独自の介護事業は激減した。しかし介護を必要とする人びとのニーズは一人ひとりサービス内容が異なり、介護保険の限られた時間内での画一的内容では達成されないことが明瞭になる。

そこで、各人の異なるニーズに対応した独自のサービスの提供（福祉クラブでは、ニーズに応じた最適のサービスという意味で"オプティマム福祉"と呼んでいる。市民が生活していくのに最低限必要な生活基準"シビル・ミニマム"を意識している）が必要であり、介護保険とオプティマム福祉の組み合わせによってニーズを満たしてゆくことになった。地域の人びとのニーズにマッチした仕事を、その人々自身が行うことを福祉クラブ生協ではコミュニティ・ワークと呼び、W.Coが決めたコミュニティ価格によって実行しているのである。なお、家事介護W.Coは20団体、メンバーは957名である。

(3) **食事サービス事業**

今日では珍しいことではないが、高齢者や病気の人などからの食事サービスへの要請は発足当初から多くの声があり、現在は7つの事業所を拠点にして207名のW.Coのメンバーが活動している。その特徴は、生活クラブ生協連合会の一員として連合会が供給する確かな食材を使っていること、安全に気を配り食器や箸などは全て再利用し、使い捨て物品を出さないことである。

(4) **移動サービス事業**

高齢者や患者、身障者など移動サービスを必要としている人びとは、これまでタクシーを利用する以外に方法がなかったが、その使い勝手の悪さが問題であった。きめ細やかなサービスや待機時間など親身なサービスが必要とされ、そのニーズは非常に高く、加入メンバーも事業高も増える傾向にある。

このサービスを提供するW.Coの最近の特徴はリタイアした男性の参加が少なくないことである。単なる所得を得る手段ではなく、近隣の人びとに喜ばれる仕事（コミュニティ・ワーク）をしたいという人びとの希望がマッチングした好例である。現在は6団体、6事業所で143名が従事している。この事業を突破口にして、これまで女性達の運動として見られてい

た福祉クラブ生協やそのもとにある W.Co に男性達も加わり、団塊の世代も集う組織に変化する兆しもみられる。

(5) 子育て支援事業

　福祉クラブ生協は高齢者の組合員が多いのは事実であるが近年、子育て真っ最中の若い世代が子育て支援のサービス事業を通じて、また若い世代の父母・祖父母へのサービス事業を通じて W.Co を知り加入する例が少なくない。現在のところ、まだ4団体、W.Co のメンバーは99名と少なく在宅の子育て支援、施設への預かり等様々な内容のサービスの提供など、その経験の集積とサービス能力の向上などに課題も多い。

　そこで福祉クラブ生協では戦略的にも重要な分野と位置づけ、これらの課題を解決するための協議会を重ね研究プロジェクトを設けて取り組んでいる。これが飛躍的に発展すると20代、30代の若い世代が集う組織に発展する可能性をもっている。

(6) 居宅介護支援事業

　この事業には介護支援と予防介護支援の分野があり、どちらも福祉クラブ生協の中でも成長を続けている分野である。ケアマネージャーの増加を図りつつ事業所の拡大に取り組み、現在は4団体、7事業所、65名の W.Co メンバーが活動している。ケアマネージャーも資格を持っていないメンバーと同様にワークに従事している。

(7) 介護生活用品事業

　この事業は介護保険事業とオムツ給付などの用品販売事業に分けられている。これを担っているライフサポート W.Co と世話焼き W.Co がそれぞれの連携によって紹介・販売を進めている。

(8) 成年後見事業

　この事業は新しい分野であり現在のところ件数は多くないが、ニーズは多く今後増えてゆくと思われる分野である。活動件数は総合支援契約による定期訪問20件、身上監護支援21件、日常財産管理情報保管料12件、死後事務委任事務20件であった。この成年後見事業は未だ十分に知られていないので組合内部で制度の学習会などを組織し、外部に対しても福祉クラブ生協の活動分野の広がりとしてアピールしている。

(9) デイサービス事業、その他

　デイサービス事業は W.Co 7団体、7事業所で実施しており、W.Co のメンバーは260名である。その他にも施設を利用した入居、誰もが集い相談できる「うえるびイサロン」、各種の講座、センター事務機能、本部事務、申込用紙作成、センター配送、町の技術（エアコン清掃、庭木の手入

れ、障子・襖張替えなどの技術を持つ人びとによるサービス提供など)、安心訪問サービス事業などが W.Co によって行われている。

入居施設、デイサービスなどの施設事業高は3億2,828万円。町の技術などの利用事業高は5,006万円。共済委託事業高は1,566万円となっている。

2．福祉クラブ生協の特徴点

これまで福祉クラブ生協の活動内容を述べてきたが、これだけ多種多様な福祉サービスを創り上げてきた過程を概括すると、都市に住む人々が自分達のニーズに対して自分達が本当に欲するモノやサービスは何かを確かめ合い、自らの仕事として創りだし交換し合っているということであり、それを生活協同組合が各種の W.Co との協働によって生み出しているのである。それは多種多様な働く人びととの協同組合による福祉サービスの創造である。

そこで、①レイドロー報告でいう「第二の優先課題—生産的労働のための協同組合」としてのワーカーズ・コレクティブが運営する協同組合であること、②レイドロー報告でいう「第四の優先課題—協同組合地域社会の建設」で述べている、都市の住民に奉仕するために都市の中に多くの異種協同組合の集合体をつくること、③共育—各地域で、各々の分野・領域で活動しながら福祉クラブ生協の組合員が全体として連帯感で結ばれ総合力を発揮している要は、その共育活動にあること、以上のこれまでに明らかになった3点について、さらに敷衍してみたい。

(1)ワーカーズ・コレクティブが運営する生協

ワーカーズ・コレクティブは既に述べたように労働者協同組合である。その基本的な特徴は、地域に住む人々自身にとって必要なモノやサービスを自分たち自身で作り出し提供し合う組織である。この協同組合の基本的な特徴は「自ら出資し、労働し、運営する」点にあって産業革命以来、数世紀にわたって続けられてきた「労働の場での雇う、雇われる関係」「命令と服従の世界」を乗り越えた「自治と協働の世界」を創り出しているということである。産業資本・金融資本や国の税金とは異なり、市民が拠出し使いこなす市民資本が登場したのである。その歴史的・思想史的な意義はまことに大きい。

福祉クラブ生協は、その様々な福祉サービスは勿論、生協本部の事務や申込用紙作成作業なども可能な限り W.Co に委託し、その労働によって行っている。まさに W.Co が運営する協同組合なのである。

レイドロー報告が「労働者協同組合の再生は、第二の産業革命の始まり

を意味するのだと予想することが出来る。第一次産業革命では、労働者や職人は生産手段の管理権を失い、その所有権や管理権は企業家や投資家の手に移ったのである。つまり資本が労働を雇うようになった。ところが労働者協同組合は、その関係を逆転させる。つまり労働が資本を雇うことになる。もし大規模にこれが発展すれば、これらの協同組合は、まさに新しい産業革命の先導役をつとめることになるだろう。」と述べていることに着目したい。

　それゆえ、日本の「協働労働の協同組合（ないしワーカーズ協同組合）」の法案作成において保守派はその画期的意義を押さえつけ、既存の秩序である雇用労働の制度の枠に閉じ込めようとする。例えば「役員は経営者だから社会保険の対象から外す」と。しかし、現場のW.Coの人びとはそれを容認しない。「理事も監事も役割分担である。理事を雇用主に見立てて、社会保険の枠から外す」という法案は、現実に行われている実践もW.Coの基本的価値も無視ないし歪めていると考える。

⑵多様な異業種協同組合の集合体による街づくり

　これまでに福祉クラブ生協が如何に多様なサービスを提供しているか述べてきたが、分かり易くイメージできるように12年末に完成予定の横浜市港北区に建設中の"複合福祉施設"の概要を紹介することにしたい。

　玄関を入ると「うエるびイーサロン」がある。ここでは楽しい催しや遊びや討論会など誰もが参加できる様々な企画が実行されている。企画を充実させるために担当するW.Coと地域の理事会などとの協議やいろいろな提案がある。その隣は子育て支援・保育室である。子供を預けて仕事をする人、会議中に子供を預ける人など様々であるが、若い世代が仕事や諸活動に活用するのだ。担当するのは子育て支援のW.Co。福祉クラブ生協には沢山のW.Coがあるが、この地域のW.Coのための事務室もある。ケアマネージャーは適正なケアープランを立てる。生協の本部事務室もある。

　2階にはデイサービスのルーム。居住者のための個室と居住している人びとの共同スペースもある。デイサービスW.Coや送り迎えのW.Coが働くし、外出や介助の移動サービスもある。また居住者のための食事を提供する厨房があり食事サービスのW.Coはセンター内の居住者やデイサービスの組合員用の食事だけでなく、行政から委託を受けた食事サービスもする。配達し容器を回収するのは宅配サービスのW.Coである。彼ら彼女らは配達しながら必ず声をかけて話をし見守りにも気を配る。3、4階は居住者の個室と共同利用スペース。介護サービスのW.Coの活動

の場でもある。屋上は花壇や体操をしたりバーベキューを楽しむことの出来る自由な楽しい空間だ。

レイドロー報告は「協同組合地域社会」のなかで「住民が容易に通うことのできる協同組合サーヴィス・センターのなかに…住宅、貯蓄、信用、医療、食料その他日用品、老人介護、託児所、保育園などのサーヴィスを各種の協同組合で提供することによって、はっきりとした地域社会をつくりあげることでなければならない」と述べ「都市のなかに村を建設するのに役立つ多くの異種協同組合の集合体をつくるべきである」という。

なぜ「村」か？　村では道の草刈り清掃や水路の管理、農繁期の助け合い、お祭りなどの行事を相互扶助で行っている。金さえあればモノでもサービスでも売り買いできる世界ではなく、お互い様の世界なのである。福祉クラブ生協の実践は、正にレイドローのいう、この協同組合地域社会づくりであって、それを支えているのがW.Coの「コミュニティワーク」(「助け合いは順番。困った時はお互い様で、したことは将来に自分に還る」ワーク) である。

(3) 共育―福祉クラブ生協の豊かさの源泉

さて福祉クラブ生協のこれらの豊かな活動を生み出している源泉は、共育（ともいく）と呼ぶ計画的で系統的な協同組合学習である。福祉クラブ生協が「共育」と呼ぶのは「自分は、或いは自分達はどこから来たか？今何をしているのか？　何を目指しているのか？」自分で考え自分で確かめる時間を大切にしているからである。

なぜ、この生協やW.Coで活動しているのか？　今、どこまで来たのか？　地域社会は？　世界は？　議案書には共育活動を「福祉クラブの"自らを照らす鏡"となる目的から、福祉クラブのおかれている社会状況の分析や、福祉クラブのあり方の分析など、現状を追認しない政策提言機能を持ちます」とある。理事会とは別個に「共育協議会」を設けて理事会をはじめ全体の共育協議会、活動センター毎の地域共育会議、業種ごとの特徴も盛り込み87団体のW.Coすべてに共育担当理事がいて年間共育計画を立てて系統的に実践している。そのスムーズな実行のために社会講座、現場支援サポーターの登録配置もして徹底的に実践している。

これは実務のためのスキルアップの講習・訓練、講座、研修とは全く別個であって、いわば各人が自己を語り内面の葛藤や政策論争や分配金のあり方を含めて資料を運動と事業を語り、協同組合スピリットを互いに交換し共有するのである。

3．むすび―絶えざる葛藤と共育の成果

　福祉クラブ生協の20余年の歴史を回顧しながら検討すべきであると考えたことの一つは、この歴史を"着実な発展"と見るか？　それとも"神奈川県内に留まり発展速度も牛歩の如し"と見るかである。地域的な広がりや量的な成長は確かに大きくはない。しかし、多くの生協が市場競争の原理に翻弄され協同組合の特質を失いかけている中で福祉クラブ生協の質的な発展は、私にはゴミだめの鶴に見える。「お互い様」の精神で助け助けられ「コミュニティワーク」を「コミュニティ価格」で引き受ける人々の組織であるワーカーズ・コレクティブを、なぜ89団体・2,700人余も組織できたか？　これこそ注目すべき点であろう。

(1)喜代永真理子理事長と関口明男専務理事との対話から

　お二人の答えは単純な回答ではなく「絶えざる葛藤の中を歩んで来た。組織としても各個人個人の中でも世間でごく普通に通用している『市場原理・貨幣価値』を当然として受け容れる心と、量的価値に振り回されない質的価値を重んじる心、経済成長よりも人間成長を願う心、孤立的でなく共感的な心との葛藤が渦巻いている」という。特に顕著なのは介護保険制度の発足に伴って生じたのは、国の給付金と「コミュニティ価格」の差の大きさに戸惑ったこと。

　またケアマネージャーが営利的な団体で働いている時とW.Coで働いている時の分配金の差である。営利団体では多くの要介護者を担当して多くの収入を得るが、福祉クラブで仕事をしていると担当数は約半分である。その分、一人ひとりに丁寧に対応し、他のワーカーとの介護方針をめぐる対話や記録の作成など仕事の全体を把握できるので仕事への満足度が高い。しかしその反面「資格保持者であることや所得を優先したい気持ち、庶務の煩わしさを厭う気持ち」との葛藤が付きまとう。最後は人間の生き方の選択であり、一人ひとりの内面における葛藤（思想闘争）が行われているのである。

　二人はまた「W.Coの仲間は共育に非常に多くの時間、予算、人材を投入しています。もしこれがなかったら福祉クラブは到底、ここまで来れなかったでしょう」ともいう。筆者は、あずみ農協（長野県）の女性達のミニ・デイケア活動を見学させて頂いたことがある。毎月約50箇所で行われているこの素晴らしい活動の世話役は、無報酬のボランティアであるとのお話だった。なぜ？と聞くと「やがては私も世話になる身ですからね」が返事だった。

(2)福祉をめぐる論争と協同組合陣営の戦略

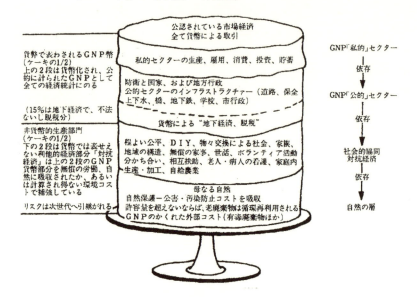

ヘーゼル・ヘンダーソン女史による産業社会の生産構造
(デコレーションつき3段ケーキ)1982年

ポール・エキンズ編著『生命系の経済学』(石見尚、中村尚司、丸山茂樹、森田邦彦共訳、御茶ノ水書房刊、1987年)より

　福祉クラブ生協の活動は、レイドロー報告の優先すべき課題の先駆的な実践例として高く評価される。今後、少子高齢化がますます急ピッチで進む中、高齢者への福祉や若い世代への子育て支援の要請は強まるばかりである。福祉予算を必要に応じて確保・拠出するのは時代の要請であるが国家財政は危機的であり将来の見通しは明るくない。

　また予算不足だけでなく、国のやり方は画一的で官僚的であるから民間に委ねよ…という声が盛んである。しかし、民間とは営利企業だけであろうか？　営利企業の側は「民間に委ねたら優勝劣敗で良いサービスを提供するものは残り、悪いサービスのものは没落するから、受益者のためにもなる」というのが市場原理主義の民営化論の立場だ。これに対して市民参加型の非営利・協同の福祉があることを主張し実践しているのが福祉クラブ生協である。他の生協や農協もここから学び、可能な形で取り入れるべきであろう。

　この世界には、母なる自然の上に人びとの協同連帯があり、これを増大させることによって国家セクターや貧欲な市場経済への依存度を減らす、これが協同組合陣営の戦略であるはずだ。同時に、これはまたレイドロー

のいう「第二の産業革命」への道でもある。
　最後に、その戦略を分かりやすい一皿の三段式ケーキに図式化したヘーゼル・ヘンダーソン女史の作品を紹介したい。彼女の戦略は第一段の母なる自然を傷つけることなく、第二段の相互扶助の世界を増大させて、第三段の私的セクターや国家公的セクターへの依存度を減らすことである。

第4章　海鳴りの底から——日本の先進事例

第5章 アメリカの新しい波

はじめに

　この章で述べているアメリカは現在のトランプ大統領時代のアメリカの話ではありません。今を去る30余年前のカーター大統領からレーガン大統領の時代、1980年代に私が古沢広祐氏（現在、国学院大学教授）などの友人たちと西海岸のサンフランシスコから東海岸のワシントンＤ.Ｃ.まで1ヶ月余りかけて市民団体を訪ねて旅行した時のレポートです。

　何故そんな古い記録をここに再録するのか、と云うのは理由があります。やや自慢話になりますが、この記録がアメリカの「ワーカーズ・コレクティブ」運動を日本に紹介した最初のレポートであったからです。ワーカーズ・コレクティブ運動は労働者協同組合（ワーカーズ・コープ）運動と共に、今日の日本社会においてユニークな位置を占めています。というのはこの運動は労働の場において「雇う側か？　雇われる側か？」という立場をこえて、「働く者が出資者であり運営主体でもあり、出資額の多寡に関係なく1人1票の民主主義的な経済組織である」という全く新しい働き方・生き方の場を創造しつつあるからです。

　1980年にモスクワで開かれたICA（国際協同組合同盟）第27回大会で報告されたレポート『西暦2000年の協同組合（レイドロー報告）』〈日本協同組合学会訳編、日本経済評論社刊〉で、将来の選択について4つの優先分野が示されています。その第2優先課題が「生産的労働のための協同組合」であり、「労働者生産協同組合は、労働者と職場との間に新しい関係を築き、もう1つの産業革命をもたらす最良の手段である」と述べています。

　農協も生協も信用金庫もそれぞれに重要な役目を担っていますが、働く場の民主主義を実行できる労働者生産協同組合の意義はまことに歴史的に重要なのです。既存の協同組合はその意義を理解し積極的に後押しする必要があります。昨今、日本協同組合学会でも「大きな協同」とともに組合員参加型の「小さな協同」の必要性、重要性が繰り返し語られており、現に農村でも都市でも沢山の「新しい協同の芽」が生れている事が報告されています。市町村の合併や協同組合の事業所の統廃合の結果として地域社会に空白が生じている。また公的福祉では満たされないサービスや商業主

義に毒されない文化活動を人々が自主的に始めた時にその事業組織のあり方として"協同組合という組織文化を再発見"しているとも言えましょう。その名称はともあれ、「人々のニーズを満たす価値ある事業であること、民主的な参加型であること、人間の尊厳を大切にする労働のあり方、自然破壊をしないエコロジカルな技術と方法によること」を目指すのは、ここで示されているワーカーズ・コレクティブの価値、目的、原則と相通じるものがあります。ワーカーズ・コレクティブ運動に関心を持っている人々に、その源流を知って頂きたいと考えた次第です。

このレポートでは「Workers Collective」の訳語として"労働者集団経営体"という言葉を使っています。この他に"共同事業体"など、幾つかの訳語が試みられましたが、アメリカの友人たちがCO-OP（協同組合）を名乗らずこの言葉にこだわったのは、中央集権的な臭いのする「コープ」ではなく、直接民主主義の臭いのする「コレクティブ」を身近なものに感じたからだと云いました。彼らは既存の社会の価値観を乗り越えたもう一つの世界…"オルタナティブ"な仕事場、時間と空間を創りだしたかったという事でした。

私のレポートの後約1年後に日本でワーカーズ・コレクティブ第1号が誕生したのは1982年11月11日の神奈川の「にんじん」でした。この事については宇津木朋子・田辺紀子・中村浩子・古沢広祐著『もう1つの暮らし・働き方をあなたに─ワーカーズ・コレクティブ入門』（協同図書サービス刊、1987年）に詳しくあります。是非お読みください。以来、日本訳語は定着せず「ワーカーズ・コレクティブ」が定着して今日に至っています。

ワーカーズ・コレクティブの誕生のいきさつを話す機会に必ず聞かれるのが、アメリカの運動はその後どうなったのか？　という質問です。第1回のアメリカ訪問以後、幾度か現地を訪問しましたが1985年がピークでその後、急速に不振に陥ります。理由は色々ありますが、カーター大統領時代にはコープ銀行を設立するなど、ワーカーズ・コレクティブ運動を積極的に後押しする政策でしたが、レーガン大統領とそれに続くブッシュ大統領の時代には酷い扱いを受けたという事でした。レーガンの経済政策であるレーガノミックス─新自由主義の政策を一言で云えば、公共サービスは営利企業へ移管し、効率の良い優良品・サービスを提供する巨大企業を育てる。そうすれば劣る商品・劣るサービスを提供する自治体や企業は淘汰され…消費者にも企業家にも良い社会が到来するというものでした。公益や共生、エコロジーや自治よりも経済効率第1主義です。公的サービスは縮小ないし廃止されました。政府関係機関はもとより、自治体や教育機関

からの受注は減り続け、影響を受けたワーカーズ・コレクティブと関連団体は自分の原理原則を棄てて政府や自治体に隷従するか、原理原則を守って継続を図るかを迫られたという話しを幾度か聞きました。

第1節　新しい社会運動の登場

はじめに

　アメリカのニュー・ウエーブ（新しい波）あるいはニュー・ラジカルと呼ばれる新たな草の根の運動が、全米各地で続々と生まれ、広がっているという報道に接したのは一年余り前のことです。

　ベトナム戦争から5年、60年代から70年代にかけて高揚した黒人や学生達の新左翼の運動と思想が分裂と孤立化を経て新しい模索をしつつあることに常々興味を抱いていた私は、少しづつ資料を集め、未熟な語学力ながら読み続けるうちに、どうしても彼等とじかに接して交わりたいと熱望するようになりました。

　そうした折、アメリカ人ジャーナリスト、D.フライッシャーマン氏と共同通信社の渋谷徹氏が、アメリカの新しい潮流との交流の旅を呼びかけてきたのです。そこで渡りに舟とこの計画に同調して、この夏約1ヵ月間、サンフランシスコからワシントンD.C.まで、レンタカーで大陸を横断し、各地のさまざまなグループや活動家と交流する機会を得ました。以下、その概略を報告いたします。

1.キャロル・R・シルバーさんとの出会い

　「夜の予定がなかったら面白い芝居があるからご一緒しませんか？」誘われるままに、サンフランシスコのダウンタウンに出かけました。その会場というのが酒を呑むカウンターがあり玉突き台が置いてある、ごく普通のバーだったので、ちょっと途惑いましたが、ドアの奥に又大きな部屋があって正面が舞台、円テーブルを囲んで5～60人の客が腰かけられるようになっていました。

　開演までの間、バーボン・ウイスキーを傾けながら雑談していると、気品のある中年の女性が話しかけてきます。「日本の原水爆禁止運動には、常々興味をもって注目しています。今年は統一集会になるということですね……？」

　彼女を見ると、同行したアメリカ人が、とても興奮した様子で、日本からやってきた私達旅行団のことを彼女に説明しはじめました。

彼女は著名な社会活動家でサン・フランシスコの市議会議員、キャロル・ルース・シルバーさんだったのです。

「この劇団は真実のアメリカ人の生活を表現する、新鮮な新作劇を発表してきたのですが、レーガン政権登場以来、公共機関や学校における公演を打切られてしまいました。今日は激励の気持で観劇にきたのです」とシルバーさんは語り、私たちとの出会いを心から喜んでくれました。

私たち日本からやってきた、エコロジー、協同組合、女性解放、反核運動、共同体運動の活動家との交流のための男女12名の目的を知ったシルバーさんは、「あなた方の来訪はプライベートなものにとどめるべきではない……サンフランシスコ市民の大切なお客様と遇したいと思う」とその場で決心して、「市議会に公式に招待したい」と申し出たのです。

たとえ有力な議員でも、個人的に突然そんなことを申し出て、その通りになるものかなあ？と半信半疑だったのですが、とも角、定められた日時に市議会議場へ出かけました。

広々とした噴水のある広場を前に、堂々とした代理石の議事堂に行くと、シルバーさんの秘書が案内してくれました。その時、サン・フランシスコの市議会の構成や内容をおききしたのですが、私達はアメリカの情勢について自分では相当勉強してきた積りだったのに、不勉強さを思い知らされ、恥かしく思わずにはいられませんでした。

2．議員の過半数は女性

人口75万人のサンフランシスコの市議会は議員総数11名、その内6名が女性です。

ベトナム戦争後6年、言葉に言い表わすことが困難な程の激しい動揺・悲劇・挫折を体験したアメリカ社会の中で、最も新しい傾向の震源地と呼ばれるここ、サンフランシスコでは、旧左翼、ヒッピー、新左翼とは区別されているニュー・ウエーブ（新しい波）もしくはニュー・ラジカル（新たな根元的改革派）と呼ばれる運動がさまざまな分野で広がっており、シルバーさんは、その輝けるリーダーの1人なのでした。

市議会議場に入ると、広い傍聴席と正面に楕円テーブルがあって、議員諸氏が座っています。議長が私たちの来訪を告げて、説明しました。

「キャロル・ルース・シルバー議員が、本日、当市のお客様として日本の市民運動組織の活動家12名をおつれ下さいました。彼らは当地で開催される8月6日のヒロシマ記念日の集会に参加されるだけでなく、サン・フランシスコ湾岸地域の住民運動組織を1週間にわたって訪問し、交流を深

められます。彼らの一行は女性7名、男性5名からなり、女性解放運動、環境保護、適正技術、消費者運動、協同組合運動等に特に興味をもっており、今回の交流を通じてアメリカと日本双互の運動発展に貢献したいと願っておられます」

続いてシルバー議員が壇上に高って、格調高い歓迎演説をされ、私たち1人1人を紹介しました。

「アメリカの人間が住む環境保護について真剣に考え、地域社会をより良くしようと望んでいる市民・活動家達は、日本各地から当市を訪れられました。日本の活動家と交わる機会をもつことが出来たことを心から喜んでおります。小さな、しかし近隣社会にしっかりと基礎を置く草の根グループは、自分達が取組んできた、食品共同購入生協運動、高い物価に対する抵抗運動、核の急増に対する示威行動、等を続けている運動を顧みて、そして今、日本の同じ課題に取組んでいる友人達を迎えて、自分達の運動が決して個別的かつ特殊なものではなく、普遍的な意味をもっていることを確認できると思うのであります。…」

この日の出来事は予め市の広報資料として配られ、事後も記録として残されました。私自身を紹介したくだりでは、要旨こう述べられていました。

「8万5000世帯の組織をもつ生活クラブ生協は草の根にしっかり基礎をおいて組合員自身の活動によって成立つ市民組織であり、彼はそのスタッフの1人であります。同時に彼は新しいタイプの社会運動を推進している雑誌『社会運動』の編集者でもあります」

アメリカの活動家にとって、オルガナイザー、スタッフ、エディター、ロビイストという言葉は、日本とは比べようもない程、尊敬される響きをもっているようです。この日の記録文書は、それ以後アメリカ各地を訪れる時に、私自身の自己紹介の文書としてとても役立ち、あちこちで逆に取材される場面に出くわしました。

「あくまで草の根の基本組織―班―の活動に依拠する巨大な協同組合である生活クラブ生協運動……」という言葉が、余程彼等に強い印象を与えてたようですし、ソーシャル・ムーブメント（社会運動）という言葉も、彼らが自分達を表現する時のごく普通の言葉なので、親しみを感じてくれたようでした。

3. 過去になりつつある〈核家族〉

サンフランシスコの対岸にあるバークレー市は、海に面する平野と丘陵地帯からなる人口約7万人の大学町。右傾化の雪崩の中で著名なリベラル

派政治家が相次いで落選の憂き目を見た、先の国会議員選挙の中においても全米で唯一、自分が社会主義者であることを公然と語って下院に当選した議員を出した進歩的な町でもあります。

　この町で核家族がも早、過去のものとなりつつあることを聞き、少なからぬ衝撃を受けました。

　もちろん、所得水準・知的水準がずば抜けて高い都市のことですから、これをもって全米の現況を推測すると間違いをおかすことになると思いますが、今日のアメリカを考える上できわめて重要な社会現象であると思いますので、見聞した事実を報告します。

　バークレー市役所のエネルギー局の主任以下7人のスタッフとの交流会のあと、互いに自分のことを語り合うことになりましたが、夫婦と子供数人で暮している、いわゆる核家族は、彼等の内たった1人しかいませんでした。

　あとの6人は、未婚、離婚者のいずれかなのですけれども、彼らは別に恥じたり照れたりする様子は全くなく「結婚歴はあるが離婚して1人暮らしです」「今の所結婚する積りはありません」「離婚しました。現在ボーイフレンドが居て互いに住居を訪問し合っているけれど、結婚の積りはありません」等とはっきり自己紹介します。

　私は、日本における大家族から核家族への変化を次の様に説明しました。1960年代に日本では高度経済成長が始まり、人口の農村から都市への移動が大規模に進んだ。これに伴って都市化現象、家族の核家族化、市民のアトム化が進行し、現在もなおその流れの中にあるように思う。

　これに対する、主任のジャッキーさんの話は次の通りでした。

　「当市の統計によると、夫婦と子供2〜3人の核家族は、1950年に60％、1980年には17％になっています。30年間の間に核家族は絶対的少数派になったのです。これが現実です。

　ところが、多くの人々のイメージは現実を反映していません。彼らは父母と子供数人という核家族こそが多数派で、典型的なアメリカ人の家族だと思い込んでいます。そしてこのようなイメージの上に政策を構想している訳です。

　現実は核家族が減少し、シングルス（単身者）世帯が増えているのです。結婚する人が少なくなり、離婚する人々が多くなったためですけれども、このことは決して家族や家庭を大切に思わなくなったということではありません。人間同志が家族への愛情に誠実であるからこそ、実を伴わない共同生活をやらない、してはいけないという風に思うようになった、という事

だと思います」
　「バークレー市だけではありません。バークレーの対岸のマリン郡（＝金門橋の北）では結婚率と離婚率が全く同じになったということですし、近い内に離婚率がふえると予測されています。一般的に学歴が高く、所得の多い人びとの間で離婚率が高いといわれております」
　日本人の一般的な"常識"では離婚は〈家庭の崩壊〉という暗いイメージで連想されるように思われますが、彼らを含めて多くのシングルスとじかに話していると、愛情や誠実を伴わない夫婦や共同生活こそが〈崩壊〉であり〈偽善〉である、というイメージを抱き、それは確信にさえなっている様に思われました。
　男女とも高学歴化が進み、女性がどんどん働くようになり、差別に反対し社会的地位向上を求める運動が広範にひろがったという社会的背景があるからだと思いますが、滞米1ヵ月の間、実に多くのシングルスに会うのでしばしば驚きました。
　ある放送局の人びとと夜おそくまで会食、痛飲し、あまり遅くなったので、働き盛りの男女の諸君に「家族は心配していませんか？」と問うと、一同ニッコリ笑って「私たちは皆シングルスよ」と返事される場面もありました。

4．単身者の共同居住

　シングルスの増大と密接に関連することだと思いますが、日本では若い学生などにしか見られない共同借家とでも訳すべき、〈グループ・ハウジング〉が大変普及しているように思われました。
　サンフランシスコ、バークレー、デービス、ワシントンD.C.、等の都市で諸団体の活動家の家に滞在させていただいたのですが、その殆んどがグループ・ハウジングの家でした。話をきいても、最近ふえていると異口同音に語っておりました。
　一軒家かアパート（6～8 LDK）を共同で借りて住んでいるのですが、3階建ての場合、1階は広いリビング・ルームと台所、バス・トイレがあり、食堂があります。庭につき出したテラスでも食事が出来るようになっているケースもあり、庭には果樹や菜園なども作っていました。
　単身者の男女が数名（4人～7人位）、それぞれに個室をもち、互いに親しい友人として住んでいて、リビングルームには、応接セットやステレオ、テレビが置いてあり新聞や雑誌は共同でとっている様でした。朝夕、親しく語り合い、食事は1人又は2～3人で作って食べていて、男女といって

も特別のセクシャルな関係はないそうで、職業もまちまちだということでした。
　菜食主義（ベジタリアン）、レズビアン、フェミニスト同志といった仲間でいるケースもありますが、必ずしも思想的な一致や運動で同じグループであるということではなく、共同生活のパートナーとしてのルールを自主的に守るという点で互いに信頼できる人びとで構成されているということでした。家賃の共同負担、清掃など住居の管理のことで月に１回位、会合を開いて申合わせをする、食品の共同購入生協にはグループで一世帯として加入して当番を交替でやっているというケースもありました。
　「アメリカの家屋は核家族を前提にして建てられているケースが多いので、今日ではふさわしくなくなったと思います。特に郊外の典型的な核家族用の家に住んでいた人は、子供が高校や大学に入ったり、離婚したりすると淋しくて住みにくくなってしまう。だから都市にカムバックしてごく自然に友人達とグループで住むようになります」という話に、「なるほど……」と納得しつつも、家族こそ社会の最少単位・夫婦親子のきずなを重視する日本との相違、家屋構造の差異の大きさを思わずにはいられませんでした。
　ちなみに家賃は概ね200ドル～400ドルということで、これを６人で分担すると１人１万～２万円位ですから安い住宅費が羨ましく思われました。

５．家事・育児と男女

　如何に愛情が通じなくなったら離婚するのが、道徳的で人間的であるといっても、家事や育児、経済的自立能力などはどうなっているのだろう？ごく平均的な日本人として、素朴な疑問を抱いたのですが、約１ヵ月間のホームステイ（家庭滞在）を通じて、段々に判りかけてきました。
　まず買物、食事、掃除、洗濯など家事についてお話しましょう。買物は大体、週１回だという事です。冷蔵庫は日本の平均的家族の３～４倍位の大きさで、冷蔵・冷凍庫がどの家にもあり、保存のきく食品の素材は大きなユニットで買っておくようです。買物の担い手に男女の区別はありません。買物籠をぶら下げて近所に買い物に出かけるということはまず見かけません。車で遠くのショッピング・センターやスーパー・マーケット等へ出かけなければならず、近所に店があるという情景はない、と断言して良いと思います。
　クッキングも男女、老若を問わず皆でやっているようです。私がインタビューに訪ねた家では、夫人と話がはずんでいると、ごく自然に夫がコー

ヒー豆をひいたり、食事を作ったりしましたし、夫婦と話している間に子供が熱心に料理の準備をしておりました。その時の特殊事情なのか、幼い時からの生活習慣からなのか、しかと確めた訳ではありませんが、少くとも買物や献立ては女の仕事という習慣はなくなっているのだろう、と思いました。

次に洗濯ですが、コインランドリーが大変普及していて、大抵はそれで済ませると多くの人が云っています。私も出かけたことがありますが、数十の洗濯機があって乾燥機もあり、本を読みながら待つ人々が沢山いました。粉石鹸も合成洗剤もありますがやはり合成洗剤が多いと思いました。

日本における合成洗剤追放運動について説明すると「すばらしい運動です！」と目を見瞠るのですが、自分達自身もやろう、という所まではいかない様子です。洗濯の回数、数量が少いこともあるし、異口同音に「洗濯機はしばしば故障してしまうし、修理工は頼んでも仲々来てくれない。来たら法外な値段をとられるから、家に洗濯機はあるけれどもコインランドリーですませる」と語ります。

豪雨の日、ずっとテレビを見ていてハッと気付いたことですが、合成洗剤のコマーシャルをついぞ見かけませんでした。日本では全くうるさい位、合洗のＣＭを見せられていたので。

掃除は、グループ・ハウジングの場合には当番をきめて共同空間をやっておりましたし、風呂は使い終った人がキチンと始末しておりました。靴をはいたまま家に入り、個室でスリッパに履きかえるという生活習慣ですから、日本以上に汚れると思うのですが、日本人のように清潔好きで、はき掃除・ふき掃除を欠かさず、家はいつでもピッカピカにしたい、という願望はもっていないのでしょうか。

育児のことは、核家族からシングルスへという変化の中で、やはり深刻な社会問題の１つになっている様に思われました。

幼い時はベビー・シッターを頼んだり保育園に預けて、高校に行くようになってからは寄宿舎に入れた、という話を何回かききました。しかし、やはり妊娠中や出産後の労働と生活など、女性をめぐる社会環境には厳しいものがあるようです。

ただ、少年少女の時期から自分の事は自分で処理してゆく教育をしており、人間として自立することを促す習慣は確かにあって、日本の子供のように何んでも大人に頼る、親も過保護と言われるまでに面倒をみるということは見うけられません。

離婚に当たってはハンディキャップのある方に慰謝料を払い、子供がハ

イスクールを出るまでは双方で負担し合うのが普通だといっておりました。

　善悪の価値判断はさておき、白人の教育水準の高い男女の間では子供をつくらない、もしくは少ししかつくらない傾向が顕著であるとも聞きました。ところがその反面、単身者あるいは高齢の夫婦で養子を欲しいという希望は大変つよく、しかるべき機関に里子をとりたい申請をしても2〜3年は待たされるという話をききました。しかし、それは日本で一般的な〇〇家の跡取りとしてとか、老後の世話を見てもらうためという目的では全くなく、ただ子供を育てる喜びを味わいたいという欲求に基づくものだということです。

第2節　ワーカーズ・コレクティブの発見

1. 死語になりつつある〈主婦〉

　主婦が主たる担い手となっている日本の市民運動、協同組合運動、地域住民運動……という話を致しますと、彼らは女性が担い手という風に云いかえて質問してきます。主婦（ハウス・ワイブス）という言葉はあるけれども、全くと言ってよい程つかわないし、実態もないということを沢山の人びとに指摘され、改めて日本の実情を訊ねられました。

　働いている女性が圧倒的に多いこと、フルタイマーで働いていなくても、交通費プラス若干の活動費で何らかのボランティアに従事している人、お金は全く得ていないが何かに真剣に関わっている場合には、自己紹介の時に名前とその関わりの活動について語り、〈職業〉や身分をハウス・ワイフという言葉では語らない、というのです。

　例えば「市役所のエネルギー局のボランティアです」「週2日、店員をしており、3日間ボランティアで難民の救援機関にいる。この体験をもとに、2年後にはフルタイマーのオルガナイザーになりたい」「3年間働いたが、現在は大学院の学生です。卒業したらジャーナリストか研究者になる」「私は現在都市問題の研究者ですが以前は主として家事育児をしていた。現在は夫が作家の修業をしつつ家事育児を受けもっている」といった具合でした。

　あくまでも、私が接した人々の範囲であることを付け加えたいのですが、アメリカの徹底した産業社会化、女性解放運動の層の厚さとの相関関係の中で、〈主婦〉という言葉が過去のものとなりつつあると考えなければならないと思います。

　ただし、女性運動の担い手は、国会、役所、それに民間企業にしろ男性

本位社会が続いていることをくり返し強調していましたから、彼らの目から見れば、「まだ、まだ」ということでしょう。

　ともあれ、私が訪れた各州の都市には、殆ど例外なく女性センター（ウーメンズ・センター）がありました。女性のための情報提供、困った時のサービス、法律的な相談、暴力・暴行に対する避難、保護などの仕事を引受けているのですが、この他に幾つもフェミスト・グループ、団体があって社会的権利の向上、あるいは生命・生存の危険に対する闘いのために努力していました。

　女は〈主婦〉であれば良いとはも早、保守政治家も云わない。人間の半数を占め、生命を生み出す女性の切なる希望や要求を無視したり、不当な仕打ちへの抗議に対して目をそむけたら、保守・リベラルを越えてピンチになる……とも語っていました。

　ワシントンD.C.のレイプ・クライシス・センター（危機救済センター）を訪問した時、街の中にある堂々とした教会の中に大きな事務所があって、暴力・暴行に対する保護や避難は勿論の事、公教育の場で性教育や道徳などのプログラムを引受けているということを聞きました。サンフランシスコでもワシントンD.C.でも女性の生理や健康についての教育機関が自主的につくられているのも驚きでした。

　日本の女性解放運動（ウーマン・リブ）の人びととアメリカのそれとの際立った相違を強く感じたのは、女性解放をそれ自体としてむき出しに語るのではなく、きわめて具体的に生活の場、労働の場、健康、戦争とその準備、原発や原爆などの脅威に関連して語られているということです。

　女性が男性と同様に社会に参画してゆくという場合に、労働の場を得て賃金を得、キャリヤ・ウーマンになるということだけでなくそこに女性としてまた人間としての解放にむかって努力をするという精神を貫ぬいてゆこうとする訳です。

　黒人の女性活動家と語り合った時のことですけれども、「私たちを抑圧しているのは、まず第一にレイシズム（人種差別主義）であり、第2に貧困すなわち資本主義、第3にセクシズム（性差別主義）だと思う。第1、第2を無視して、フェミニズムだけで活動する訳にはいかない」とキッパリ答えていたのがとても印象的でした。

2. さまざまな CO-OP

　抑圧、収奪、差別などに対する批判、告発や不服従の運動の中で必ずではどうするか、という問いがあり、その方法を具体的に事例や提案で示す

のが、アメリカの市民運動の一般的な特徴であると云えるかと思います。
　その語られ方の１つがCO-OPであり、もう一つが〈他に選ぶべき道〉(Alternative)の提案です。(Ex, オルタナティブ・テクノロジー、オルタナティブ・ライフスタイル、オルタナティブ・エデュケーションetc.) オルタナティブの語を〈適正〉(Appropriate)におきかえることも間々ありますが。
　さて、CO-OPを語る場合、まず途惑うのが、あまりに多種多様で、その語感が日本のそれとは大いに異るということです。
　ラルフ・ネーダーさんが推奨している消費者運動便覧『人民のために』(J.M.アンダーソン著)や『公共市民運動の手引き』(D.K.クロス著)でも、草の根の大衆運動をCO-OPとして結晶させることの重要性を力説していますし、アメリカ政府の消費者事業局(U.S. Offiee of ConsumerAffairs)が発行している『人民の力』という本を見ますと、「市場に代わる食品の獲得」(Food, Finding Marketing Alternatives)という大きな項目があって、
　①食料の共同購入クラブ②店舗生協③スーパーマーケット生協④卸売生協⑤農民市場⑥食品展示即売会⑦救済食料の供給⑧高齢者用食品店について、夫々に詳しく現況と活用方法を述べております。従って、「アメリカの生協は………」とか、「アメリカの共同購入生協は………」という風にとても一括して語れない程、多種多様であることをまずお話しなければなりません。
　バークレーの隣りのリッチモンド市にあるカリフォルニア生協連盟に行きましたが、そこには巨大な倉庫群があり、巨大なトレーラーがひっきりなしに出入りしておりました。大きいとは聞いていましたが、想像を絶する程でした。事務所に行くと広々とした立派な建物でスタッフは大てい個室を構えており、コンピューターですべて自動的に管理されていて、これはもう、日本の一流商社の本社以上だと思った位です。
　バークレー生協のスーパーマーケット店舗も見学しましたが、規模・内容とも大手の大資本系スーパーよりも立派です。ちがう所は情報コーナーのポスターやチラシが反原発とか大資本や政府を批判している位でしょうか。1980年の供給高は8,357万6,000ドル(約180億円)、組合員10万7,535人、ということでした。
　そうかと思うと同じ連盟加入といっても、モンテレイ・ペニシユラ食品生協となると供給高２万7,500ドル(約630万円)、組合員は僅か35人です。
　規模の大小だけではありません。CO-OPという言葉を《連帯して協同事業をやる》という風に解しているのか、とても広い意味に使っています。
　〈太陽は賢明・協同組合〉、(SUN・WISE・COOP)という所は、最新の技術

第5章　アメリカの新しい波

を駆使したソーラー・システムの住宅でした。自分達で設計・施工したから市価の3分の1で出来たし、エネルギー費は殆んど要らない、と語っていましたが、8人の青年がグループ・ハウジングしていました。家の回りには、有機農業の野菜や果樹を栽培してあって、大きなメロンがゴロゴロと実っています。「どうぞ、自由に食べて下さい」ととても親切。住人は毎年1人か2人替わるそうですし、見学者や長期滞在の希望者に対して、その目的がしっかりしていれば宿泊させてくれると言っていました。

日曜日の朝、もぎたてのリンゴやメロンを食べながら会話を楽しんでいる時、カラフルな気球で空の散歩をしている人達がふんわり降りてきたのには驚きかつ羨ましく思いました。

「ソーラーシステムの探求は経済的な省エネという動機だけではありません。他の人びとに迷惑をかけず環境にも悪影響を及ぼさない生活の仕方の探求の一環なのです。これを共同探求し、共同で住むからCO-OPです。別に事業をしている訳ではありませんし」、と語る人びとの表情は実にさわやかでした。

食品共同購入生協（フード・バイニング・クラブ・CO-OP）は組合員約300世帯ですが、ある組合員の自宅の地下倉庫をデポにしていて専従はゼロ。信頼できる労働者集団経営の卸売り生協などから当番が仕入れてきます。分配は週2回、色々な仕事を分担制でやっていましたが、仕事をしなかった組合員は割増金を出すシステムでした。

「組合員が多くなりすぎたので、日常の共同作業、分担作業に参加しない人が出てきました。もっと小さい方が良いと思う」と言いますので、「むしろ、もっと大きくなったら力がついて、より希望の品質・有利な価格を実現できるようになるし、色々な分野に活動を広げてゆけるのではないか」と水を向けますと「確かに力が増すことは有利だが、人間関係が疎遠になって経済的利益だけを追求するようになる危険がある。色々な分野の活動というのは女性解放運動ならばその目的にそった組織、反核・平和運動ならばそれに見合う組織に参加してゆくのが良い」という返事でした。

目的限定的な運動の多様な並列というのが、良くも悪しくも彼らの現実であるようです。

テネシー州のナッシュビル市の食品共同購入生協は30世帯、40世帯という小さなものでしたが、なぜかというと、町のブロック別に独立した生協になっているからです。

アメリカ農民販売組合と専門家の農業市場計画という組織があって、これがリーダーシップをとって、農民と消費者を結んでいる訳ですが、農協

も専門家もあくまでもボランティアで、仲介と専門知識による助言をするだけ。

　ミニ生協の人々は毎週1回、市当局が貧しい人びとのために作ったというコミュニティ・センター（公民館のような建物）に集って、農民が届けてくれる食料や当番が共同仕入した食品を分け合い、又注文を出します。メンバーは皆夫々の役割をもっていて、分配の日が同時に班会議になります。

　「農民と直接結ばれるから新鮮ですしスーパーマーケットより確かに安い。仕入食品も信頼できるところから買っている」「広報担当として、いつも自分達の野菜や食品とスーパーとの価格の比較対照表を作っています。ビラは組合員以外の人にも差し上げていますが、加入したいという人びとには、自分達でおつくりなさい、と言って指導してあげる」「大学教師ですが、この生協で皆んなが色々と親切に食べ物の事、調理の事を教えてくれるので大変楽しい」「ここで黒人・白人・老若男女が親しくなれて本当に嬉しい。農民や農業専門家とふれ合ったり、パーティをやるのも楽しみだ」といった具合。30人中、15人が役員、全員で仕事の分担しているともいっていました。

　先に「労働者集団経営体」という言葉を使いましたが、これは注目すべき現象だと思いますので、次に詳しくふれることにします。

3．群生する労働者集団経営体

　新しいタイプのCO-OPである労働者集団経営体（Worker's Collectives）はサンフランシスコ湾岸地域だけで100以上もあります。

　日本ではまだあまり知られていない様ですから、私が見てきた、バークレー市のチーズとパンの集団経営体であるチーズボード、ワシントンD.C.の自然食・健康食品の卸売機構であるコモン・ウェルハウス、サンフランシスコ市の食品素材店インナー・サンセット・コミュニティ・フード・ストアのことをお話し致しますがその前に、全体の概略について記述することにします。

　まず、どんなものか、といいますと、利潤のためでなく人びとに役立つ仕事をすること、権力機関がなく協同経営体であること、孤立した存在でなく、社会運動の一翼として自分を位置づけていること、等が共通点です。

　歴史的には古いものでも歴史は10年余であり、1960年代の公民権運動、70年代のベトナム反戦、反核、女性解放の運動の伝統の中から、抵抗と反乱にとどまらず、自らの生きる場を創造しようという意欲をもつ青年学生達が、身を削る努力の中から培われたものだといえましょう。

思想的には色々な潮流があるので一概には云えませんが、新左翼と呼ばれたトロツキーや毛沢東、カストロやゲバラの影響を少なからず受けた青年達の運動が爆発的に起ったあと、分裂と孤立化を経験する中で、それを反省しつつ、新しい生き方を模索する中から生れてきたことは明らかです。
　では、どんな種類があるかというと、ダンス教室、美術館、劇場、綜合制作所といった事業から反原発・原水爆の事業体、書店、ビル経営、通信社、デザイン制作、印刷、出版、レコード制作、ラジオ放送局、スタジオ、ビデオフイルム、宣伝、教育施設、共同利用施設、健康保持増進事業、法律事務所、各種相談所、貿易など凡そ考えられるいろいろな種類、分野のものがありますが、食料品の製造と販売（卸売り、小売り）がやはり多いようです。また、彼らが互いに連携し利用し合っていることはいうまでもありません。
　一体、雨後のタケノコのように沢山群生してきたコレクティブは、どんな理念・バックボーンをもっているのか？　この疑問に応えるために、彼らが共同で出版した文献をあげてみましょう。日本では殆んど翻訳されていませんが、彼らの共通の愛読書を垣間見ていただきたいと思います。
　『社会大観』グイ・デボード著。根源的自主管理の理論・歴史・事例『無支配主義者の集団経営』サム・ドルゴフ著。スペイン革命における労働者の自主管理『ここにはボスがいない』社会変革の職業者たち共著。労働者集団経営の手引書『集団経営体』ジョン・カール著。協同組合の歴史とアメリカの共同体運動とその思想『労働の場における民主主義』ストロングホース編。アメリカにおける自主管理の実践例についての著作集『労働の民主主義』ダニエル・スワドリング著。アメリカとヨーロッパにおける労働の場の所有・参加・自主管理の経験の概説『自主統治的社会主義』ブランド・ホルアトミハイロ・マーコビック、ルディ・スペック編。『若い世代のための生活論』ラウル・ミネイジェム著。『知られざる革命』ボーリン著。1917年〜1921年のロシヤにおけるトロツキーとレーニンによるクロンシュタットとウクライナの鎮圧『労働者の統制』ジェニー・ハニス、G・ダビット・ガルソン、ジョン・ケース著。『労働者による社会変革における指導老の諸問題』。
　さて、バークレー市のチーズボード・コレクティブに行きますと国内外の優れたチーズと焼きたてのパンを売っていました。
　情報コーナーがあって、本やパンフレット、ビラ、ポスター、壁新聞が所狭しと置いてあります。世界各国のチーズ製造状況、自分達は何故これを選んだか？その特徴は？価格は？といったことが細かに書かれています。

食品のことだけでなく、政府の動向や大資本のやり口の暴露、音楽コンサート、反原発の座り込みへの呼びかけ、逮捕された時の手引書、パーティへの誘いなどまちまちで、みんなここに立寄ってからカウンターに向かいます。

　顧客は個人やミニCO-OPの仕入係の人など老若男女さまざま。私が来意を告げると一同大喜びで「日本の皆さんに認められて嬉しい」とハシャいで、腕を組み合って明るくインタナショナルを歌い出す仕末でした。

　週１万ドル（約230万円）の供給高、時間給は責任者も新入りもすべて平等で７ドル（約1,600円）だと云っていました。

　「人格や指導力の優れた仲間はいるがボスはいない。権限は皆平等で、仕事の分担も時々変えている。このコレクティブで経験を積んで、別のを作った事例もある。品質のたしかなチーズを国内外からまとめて仕入れて販売している。パンも確かな原料を仕入れてどこにも敗けない美味しいものを作っているんだ」「私たちは利潤を目的にしていないし、人びとに喜ばれるし自分も納得できる仕事をしたい。自分の生活は質素を旨としている。この経営体で得たお金は、良い仕事をしている仲間達——バークレー自由診療所、女性の健康のためのコレクティブ、人民による放送局などのネットワークに進んで提供している」と語ります。

　ともかく、優秀で研究熱心で働くことのすきな力あふれる若者男女が強く団結している様子がアリアリで、これではうまくゆかぬはずがないと感覚的ながら思わずにはいられませんでした。

　１組の夫婦が始めてから13年、このコレクティブは、多くの知的な若者に多くの魅力を発散しているようです。

　サンフランシスコの金門橋公園の近くにあるサンセット・コミュニティ食品CO-OPは、チーズボードが知識人青年で作られているのに対して、労働者階級に属する人々の手で、又比較的貧しい労働者が集まるコレクティブです。ごく少数の専従職員と多数のボランティアが、うまくシフトを敷いて経営しておりました。化学薬品や化学肥料を使わない自然食品を主にしたお店で、米、麦、豆、木の実など素材を供給しているのが特徴でした。加工食品は値段が高くて大資本を太らせるだけだから、出来るだけ素材を使って、自分で加工・調理しよう、という主張をもっています。例によって例のごとく、色々と本やチラシがある他、面白いのは、不用品コーナーがあることでした。自分がいらなくなった物を本でも靴でも食器、セーターその他色々と置いてゆく人、もらってゆく人、全くの自由で無料なのです。暑いと思って来たアメリカなのに肌寒いのでビックリした仲間

の1人は、ここで防寒着を得てホクホク顔でした。

4.ブラック・イズ・ビューティフル

「野菜でも果物でも価格の安い旬のものを買って自分でピン詰めを作ります。作り方は仲間に教えてもらったし、器具は共同購入しました」という婦人は、自慢そうに色々なビン詰を見せてくれました。ワシントンD.C.の健康食品、自然食のコレクティブ、コミュテイ・ウェルハウスは8人の男女黒人が共同経営していました。主にミニCO-OPの人びとを対象にした卸売り店ですが小売りもやっていて、倉庫には大きな袋入りの穀物やダンボール入りの豆、干した果物などがうず高く積まれていて、大変規模の大きいものです。

アメリカとアフリカの黒人をインターナショナルに組織している汎アフリカ科学的社会主義革命同盟のリーダー、カーマイケル氏と親しくしている、と語っていましたが、誰れがメンバーで誰れがボランティアで、誰れが顧客か判らない位、多勢の人が出入りし、立ち働いています。強烈なジャズがガンガン鳴っていて、仕事をしながらリズムを取って踊る仕ぐさをする人もいました。

2階は数百人が入れるミュージック・ホールになっていて、週末の演奏会には沢山の人が集まると言っていました。階段やホールにはパネル写真やポスター、壁かけが一杯に掲げられていますが、いずれも強烈なアフリカ主義。顔から全身に白、赤、黄のカラフルな入墨をした素裸の女性が踊り歌う姿、質素な、しかし美しい自然の中のアフリカ人の住宅、楽器や仮面などのパネルを見ている内に「ブラック・イズ・ビューティフル」という彼らのスローガンが本当に血肉化しているのだな、白人コンプレックスなど吹き飛ばすプライドと芸術的創造と団結が、この音楽堂と協同組合を根城に息づいているように思いました。

「昨夜いらっしゃれば良かったのに、私は歌手、昨日は思い切り歌ったのよ」

うら若い美人に週末に是非くるようにと誘われ、コレクティブのリーダーには「来年日本に行きたいと思っている。日本の協同組合運動の同志達と心底から交流したい」と何回も何回も握手されました。

後に訪問した黒人、日系、中国系、朝鮮系などカラードのコレクティブである人民の放送局 WPFW で、コモン・ウェルハウスの話をすると、「良く知っている。友達だ。彼らの音楽も時々放送している」と語り、私は聴けなかったのですが、その音楽の水準は大変高いということです。

ワーカーズ・コレクティブの締めくくりに、彼らの出版物の一節にある言葉を引用します。

『コレクティブのネット・ワークは資本主義の大海の孤島にすぎない。しかし、さまざまな社会運動との連帯を通じて、彼らは将来の変革をその体内に培っている』。

第3節　アメリカ市民運動の存立基盤

1．アメリカの市民運動の存立基盤──財団の基金とボランティア──

取材のために彼らの事務所を訪れてまずびっくりするのがビルや事務所の大きさです。

サンフランシスコでは、学校の校舎のような3階建の大きなビルが5棟並んでおり、数百台は車がとまれる駐車場があって、これが全部、市民運動の団体の拠点だというのです。この他にも巨大な市民運動体が事務所を構えるビルがダウンタウンにあります。

ワシントンD.C.では日本で言えば銀座四丁目の交叉点に相当する繁華街のどまん中、デュポン・サークルに聳え立つ巨大なビルディング全体が市民運動団体が共同で入っているという事で、その数は百数十に達します。

サンフランシスコで、著名なエコロジー運動の拠点である『地球の友』（フレンド・オブ・ジ・アース）に行きましたが、銀行街の中にあるビルの4階全プロアを借り切っていました。

ベトナム戦争終結後、全米で最大最強の平和運動の推進力となっている『新しい外交と軍事政策のための市民連合』は、国会議事堂の隣りの巨大なビルの一角に事務所を構えています。この組織は略してコーリジョンと言っていますが、アメリカで初めて、1人1人の国会議員の平和問題に関する発言をコンピューターに収録し、そのファイルを全米各地にむけて(特に当該議員の選挙区の草の根の市民団体に) 政府や各党派の政策情報とその分析データを合わせて送り、その反応を集約するシステムを開発したと云っており、それを誇りにもしていましたが、今では兵器産業や右翼が、彼らのコンピューターの5倍以上の性能をもつシステムで逆の情報サービスを行っている、と嘆いていました。

彼らは、スイングと呼ばれている動揺的国会議員に焦点を合わせて、草の根グループの活動を基礎にして中央におけるデータ分析及び国会議員への説得活動を結びつけて、MXミサイルや中性子爆弾が平和に役立たない

ばかりか、実際には予算を喰うだけで雇用をも減らすものだという実証的なデータを作っていました。彼らの分析は、インテリや労働者の声ばかりでなく、内部告発の科学者・技術者の証言やデータを含むものであるだけに、確かに説得力がありますので、軍事産業の都市住民や、科学技術者、労働者にも影響を与えている様です。

　私はインタビューの際、彼らの団体の目的や事業内容、立場、歴史など文献資料でも読める事柄については時間を費すことを避け、出来るだけ彼らの活動の実態——すなわち財政規模や基盤、活動家の人員やリーダーの思想遍歴、将来への展望について卒直に訊ねるように心懸けました。その結果知り得た、彼らの財政的基盤と活動家の構成についてお話してみようと思います。

　まず第一に日本との大きな相違点は、彼らアメリカの市民運動団体が色々な財団から少なからぬ基金を得ていることです。

　巨大な財閥系や宗教団体、社会団体から個人財産を出発点にしたものに至るまで全米各地に数千の財団があるそうですが、彼らはそれぞれに資金を集めて、その財団にふさわしい団体や個人に基金を出しています。各財団は毎年公募して、各団体、個人から提出される事業計画や研究テーマを審査して、可とする者に数十万、数百万、数千万円の単位で寄付あるいは研究・事業委託をするという仕組みです。

　ケネディの「ニュー・フロンティア」、ジョンソン大統領の「偉大な社会」の頃から、このような〈社会の潤滑油〉的な基金が増えてきたといっておりました。あまり実証的な数字がないので不正確かも知れませんが、ともかく広範な市民運動体がこれらの基金を得ており、しかもしばしば全予算の中で財団の基金がトップを占める団体が少からずありました。

　第二に彼らは実に多くの事業を行っております。コレクティブの項で述べた事業とは別に各市民運動体の資金獲得の努力には並々ならぬものがあり何かにつけてバッチ、ステッカー、Tシャツを作って売ります。また自分達が出したビラやリーフレットをきちんとファイルして、シャレたデザインの袋に表紙をつけて1セット〇ドルという風にして売ることもやります。

　そのほか自分達の活動の蓄積で得たノウハウを教育プログラムに組んで学校や教会や自治体の仕事を請負ったりします。また、図書館、書店、バー経営を兼ねて、そこから得た資金を運動体の活動資金にあてているという団体も多くありました。

最後は会費及び出版物の購読料です。個人会費、賛助会費、機関紙誌購読料は日本とさして変わりませんが、彼らの出しているどんな小さなパンフレットや新聞にも申込用紙がついていて、切り取って送れるようにしてありました。

　次にどんな人間が運動を担っているのか、ということです。前にも話した通り30代、20代の世代が圧倒的に多く、性別ではやや女性の方が多いと思いました。集会や会議などで見る限り、老若男女色とりどりで、年配の女性が議長をしたり合唱の指揮をしたりするのが目立ったのですが、話しをしてみると、何んと言ってもベトナム戦争当時学生だった人、兵役に服して戦争に行った人、女性解放運動に関係した人、ブラックパンサーのもと武力闘争や暴動を体験した人など、30代が圧倒的であるという説明であり、その影響下に20代の人、現役の学生たちが続いているとの事です。

　さて、どういう形で参画しているのかという事ですが、一般会員や賛同者と専従活動家の中間に、きわめて広い層のボランティア活動家がいるのが大きな特徴をなしていると思いました。国税庁、公立高校、国連専門機関に勤めている活動家等とじっくり話す機会をもちましたが、最後に彼らは将来はボランティアになり、さらにオルガナイザーになりたいと言っておりました。ある若いオルガナイザーの給料は50万円と言っていましたが、ボランティアは交通費プラス活動費で7万円位ということでした。日本ではボランティアというと何か社会奉仕のタダ働きを連想しがちですが、彼らの語感は大分趣きが違うように思います。

　国会議事堂のとなりの国会図書館の筋向かいにあるラルブ・ネーダーの事務所（コモン・シチズンズ・ビジターズ・センター）を訪ねた時のことですが、多勢の青年男女が各部屋にいました。それぞれの部屋の壁という壁は床から天井まで戸棚になっていて、文献資料がギッシリ。原発反対運動のプロジェクトチームとしばらく話したあと、消費者運動チームの所へ行きましたが、ネーダー事務所員として給料を受取っているのは僅か8人だけと聞きました。国会議員への働きかけ、調査研究、全国の草の根グループとの連絡調整、広報出版、テーマ別研究運動チーム、海外との情報交流、法律訴訟など、150人を下らない人びとが働いているということですが、その殆んどがボランティアなのです。

　最初にお話したバークレー市のエネルギー局の職員定員は2名で、うち1人は主任のジャッキーさん、あと1名分の給料を6人のボランティアで分けていると言っていました。

　「ボランティアを通じて社会運動家としての能力をアップし、多くの友

人知己を得たい。将来はオルガナイザーになりたい」「現在の生活は離婚時の慰謝料と年金で維持している。貧しいけれどもエネルギー局の仕事はやり甲斐がある」「暫らく勤めていたが、それをやめてボランティアになった。契約は1年だがそのあと再び勤めようと思う。その時にはこの1年間の経験が大変役立つと思う」

かつてブラックパンサーの一員として暴動に参加した老女は、ボランティアとして小中学校における省エネを研究し、建物の構造、色彩、ソーラーシステムを導入、実施したという大変立派な実績をもっている人ですが、「適正技術を創り出すことは、大資本の搾取と収奪から貧しい人々や自治体を守る欠かせない仕事です」と誇らしく語っていました。

ボランティアには20代の学生、青年男女それに第一線を退いた高齢者など、さまざまですが、「質素に生きることは良いことだ」という生活態度と「この経験を将来に生かす」という修業精神、「何よりもやり甲斐のある仕事をやって生きてゆきたい」という納得できる生き方の選択が彼らの心底にあると思います。アメリカは契約社会であって年功序列や終身雇用はないという伝統、高い賃金水準、膨大な失業者群といった社会経済情勢の背景があって、それとボランティアは密接に関係していることも無視できないでしょう。

高い賃金水準と申しましたが確たる統計ではありませんので責任ある記述ではありませんが、最低賃金協定により時間給は約4ドル（約920円）、普通は初心者の月給25万円、ベテランで50万円位だといっていました。

質素に生きれば月10万円以下でやってゆけるとも言っておりました。

大学を出たあと数年勤め、退職してボランティアになり、認められてオルガナイザーになったあと、現在は大学院の学生であるという経歴の人に会ったこともあります。

アメリカのボランティアの事を考えていて「創造的失業の権利」や小松左京氏の「失業者」というSF小説のことを想い起こさずには居られませんでした。

日本の青年学生層はあまり社会運動に参画しようとしない傾向がある。運動の担い手はむしろ30代、40代に多い、という話をしたことがあるのですが、アメリカの学生活動家たちは「日本の若い世代の関心はマネーや学歴や快楽にしかないの？」と、如何にも軽蔑した顔つきで逆に問われて返答に困った場面がありました。

2．貧しい人びとと少数者

アメリカの〈ニュー・ラジカル〉達と話をすると、「利潤のためでなく人びとのために働きたい」とか「世界中の貧しい人びとと共に」あるいは「オルタナティブ・ライブスタイル」「人類が生き残るために」という言葉がポンポンと出てきます。
　そこである時、行政に携わっている人に、貧しい人びととは、どんな人を指すのかきいたことがありました。根拠になった数字の出所は聞きそびれましたが、彼女が示した数字は次の通りです。(年間所得、1ドル230円換算)

　　　1人世帯　　738＄　（約109万円）
　　　2人〃　　6,263＄　（約144万円）
　　　3人〃　　7,788＄　（約179万円）
　　　4人〃　　9,313＄　（約214万円）
　　　5人〃　 10,838＄　（約249万円）
　　　6人〃　 12,363＄　（約284万円）

これ以下の人びとが最低ギリギリの人びとであるということでした。そして、彼女は、彼らといえども車や冷暖房がないと暮せないし、そうしたエネルギー支出が所得の過半に達していると指摘していました。
　ちなみに私の経験ではガソリン代は（店により地域により差がありますので）大体、1ℓ70円〜90円位でした。
　ロスアンゼルスでハリウッド郊外の高級住宅街に行ったり、飛行機で中産階級の住宅街の上を飛んだことがありますが、各家庭にプールと広々とした芝生がある豊かな人びとがいる反面、膨大な貧しい人びともいるというのがアメリカ社会であり、彼らを含めたアメリカが世界中の貧しい国々の上に君臨しているということを多くの人が自覚している訳です。
　そして、きわめてリアルな、もっともっと貧しい人びとの話を見聞きしました。それはカリフォルニア州やニューメキシコ州でのことですが、メキシコからやってくる密入国者の群れのことです。大土地所有制が今なお生き続けているメキシコでは喰いつめたインディオが群れをなして、アメリカにやって来るのですがそれは大変な数に達しているそうです。
　貧しいメキシコ人のほか、全米各地にベトナム難民の収容所があります。ワシントンD.C.で数千人のベトナム人が住んでいるビルの近くに宿泊したこともありますが、彼等は最低賃金以下でも、とにかく雇用の機会を得たいとひしめいている、ということでした。
　貧しい人びとを踏み台にして築かれた、豊かな社会に対する嫌悪感は、必然的にアメリカ社会の生成発展とともに踏みつけられてきたマイノリ

第5章　アメリカの新しい波

ティ（少数者）への関心となってゆきます。

　アメリカの人種問題はつとに知られているので、私が改めて声高に述べる問題ではありませんけれども、体験的な事例を幾つか報告して参考に供したいと思います。

　その前に、どんな人種がどれだけいるか、統計を引用しておきます。但し、この数字には相当異論があるようです。（TIME 年鑑1980年版。数字は1970年国勢調査局）

　アリゾナ州の砂漠の中にナバホ、ホピーなどのインデアン・リザベーションがあり、私は数日間ホピのオライビという部落に滞在しました。トーマス・バナキャさんという政治的リーダーの家にお世話になったのですが、まず第一印象は、見渡す限り荒涼とした岩山と砂漠の土地であって、良くまあこんな土地に追い込んだものだという憤りがこみ上げてきました。

人　種	人口
白人	1億7774万
黒人	2258万
インディアン	79万
日系人	59万
中国系人	43万
比系人	34万
他全体	72万

　一応近代的な？　トレーラーハウスもありますが、石と泥で作った窓もあまりない低い家が少くありません。わずかな畑の中に生えている豆やトウモロコシも背たけが低く、どう考えても収穫は僅かしかないようです。カリフォルニア州で、東京から丹沢まで続くようなトウモロコシ畑や果樹園を見たあとだけに、その対照的な風景は強烈でした。

　しかし、彼等と話しをする内に、物質的な貧しさとは対照的に、彼等の精神の豊かさ広さ、プライドの高いことに心打たれました。

　パナキャさんの息子のトーマス・パナキャ・ジュニアは、英国ロンドンで開かれた第4世界国際会議に出席した経験があるのですがその出入国のために米国政府製ではなく「ホピ国のパスポート」を使った、と言ってそれを見せてくれました。

　彼の母親は、「私たちは遠い昔からここに住んでいるホピの国民です。白人や政府はあとから侵入して来て勝手なことをしているのですから、私たちは彼等に従う理由はありません。政府は私たちから税金を取ろうとするけれども、私たちは一切納税していません」と語ります。

　現在、緊急の課題の1つは彼らの国の中のウラニウムや石炭資源開発に政府が血道をあげようとしていることであり、彼らは「開発」は「破壊と収奪」であると反対して闘っていると語っておりました。

貧しくとも伝統的な農業を営み、自然と調和して平和に生ることがホピの神の言い伝えであり、そのことを産業社会化の開発を拒否する論理にしているようでした。けれども、どの農家も車で農場に出かけ、高等教育は遠い都市に寄宿して受けなければならず、そうやって都市生活に入った若い世代は産業社会に同化してゆく傾向がある訳で、どこか日本の農村や僻地に共通しているように思われました。

　マイノリティの積極的なアイデンティティ確立の努力の結晶として、インディアン自身によるインディアンのための教育機関であるDQ大学があります。この大学の近くの広大な農場の真只中で行われたインディアンの秘儀、サン・ダンス・セレモニーに特別に参加させていただく機会を得ました。この時に受けた衝撃は終生忘れ得ないでしょう。インディアンは誤解や偏見を警戒して、この秘儀には同志以外は参加させません。又、カメラやテープレコーダーはおろか、スケッチブックも厳禁で、厳重な関門で２度チェックされます。そんな訳で、彼等を裏切らないために、秘儀の精神についてのみ紹介することにします。

　彼らの宇宙観によれば人間と神の関係は、天（太陽）と地球のようなものであり、人間は神の恵みを忘れがちである。又、男と女の関係は大地と人との関係のようであり、男は生命を生み出す女性の苦労を体験することなく、またその事を忘れがちである。それ故、このことを男は全身全霊で体験する儀式を行うべし、というのがサン・ダンス・セレモニーなのです。儀式は１週間にわたって行われ、若い女性達が声を限りに歌う伝統的な民族歌謡の激励の中で、男達は断食をしたうえで、自らの胸、背の肉を引きちぎって、自分を試練の場に立たしめるのです。そしてさらにそのあと、炎熱の窯のごとき穴倉で最後の夜を明かします。

　ＤＱ大学の教授の同志ということで参加させていただいた私達は会場の厳粛で神秘的な雰囲気に身の引き締まる思いでしたが、肉が裂け血がほとばしる状景を見て、気分がおかしくなる友人もいました。筋骨隆々とした上半身裸体、大きなナイフで武装した若者達がこのセレモニーの周囲を守っていました。彼等は無言で直立していましたが、私には彼等がこう叫んでいる様に感じない訳にはいきませんでした。

　「私たちは自分達の先祖が長く生き続けてきたこの天地の恵みを大切にして生きる。他者を抑圧・圧殺したり、収奪したりする者に、迎合同化することはしない。自分達がインディアンであることを誇りに思い、現在も未来もその伝統を承け継ぐ決意だ」と。

　会場を辞するとき、学生自治会のリーダーに挨拶し、日本に交流に来る

ように呼びかけました所、彼は自分の右腕の刺青を示しました。そこにはJAPANと記されていて、ベトナム戦争の時、徴兵にかり出されて、日本に滞在したことがあること、あくまでも抑圧された人々の立場に立つ宗教者である日本山妙法寺の藤井日達師を心から尊敬しており、日本は忘れ難い国であることを真剣な眼差しで語ってくれました。

人種ではありませんがマイノリティを語る場合に欠かせないのがゲイの人びとです。ゲイは、日本ではホモセクシャルの人々と同義語に解されているようですが、アメリカではゲイの中にホモとレズビアンの両方を含んでいるようです。日本ではゲイのことを変態性欲者として侮蔑する傾向があります。アメリカでも同様で州や自治体によっては、これを犯罪視する条例すらあるようです。

ところが、少数民族や身体障害者であるが故に彼らを差別するのが不当であると同様に、ホモセクシャルやレズビアンを社会的少数者であるが故に差別するのは、全体主義（トータリズム）ではあるまいか、という視点から少なからぬゲイ達がトータリズム反対の社会運動に積極的に立上っている訳です。ゲイセンターには、書店、図書館、相談所、政治運動体などがあって、きわめて活発強力であり、他に、ゲイバー、レズビアンバー等が多数あって、いずれも政治的思想的ないし情報交流センターの役割をはたしております。

もちろん、そうした政治的・思想的な立脚点を鮮明にもたないゲイも多数いる訳ですから、全体を論ずる積りはありませんが、多数者（マジョリティ）が多数であるが故に正義であり、価値観の基準を作りうる、という思想や社会基盤を根底から批判しているゲイの存在が、少数者（マイノリティ）の運動の強力な一翼をなしていることは間違いありません。

貧しい人びと少数者の項の最後に、全米で話題になっている第二次大戦中に強制収容された日系人への抑圧に関する調査と補償問題について述べようと思い、種々データや体験談を集めたのですが、日本に帰ってみると新聞や雑誌やテレビで随分報じられていることが判ったので、具体的なことには触れないことにします。ただ、事実関係とは別に、これを報ずるマスコミの姿勢には根本的な問題点があるように思うので、そのことについて述べたいと思います。（例えば「朝日ジャーナル」9月4日号）

日系人が敵性国家出身の人間として強制収容されたのは不当であったこと、国家は補償すべきである、という主張に対する論議の中でたえず出てくるのが、アメリカの歴史そのものの自己告発です。

インディアンの国を侵略して原住民を殺害し土地を奪うことによって成

立したアメリカは、アフリカ住民を奴隷として拉致し使役する差別主義をさらに徹底させました。日系人は収容されたが、同じ敵性国家出身のドイツ系やイタリや系は収容されなかった……という理由は従来のアメリカがいわゆる WASP（白人、アングロサクソン系、プロテスタント）を主人公とみなしていたためですけれども、実は、日系人は今、中産階級の上位（アッパー・ミドル）に成り上ったといわれており、意識の上でも WASP の仲間入りをしようとしている訳です。言いかえれば、マイノリティとしてのアイデンティティを主張することをやめて「国家に忠実で豊かで優秀なアメリカ人の一員である」ことを主張しはじめているのではないか、と疑われているという側面があることです。

　マイノリティとしてアメリカ史を告発し、変革をめざすのか、マジョリティの仲間入りをめざして、特権的差別主義に身をすり寄せて同化するのか。同じく不当な抑圧の歴史を告発するといっても、その立場には180度の違いがあって、今日、勃興しつつあるマイノリティの権利の運動に連動するのか、それから離別するのか、日系人自身が問われているということを述べたいのです。

3．試練の季節

　アメリカに到着した当時、航空管制官の全面スト突入がありました。空港の前でプラカードを掲げて行ったり来たりする「アメリカ式ストライキ」を見た訳ですが、新聞を読むと軍隊等を動員したレーガン政権が、空の旅に支障なしと宣伝すると、組合側は動いているのは70％。素人の仕事だからこのままでは必ず大惨事を招くゆえ、政府は交渉に応じるべし、と切り返しておりました。

　ところが、このストがいきなり１万２千人の管制官の首切り実行ということになって、大変驚きました。

　外国人の旅行者ですから、新聞やテレビの断片的ニュースしか判らなかったのですが、後にアメリカの活動家達と話しをするうちに、これが「反逆者の首は切るぞ！」というレーガンの反対派への見せしめであることが判りかけてきました。

　改めて述べるまでもなく、レーガンの政治経済政策の根幹をなしている軍備拡張と緊縮予算、マネタリズムの貫徹は、福祉関係予算の圧縮、貧しい人々への犠牲の集中なくしては成立しません。従って、そのしわ寄せを受ける人びとの社会的反撃が当然の如く予想される訳ですが、レーガンはその反撃の出鼻をくじく標的としてエア・コントローラーを選んだのだと

言えましょう。

　一番最初に、進歩的劇団が公共施設における公演の機会を奪われたことを述べましたが、財団の基金や自治体の協力・援助にかなり依存している市民運動団体の危機感は相当なものです。

　10月に始まる新年度予算が実行段階を迎えると「強いアメリカ、大幅減税」を唱えて地すべり的勝利を収めたレーガンの政策の本質が明瞭になるだろう、と語る半面、手をこまねいていたら、市民団体の3分の2は崩壊・消滅の危機に直面するかも知れない、と語ったのは、地球の友と並んで環境保護運動で重きをなす「グリーン・ピース」のオルガナイザーでした。ではどうするのか？　各団体、グループがより強く横にネット・ワークを張って連帯を強めなければならないし、運動の幅と質を状況に立遅れることなく発展させなければならない、という抽象的な回答はあるのですが、実際的な方策はむしろ模索中、というのが本当の所でしょう。

　レーガンの政策を強力に支持した右翼から失望をもって迎えられている、という報道もあれば、財界主流はレーガンの経済政策では不況を克服できないとして見切りをつけた、という情報も飛びかう中で、序々に本当の勝負は、目的限定的な個々の民衆運動が連帯して、政治的な対決に向かうか否かにあるという方向にあるように思われました。

　実は私は、アメリカのさまざまな運動体の担い手が、グローバルな変革の視点をどこに置いているのか？「社会主義運動」についてどう考えているのか？　60年代から70年代の運動をどう総括しているのか？　尽きない興味をもっていたので、かなりぶしつけな質問を何回も試みましたが、意外にハッキリと答えてくれる人が多いので嬉しく思いました。

　「自分は民主党員であり、同時にDSOC（民主党の社会主義化促進委員会）にも属している。アメリカでは、自分が社会主義者であるということを語るだけで人びとが去ってしまう。現存の社会主義・共産主義への失望もあるし、赤狩りの恐怖もまだ現存している。しかし、資本主義秩序をこのままにして社会が良くなるとは思われない。」

　「自分は何主義者であるかと問えば社会主義者である。けれども、そのモデルはない。ソ連やキューバには共鳴出来ない。アメリカの市民運動は社会主義・共産主義的ときめつけられる事を極度に恐れているし、右翼テロの危険も現実にあるから、運動体の中でそれを語る訳にはゆかないのが現状だ」

　こうした卒直な発言の中に、レーガン政権との闘いという試練を前にした活動家たちの苦悩の一端を桓間みることが出来ると思います。数えきれ

ぬ程の新しいタイプの市民運動団体があるし、一定の連携もあるが、全体としては個々バラバラであり相互関係はないといった方がよい。レーガンの攻撃と抑圧の前に個別に対応したのでは、財政基盤を奪われ、社会的圧力を受けて崩壊する危険が目に見えている。かと言って、ハードな統一やイデオロギー的イニシアチブは分裂と対立の原因にもなりかねない……。自立と連帯という言葉は易く、運動の実際は難しい、という苦悩を味わいつつ80年代を歩みはじめている、と言えると思います。

　かと言って、全く暗中模索かと言えば決してそうばかりとは言えません。フェミニストの運動が人間解放の広い視野を獲得する傾向にあって「男の論理」の告発や「女の原理」を主張するにとどまらず、地道で具体的な活動領域を形成しつつあることを先に述べましたが、ヒッピーの運動もまたそうです。

　10年の歴史をもつヒッピーが創った共同体「ザ・ファーム」をテネシー州のサマータウンに訪ねたことがありますが、彼らは自己完結的な生活をしているのではなく、反核をテーマにした楽団をつくり各地で公演するほかレコードやビデオを作って広く社会にアピールしていましたし、ニカラグア人民の支援に沢山の人間を派遣した記録を見せてくれました。大統領選挙では殆んどの人間がレーガンを拒否してカーターに投票したと言っておりました。

　自分、自分達がこれぞと思う問題や生き方に真剣に取組みつつ、それを横に縦に、全国に全世界に結びつつ進むという萌芽はむしろ随所に伸びつつあるのだと思います。

　レーガン政権を登場させたアメリカの社会的風土との対決は、単に運動組織の存立問題だけでなく、担い手の思想と理論を深化発展させ得るか否かの試練でもあると思った次第です。

第6章 陣地戦と知的・モラル的改革の時代

はじめに

　これまでの章では、2013年にスタートしたグローバル社会的経済フォーラム（GSEF）、その牽引力となった朴元淳氏（ソウル市長）の登場とソウル市で市民社会と地方政府・議会の協働によって築いた諸成果、および日本における社会的連帯経済の実践事例、ワーカーズ・コレクティブを日本ではじめて筆者が紹介した1980年代の「アメリカ市民社会紀行」、等について述べてきました。

　この第6章ではこれらの新しい社会運動が登場した歴史的根拠と理論的、思想的な背景について述べることにします。これ等については既に数々の知的・実践的な国内外の先達がいて素晴らしい業績をあげています。これらを丹念に後付けする仕事は別の機会に譲り、ここでは私自身がかつて共同代表を務め深く関わった「東京グラムシ会」や「エントロピー学会」の成果を援用させて頂きながら述べることにします。筆者はK. ポランニー研究の先達である玉野井芳郎氏らの研究会に2年にわたって参加した経験があり、「協同組合の再発見」という報告を行い論文を書きました。（玉野井芳郎・坂本慶一・中村尚司編『いのちと農の論理』学陽書房、1984年刊に収録）。また直近では2017年6月に東京大学で行ったマルーガレット・メンデル教授（カナダ・ケベック州モントリオールにあるコンコルディア大学のカール・ポランニー政治経済研究所所長）及び鄭泰仁所長（カール・ポランニー研究所アジア）と丸山真人（東京大学教授）、若森みどり（大阪市立大学准教授）、中山智香子（東京外語大学教授）など日本のポラニアンとの対話から有益なヒントを得ました。

　ここで述べていることは学問的というには余りにも雑駁で個人的感想や意見にすぎないと感じられるかもしれませんが、私がこの書物全体を通じて提起した課題、提案の背景として、また第7章「M. ブラヴォイ氏の論文に寄せて」の小原耕一氏の論文「グラムシ『市民社会』を考える」、終章「新しい世界変革は実践されつつある」と合わせてお読みいただければ幸いです。

第1節　市民社会とヘゲモニー

1.ヘゲモニー闘争とは？

　第1章の第2節で、韓国ソウル市教育監の曺喜昖氏（チョ・ヒヨン）のグラムシ没後70周年記念シンポジウムにおける「ヘゲモニーの亀裂」に触れて、1990年代初めのソ連社会主義体制の崩壊によって、従来正統派とされてきたマルクス・レーニン主義に依拠してきた政治思想はヘゲモニー（指導的影響力）を失ったこと。社会変革をめざす者は新しいヘゲモニーを創造し提示することなくして生命力のある政治的ヘゲモニー発揮はありえない、ということを論じてきました。

　ここで確かに言えることは伝統的なソ連型共産主義には国家権力や国営企業はあったけれども、「市民社会」はほとんど存在しなかった。後に再びふれますが、A．グラムシの表現を借りると、西ヨーロッパの先進資本主義国には議会、労働組合、社会保障制度等を含む諸制度がつくられ、各種団体（アソシエーション）など、強固な「市民社会」が存在したが、東方（ロシア）には市民社会が未発達でゼラチン状であった、というのです。グラムシの知的営みの功績の一つは「国家は支配階級の支配の道具である」という側面だけでなく「文化的・モラル的・イデオロギー的な指導」によって同意を組織し、そのヘゲモニーの行使によって成立っていることを明瞭にした事です。ヘゲモニーという言葉の意味は通常「覇権」「指導権」と解されていますがグラムシは、その意味を拡張して「文化的・モラル的・イデオロギー的な指導性」「同意を獲得する能力」という意味で用い、「ヘゲモニー闘争」の重要性を指摘した点において画期的でした。

　ではヘゲモニー闘争は、どこで、どのようになされるのでしょうか？「政治」や「学術」の世界ばかりでなく、「市民社会」のあらゆる領域におけるヘゲモニー闘争と陣地戦が重要であるとした部分を引用します。（『獄中ノート』第7）

　『…東方では国家が全てであり、市民社会は原初的でゼラチン状であった。西方では国家と市民社会とのあいだに適正な関係があり、国家が揺らぐとただちに市民社会の堅固な構造が姿を現した。国家は前方塹壕にすぎず、その背後には堅固に連なる要塞とトーチカがひかえていた。もちろん、国家によって多少のちがいはあったが、これはまさしく国民性の綿密な調査を要求していたのである。…』

2.市民社会の多義性

では「市民社会」とは何か？　これは資本主義社会を構成する大中小企業はもちろんのこと、諸官公庁、学校などの教育機関、新聞・雑誌・放送などジャーナリズム、寺院教会の宗教活動、各種団体など、人々が日々働き、暮らし、学び、遊ぶ広範な生活領域をも包含しています。最近使われている「市民社会」の言葉の意味は自立的市民がおこなう市民運動や国家権力に批判的な市民団体をさす場合が多いのですが、市民社会の意味はこれらだけに限りません。労働組合、市民団体、同業組合団体の中にも体制擁護派が少なからず存在しており、これもまた「市民社会」であって、その中における「知的・モラル的、イデオロギー的な指導と被指導」＝すなわち「ヘゲモニー闘争」が日々行われているということです。
　つまり「市民社会」には両義性があって、支配集団が人々の同意を組織する領域、知らず識らず支配的社会体制、市場社会に順応し擁護する意識を醸成している「市民社会」と、それを批判し乗り越えて新しいオルタナティブを創造しようとする意味での自立的「市民社会」があることを指摘しています。これはわれわれの陣地であり、陣地戦論の出発点です。

第2節　陣地戦の時代へ

1．グラムシもポランニーも予期しなかった新自由主義の勝利

　A．グラムシは獄中10年、1937年にファッシズムによって事実上獄死しました。したがって彼は第一次世界大戦とロシア革命、戦後のイタリアにおける労働運動の高揚―数十万人の労働者のストライキや工場評議会運動、イタリアのファッシズム、ドイツのナチズム、ソ連におけるスターリン体制の成立は知っていました。しかし第二次世界大戦もその後の世界で生じた社会主義世界体制の成立と崩壊という劇的歴史的変化は知る由もありませんでした。
　K．ポランニーは正に第二次世界戦争の最中に歴史的な名著『大転換―市場社会の形成と崩壊』を書き、資本主義的な市場経済を批判しつつ、同時にソ連の非民主主義的で中央集権的な体制を批判しました。彼はまだソビエト社会主義世界体制が健在であった1964年に死去しています。彼の死後、今日の社会が日常生活さえ商業化し、社会関係が非人間化していることを厳しく批判した論文や講演録を家族や弟子たちがまとめて『人間の経済』Ⅰ，Ⅱ．(岩波現代選書、1980年。原題は「THE LIVELIHOOD OF MAN」)、『経済と自由―文明の転換』(ちくま学芸文庫、2015年。原題は「For a New West Essays，1919-1958」)が発行されています。彼は1980年代以後、新自由主義

が世界を席捲するという私たちが今日経験していることは知りませんでした。しかしそれを危惧していたのは明瞭です。

2．経済決定論からの解放

2人が残した知的遺産を深く読み込むと数々のヒントを得ることができるというのが私の立場です。それはグラムシの言葉を援用すれば「市民社会におけるヘゲモニー闘争、陣地戦の時代へ」ということではないでしょうか。ポランニーの言葉を借りれば「人間（労働）も自然（土地）も擬制商品化してしまう市場社会」は"悪魔の挽き臼"であり、これを人間の意思で「社会」に「埋め込む」こと、すなわち人間的自由を経済においても実行する自由社会主義（今日われわれが名づけている社会的連帯経済）の時代へ、ということです。

2人は市場原理主義、新自由主義が世界的に勝利する1980年代以降から21世紀の現在について知らなかったのは当然ですが、今日の社会変革の中心課題が何であるか、課題解決の方法は何であるか、を示唆していたのです。では自由社会主義、社会的連帯経済、市民社会における陣地戦を担うのは誰でしょうか。

伝統的なマルクス主義や社会民主主義では、労働者階級を組織し、その政治を担う組織として共産主義政党または社会民主主義政党を組織し、これらを通じて権力を獲得し革命を行うというものでした。その方法手段として強力（暴力）を肯定するか、平和的に議会を通じて多数派を形成するか。今日では特殊な例を除いて前者を主張する者は少なくなりましたが、いずれも根底には経済発展と階級闘争は必然であるという「経済決定論」と呼ぶべき認識があると私は思います。しかしこれは人間の自由な意思と情熱を軽んじる「必然論」に通じる禍の素です。ロバアト・オウエンやウイリアム・モリスを軽んじることにも通じます。私は経済決定論や必然論を乗り越えることを通じて、自由で豊かなイマジネーションを持つ人々による社会的連帯経済を創造することが出来るのだと考えています。経済決定論的な思考の根拠にされていると思われる有名な言葉を、マルクス「経済学批判」から引用しておきましょう。

>「…人間は、その生活の社会的生産において、一定の、必然的な、彼らの意思から独立した諸関係を、つまりかれらの物質的生産諸力の一定の発展段階に対応する生産諸関係を、取り結ぶ。この生産諸関係の総体は社会の経済的機構を形づくっており、これが現実の土台となって、その上に、法律的、政治的上部構造がそびえたち、また、一

定の社会的意識形態は、この現実の土台に対応している。物質的生活の生産様式は、社会的、政治的、精神的生活諸過程一般を制約する。人間の意識がその存在を規定するのではなくて、逆に人間の社会的存在が意識を規定するのである。」「…一つの社会構成は、全ての生産諸力がそのなかではもう発展の余地がないほどに発展しないうちは崩壊することはけっしてなく、また新しいより高度な生産諸関係は、その物質的な存在諸条件が古い社会の胎内で孵化しおわるまでは、古いものにとってかわることはけっしてない。」

　グラムシもポランニーも経済決定論に陥ることなく、物質的利益を求める狭い階級的利益の追求、階級闘争のみに留まることなく、人間の主体的な意思による「知的・モラル的改革」、「文明の大転換・自由社会主義」の創造を伴う社会変革をめざしました。その担い手は、旧社会のヘゲモニーを行使する「伝統的知識人」に対し、対抗ヘゲモニーを発揮する「有機的知識人」である、とグラムシは言います。「現代の君主」は社会変革の政党であるが、現代の政党とは新しい政治・社会・文化を創造する能力をもつ有機的知識人である、というのです。全知全能の前衛党でも議員中心の政党でもない「有機的知識人の党」であることに注目してください。もちろん有機的知識人とは進歩的な研究者や専門家を意味するのでもありません。新しい社会のヴィジョンをもつ新文明の創造者、ヘゲモニーの担い手はすべて有機的知識人なのです。グラムシは、現在、従属的社会集団（サバルタン）の地位に貶められている人々は、どうしたら新しい社会を領導する指導的集団、すなわち有機的知識人に成長脱皮できるのであろうか、と設問し、今日の変革主体のあり方について問題提起しています。

第3節　サバルタンと有機的知識人

　従属的社会集団（サバルタン）は如何にして指導的集団になれるか？有機的知識人になるということは、労働者であれ農民であれ、中小企業の経営者や自営業者であれ、学者研究者であれ、自分たちの利益を同業組合的利益のレベルで追求することではなり得ません。現存社会の中における利益集団の代弁者の枠や価値観を越えて、文明の転換、万民が共生と共歓できる創造的で魅力ある社会的価値、それを実現する方策を提案し実行する能力をもつ人々の集団ということです。

　グラムシは第1次世界大戦後のイタリアで大規模な労働者のストライキ

闘争のなかから生産的労働と経営責任をだれが担うべきか、指導的機関とは何かを考察し、労働組合でも社会主義政党でもなく、全職場から代表として派遣されてきた人々の協議会、すなわち工場評議会運動こそが労働者民主主義を体現していることを新聞"新秩序"で論じています。

　ポランニーは本来人間の暮らしの一部である経済があたかも絶対的地位を占めている現実への批判を「市場社会の虚構性と非市場社会の普遍性」という観点からとらえ返し、「われわれがそのもとで生きている市場社会の経済を、本来の人間の経済へと回復させること」（玉野井芳郎氏の「人間の経済」解説）を主張しました。ポランニーはこのことを空理空論として述べたのではなく、人類史の壮大な研究から今日の市場社会が一時的で非合理なものであり、現在も人間的価値の互酬、正義、法、自由は現存しており、市場経済を支配的位置から再び「社会の一部に埋め込む」ことを提案しているのです。これは「大転換」「人間の経済」「経済と自由」（前掲書）が今日の「社会的連帯経済の創造」の社会運動と繋がっていることを示しています。

　従属的社会集団（サバルタン）は如何にして指導的集団（ヘゲモニーを担う指導的社会集団）になりうるか？　それは資本主義的な市場経済の非人間性、自然破壊性を批判し、オルタナティブを創造する過程でヘゲモニーを発揮し、さらに政治過程や生活過程でも新しい関係性を創造する過程で指導的集団へと脱皮できるということです。

　今日、サバルタン論は実にスケールの大きな世界的な広がりを見せています。かつて植民地、従属国の地位に貶められていたインドでも、新自由主義の本拠地アメリカでも歴史学者や女性運動家たちが、自分たちの歴史とアイデンティティの確立のためにこの概念に注目したのです。この"サバルタン学派"は巨大な山脈を形成しています。ここで詳しく立ち入ることは避けますが、竹中千春訳『サバルタンの歴史──インド史の脱構築』（岩波書店、1998年）という歴史の再検討が著名なR．グハ、G．パーンデー、P．チャタジー、G．スピヴァック女史によってなされており世界的な反響を呼び起こしているのです。

第4節　循環型社会を実現するために

1．エントロピーとは？

　この節では筆者が関わってきた「エントロピー学会」が編集した二冊の本、責任編集＝井野博満・藤田祐幸『「循環型社会」を問う──生命・技術・

経済』、責任編集=白鳥紀一・丸山真人『「循環型社会」を創る――技術・経済・政策の展望』(藤原書店、2001年、2003年)と、ブックレット『循環型社会を実現するための20の視点』(エントロピー学会、2003年)をもとにはエントロピーの法則をわきまえた、エコロジカルな未来社会について考えます。

　最初になぜ「循環型社会」の実現をめざすか？　ということですが、終章でも述べておりますが地球は「宇宙船地球号」に例えることができ、限られた空間と資源のなかで人間と人間、人間と自然が共に生き、共歓の世界で生を終え、次の世代に繋いでゆくには「『循環型社会』…科学も技術も経済も政治も永続性のある社会に"つくり変える"以外にないということを目標にする…ことが肝要であるということです。

　まず用語の問題です。エントロピー (entropy) とは「熱は高温から低温へ移動し、その逆は他に変化を及ぼさずには起こらない。物質は濃度の高いところから低いところに拡散し、その逆は他に変化を及ぼさずには起こらない。これら熱と物質をひっくるめての拡散の度合いを定量的に示す量がエントロピーである。拡散した熱や物質を元の状態に戻すには仕事が必要だから、エントロピーは劣化の度合いを示す指標ともいうことができる。」

　次に「エントロピー増大の法則」とは「系を含む環境全体のエントロピーは必然的に増大してゆく」という物理法則。熱力学第二法則ともいう。熱力学第一法則がエネルギーと物質の保存則を示すのに対し、これはエネルギーと物質が拡散し、劣化してゆくことを示す法則である。このことからボルツマンは、宇宙のすべての活動はやがて停止して熱的死を迎えると考えた。地球がこのような「熱的死」をまぬかれているのは、太陽から質の高いエネルギーである可視光を受け、物質循環を生起して宇宙空間に赤外線を捨てる『開かれた能動定常系』をなしているからである。

　この法則をわきまえず環境破壊をする産業や科学技術や政治、生活を続けると、人類のみならず他の生物も地球自体も深刻な事態を迎えることになるのです。その兆候はすでに起こっています。このことを認識した環境問題に関心のある自然・人文・社会科学の研究者たちが市民とともに作ったのがエントロピー学会です。上記の2冊の本にはエントロピー学会20年の成果が、水準の高い30本の論文にまとめられています。

　もう1つ付け加えておきますと、エントロピー学会の当初からの指導的メンバーの1人である室田武氏(同志社大学経済学部、教授)の古稀記念論文集のことです。これは同大学の『経済學論叢』第65巻第3号(2014年3月発行)として発刊されたものですが、期せずしてエントロピー論の成

果を総結集した出版物になっています。
　室田武氏の専門は資源環境経済學で、エントロピー論、資源・エネルギー論や物質循環論、コモンズ論、地域通貨論など幅広い領域に及びますが2011年3月の東京電力福島第1原発の爆発事故以後は、反原発運動に心血を注がれました。煩を厭わずここに寄せられた論文と筆者を記録します。

第1部　理　論

エントロピー経済學の基礎と展開	槌田　　敦
経済成長は幸福感を高めるか	橘木　俊詔
スポーツ観戦需要の要因分析について	伊多波良雄
	有吉　忠一
寡占における相対的利潤最大化のもとでのCournot均衡とBertrand均衡の同値性について	田中　靖人
エコロジー経済学と生命系の経済学	丸山　真人
エントロピー経済学の成果と限界	岡　　敏弘
エントロピー経済学の創生と環境学の今日的課題	藤堂　史明

第2部　資源・環境

"核のゴミ"をどうすればいいのか	滝川　康治
水質バイオマスのエネルギー利用と森林の保全	岸　　基史
	小川沙有里
レアアース製錬に伴うトリウム等の放射性物質管理に関する一考察	和田　喜彦
Payment for Natural Resource Use, and TheirInfluence on the Development of Local Areas of Eastern Russia	TamaraV. Litvinenko
会計的手法を用いた再稼働後の原発の発電原価の試算	大島　堅一

第3部　物質循環

炭素・窒素安定同位体比から見える自然界の食物連鎖	和田英太郎
	野口　真希
	石井励一郎
河川と河畔でホッチャレ研究はどこに向かうのか	中島美由紀
土地利用・土地被覆の違いが河川水質成分および沿岸磯焼けに与える影響評価	夏目　　奏
	澤柿　教伸
	白岩　孝行

第4部　特別寄稿

炭やきの効用と室田先生の貢献　　　　　　杉浦　銀治
物質輸送の生態学と室田武さん　　　　　　川那部浩哉
　　　　　　　　　　　　　　　　　　　　亀田佳代子
室田武先生と水車の旅　　　　　　　　　　河野　裕昭
室田武教授　略歴　　　室田武教授　主要著作目録

2. コモンズとは？

　エントロピーを理解し循環型社会をめざす活動、そのための言葉もまた多岐にわたりますが、キーワードの一つは「コモンズ」(commons) です。人と人、人と自然が共に生きてゆくうえで大切な概念ですが、エントロピー学会では次のようにまとめています。
　　「地域の人びとが自由に出入りして家畜を放牧したり薪を得るなど、生活の維持に必要な補助的手段を獲得することができる場所およびその権利関係。共有地、地先の海、入会権など。コモンズの多くは地域住民によって管理され、勝手な使用が抑制されているが、そうでない場合は「コモンズの悲劇」のような状況も生じる。多辺田政弘は『コモンズの経済学』の中で、コモンズを「商品化という形で私的所有や私的管理に分割されない、また同時に、国や都道府県といった広域行政の公的管理に包括されない、地域住民の『共』的管理（自治）による地域空間とその利用関係（社会関係）」として定義している。
　全世界を巨大国際資本が自由に闊歩する時代になったように見えますが実はコモンズはいまも各地域にあり、人びとの心と暮らしに息づいています。また、協同組合や自営業者、共同作業場など自覚的に新しい「コモンズ」をつくる試みは農山漁村の女性たちによる起業、都市のワーカーズ・コレクティブや労働者協同組合、障害者と健常者が共に創る共同経営体とそれらの連合組織など無数にあります。これらがよって立つ共通点を上記の『循環型社会を実現するための20の視点』から一部分を抜粋します。
・市場経済はエントロピー処理機構をもたない非自立的なシステムである。
・市場で出来る事とできない事とは明確に区別しなければならない。
・市場にできない事は非市場的な人間活動に任せるべきである。
・非市場経済は社会的存在として人間関係の中に埋め込まれている。
・（資本主義的市場経済ではなく）広義の経済学の課題は生命系の循環経済の構築である。
・（現在施行されている）循環型社会形成推進基本法は、大量生産と大量消費を支えてきた技術と経済を前提にしており、廃棄物処理・リサイクル

もまた、そのような制約条件の範囲内に限定されている。
- 廃棄物をどう処理すべきかについてきちんとした評価をするとともに、生産にさかのぼった廃棄物対策の改善を明らかにするシステムが必要である。
- 廃棄抑制の基本は生産それ自体の抑制である。とりわけ、リサイクルも廃棄もできない有害な処理困難物は生産の抑制を図るべきである。
- 廃棄物の適正処理・リサイクル等の責任は廃棄物となる製品を生産した者が持つこと（拡大生産者責任）を基本にし、リサイクル費用もまた、生産者の負担とすべきである。
- 『循環型社会』の形成をめざす政策は、生態系を維持する自然への循環を基本とし、この循環を途切れさせて大量に廃棄物を生み出してきた従来の経済・社会システムを変革するものでなければならない。

第5節　国連の「持続可能な開発目標（SDGs）」

　ここでやや唐突ですが、国連が2016年に発表した持続可能な開発目標（SDGs）について触れます。これは国連にとって初のグローバル報告書で、2030年という期限を設けて「世界を変えるための17目標」を定めたものです。17項目とは①貧困をなくそう②飢餓をゼロに③すべての人に健康と福祉を④質の高い教育をみんなに⑤ジェンダー平等を実現しよう⑥安全な水とトイレを世界中に⑦エネルギーをみんなに、そしてクリーンに⑧働きがいも経済成長も⑨産業と技術革新の基盤をつくろう⑩人や国の不平等をなくそう⑪住み続けられるまちづくりを⑫つくる責任、つかう責任⑬気候変動に具体的な対策を⑭海の豊かさをまもろう⑮陸の豊かさをまもろう⑯平和と公正さをすべての人に⑰パートナーシップで目標を達成しよう。

　この報告は「国連」組織自体に制約があり、必ずしもすべて無条件に賛同するものではありませんが、国連に集積されているさまざまなデータが詳細に示され、世界の富が偏在していてどんなに貧困や不公平で存在しているか。分かり易い図やデータで示されています。

　振り返ってみると、1992年の地球サミット（国連環境開発会議）で先進国と途上国の南北格差の問題点と地球環境問題がとりあげられ、地球市民としての自覚を呼びかけました。2000年にはミレニアム開発目標（MDGs：15年開発枠組み）が定められ、この流れが2015年9月に開催された国連総会（持続可能な開発サミット）に引き継がれ、上記の17目標が全会一致で採択されたのです。（このことの意義と課題については古沢広祐「資本主義のゆくえ

と環境・持続可能な社会—社会経済システムの変革と「公」「共」「私」の再編」(国学院経済学第65巻第2号を参照)

このようにいろいろ限界をもちつつも問題はグローバルに起きており、グローバルに解決する必要性が認識されつつあるということです。

また国連が歴史上初めて核兵器を法的に禁止する条約を、2017年7月に加盟国の6割を超える122カ国の賛成で採択したことの意義は大です。世界は大国と多国籍企業に支配されていますが、これを批判し乗り越えようとする小国や世界の市民たちの声と力もまた現在し躍動していることを示しています。まさに世界はヘゲモニー闘争の渦中にあるのです。

第6節　脱成長論の陥穽

さて現在の新自由主義によるグローバリゼーションが世界の人びとを幸せにするどころか貧富の格差を増大させ、環境を破壊し、地域社会の衰微を招いている事は明白です。巨大資本や投機マネーの横行、人口減少傾向が相まって地域コミュニティが衰退し、多くの若者が学び舎や職を求めて故郷を去らねばならない現実は否定しようもありません。だから政府や財界の云う「経済成長論」を根本的に批判することは理に適っています。しかし同時に、宇沢弘文氏と内橋克人氏が著書『始まっている未来—新しい経済学は可能か』(岩波書店、2009年)でも述べていることですが社会的共通資本と云う基軸概念を大変広く捉えなおして、大企業や中央官僚の視点ではなく、地域社会と農林水産業の現場の農の営みの視点から何を伸ばし、何を抑制するかを論じることが必要です。農林水産省の調査やＪＣ総研の根岸久子さんの調査やレポートによると農村女性たちによる自立的起業は1万件を超えています。人口減少や過疎化は事実ですが、その中で人々自身による、人々のための資源と共通資本の創造とその有効活用した経済成長による"世直し"が静かに湧き起っているのです。

このことに関連して、ポスト資本主義を語る時にしばしば"脱成長論"が主張されておりますが、これは誤解と混乱を招く恐れがあるので、その落し穴に陥落しないよう指摘しておきたいと思います。一言でいえば重厚長大の巨大多国籍企業や投機マネーには厳しい規制を行い、増税を課して彼らの特権的な振る舞いを抑制する必要があります。税金逃れのタックス・ヘブンはもっての外、厳罰に処すべきです。しかし大いに成長させるべき経済は多々あるのです。そこで少し具体的な話をしましょう。

2017年9月1日の財務省の発表によりますと企業の利益蓄積にあたる内

部留保が2016年末で406兆2348億円に達し、年々増加の一途をたどっています。他方、低賃金で身分が不安定な非正規労働は年々増え続け、2016年末にはついに37.5％になりました。(総務省の統計) このような事実に目を向けて、経済のどんな分野の何を成長させて、何を減らさなくてはならないかを具体的且つ実践的に論じ実行することが重要であると思います。

　例えば中小企業家同友会全国協議会(中同協)は「中小企業家宣言」を採択し①命と暮らしを基本とした新しい持続可能な経済社会をつくる②原子力・化石燃料に依存しないエネルギーシフトに取り組み、地域と日本の未来を切りひらく③地域で再生可能エネルギー創出による新しい仕事づくりに取り組む。と述べています。その具体例として次のような取り組みが紹介されています。

　〇北海道健誠社(東神楽町)＝クリーニング業で木質バイオマスボイラー活用。〇岩手県同友会＝独自の研究会を設置し、毎年欧州の先進事例を視察。建物の断熱化やバイオマスなどを幅広く研究。〇建築工房零(仙台市)＝地域の木材や漆喰を使った住宅建設。〇グリンリーフ(群馬県昭和村)＝野菜加工工場の廃液やかすを再利用。〇白河エナジー(福島県白河市)太陽光発電など。〇豊栄荘(神奈川県箱根町)＝旅館への木質バイオマスボイラーの導入。〇加藤設計(名古屋市)＝ゼロエネルギーオフィスの設計。〇篠田製作所(岐阜市)＝小さな落差を利用した小水力発電。〇ユーアンドゆ(金沢市)＝廃材をチップ化し銭湯の燃料に。〇桑本総合設計(鳥取県米子市)＝省エネ建物の新築改修の設計。〇ビルド(香川県多度津町)＝建設業者として、同友会会員など73社が出資する地域電力会社を中心になって設立。(「東京新聞」17年8月27日、より)

　もう1つの例として、被災地であり原発事故被害者が数多く避難して来ている福島県いわき市で行われている新しい産業を興す試みを紹介しましょう。それは「ふくしまオーガニック・コットンプロジェクト」です。NPO法人ザ・ピープルを核にした様々な人々とグループの協働によって、土地の提供、木綿の栽培、収穫、加工、製糸、布製作、製品加工、宣伝、販売まで行うという物凄い試みを、原発事故の翌年の2012年から6年に及ぶ歳月をかけて小規模ながらも「新しい産業」を興しているのです。規模は未だ栽培面積2.6ヘクタール、コットンは1トン余りに過ぎませんが、実に様々な人々が近くからも遠隔地からも応援に駆けつけ、畑仕事から資金カンパ、高度な技術の提供、販売方法の開拓や宣伝に至るまで支援しています。今後、ますます発展が期待されております。

　これらはほんの一例に過ぎませんが安倍内閣や財界の「経済成長神話」

を批判するあまり、中小企業や地域経済、エコロジカルな新産業、参加型福祉事業など、成長させるべき分野の経済成長発展を図らなければ、現場で奮闘しつつ新しい関係性を構築している人々との連帯ができないでしょう。「脱成長論の落し穴」に嵌らぬようにすることが肝心です。

第7章　M.ブラヴォイ論文に寄せて
―― グラムシとポランニーの補完的な相似点 ――

はじめに

　この章にはグラムシの研究者である畏友、小原耕一氏の論文『グラムシ「市民社会」論を考える―ブラヴォイ論文を手がかりに―』（雑誌『葦牙』42号、2016年7月）を掲載させて頂きました。小原耕一氏は東京グラムシ会の機関誌『未来都市』の編集者であり、国際グラムシ学会の評議員であって畏友、松田博氏（立命館大学名誉教授）とともに今日の日本を代表するグラムシ研究者です。

　同氏は筆者がGSEF（グローバル社会的経済フォーラム）に参画している事、その理論的な推進力の一つになっているのがカール・ポランニー政治経済研究所であることを知って、カール・ポランニーとグラムシを研究している社会学的マルクス主義者であるアメリカのカリフォルニア大学バークレー校のマイケル・ブラヴォイ教授（Michael Burawoy）の論文は注目に値すると教えてくれました。論文は『社会学的マルクス主義によせて：アントニオ・グラムシとカール・ポランニーの補完的な相似点』（「政治と社会」誌、Vol.31 No.2, June2003 193-261）英文で68頁、和訳文にしてＡ４サイズで約60頁。

　内容を一読した所、私がこの本で述べたいと思ってきた伝統的な社会変革の理論の刷新を深く考察したＡ．グラムシの考えと、カール・ポランニーが示唆したポスト新自由主義時代への筋道が対立するものではなく、出発点を異にしながらも互いに相補完し合う関係にあることを見事に指摘していました。私としては全く我が意を得た思いでした。早速、同教授に手紙を書いていただき日本語への翻訳と拙著への利用についてお願いしたところ、快く承諾を得ました。しかしながら論文が長大である事、私の著書の一部にするのではなく、独立したブラヴォイ氏の書物として日本に紹介するのがより適切であろうとの判断から、この本への掲載や要約文は避け、そのかわり概略の紹介と小原耕一氏がM．ブラヴォイ論文に触発されて書かれた論文を掲載させて頂くことにしました。

　小原氏の論文は、カール・ポランニーについての直接的な論究ではなく、現代社会の変革における国家と経済との関係において〈社会〉〈市民社会〉が如何なる位置を占めているか、に重点が置かれていますが、ロシア革命

の成功と挫折の歴史的経験を踏まえ、これからの運動のあり方の論議に一石を投じたものであると考えています。

●ブラヴォイ氏の論文について

マイケル・ブラヴォイ氏はカリフォルニア大学バークレー校の社会学教授。研究の幅は広くアフリカ、アメリカ合衆国、ハンガリー、ロシアの文化人類学・民族誌学を研究されています。冒頭で述べたM．ブラヴォイ氏の論文の題目と目次は次の通りです。

題目「社会学的マルクス主義によせて：アントニオ・グラムシとカール・ポランニーの補完的な相似点」

目次
Ⅰ．社会学とマルクス主義
Ⅱ．社会学的マルクス主義の歴史的背景
Ⅲ．社会学的マルクス主義の諸系譜
Ⅳ．社会：生成と機能
Ⅴ．階級：ヘゲモニーと対抗ヘゲモニー
Ⅵ．国家：グローバル体制における諸々のナショナルな軌道
Ⅶ．ポスト共産主義の時代における社会学的マルクス主義

《概要》

ソ連崩壊以後のポスト・コミュニズム時代には、国家及び経済と並立しているがそのいずれとも区別される社会（society）に、最も高い地位をあたえる社会学的マルクス主義がもとめられる。社会学的マルクス主義は、グラムシとポランニーの著述によってその淵源をつきとめることができる。両者は、異なる社会階層（different social worlds）の出身であり、異なるマルクス主義伝統に属しているが、古典的マルクス主義にたいして共通の批判的視点とそれを超える視点をもっていたという点では一致していた。グラムシにとって先進資本主義は、市民社会の拡張によって特徴づけられるが、その市民社会は、国家とともに、階級諸関係を安定させ資本主義に挑戦する土壌を整備するために機能する。ポランニーにとって市場の拡張は、社会を脅かすものであって、社会は活動的社会（active society）として自らを再構成することにより、そこで民主主義的社会主義の萌芽を宿すようになるのである。本稿はもっぱらマルクス主義の概念として〈社会〉を用い、その概念展開として諸々の共産主義的秩序の興亡、階級政治学から認識の政治学への転換、植民地主義（コロニアリズム）からポスト・コロニアリズムへの移行、さらには新興のトランス・ナショナリズム（脱国家・超国家運動）の展開を解釈しようとするものである。

キーワード：マルクス主義；階級；社会；ヘゲモニー；市場

第7章　M・ブラヴォイ論文に寄せて

　多くの人にとって、現実のうえでも想像のうえでも、社会主義の死は、マルクス主義の最終的な死を意味した。しかしながらマルクス主義は、資本主義のもっとも包括的な批判ならびに実現可能なオルタナティブのためのきわめて関心をそそる指針をいまも提供し続けている。実際に資本主義の長い生命力はマルクス主義の長い生命力を保証している。だが長い生命力には立て直しを伴うものだ。結局、諸々の思想は、それらの思想を把握し変革しようとする物質的世界とともに変革しようと主張するものであって、それが理論的伝統というものである。かくして、どんな時代もその時代自体のマルクス主義を形作り、その時代の諸問題に取り組むためにその伝統に磨きをかける。本稿で著者は、カール・ポランニーとアントニオ・グラムシの二十世紀半ばの著述にこれまで検討されなかったが予想外の一致点があることから浮かび上がってくる、社会学的マルクス主義の概要を示したいのだ。彼ら両人がそれぞれ独自の立場で、きわめて異なるマルクス主義的伝統から出発しながらも〈社会〉概念について一致していたということは、彼らが何らかの新しい重要なことがらと格闘しようとしていたことを示唆している。事実、国家と経済の間に主として位置づけられる〈社会〉の力学は、まさにその脆さがソヴィエト・コミュニズムの没落となって証明されたように、先進資本主義の耐久力と優越性を理解するカギでもあるというのが、ほかでもなく社会学的マルクス主義の主題なのである。

　著者は社会学的マルクス主義のさらなる彫琢が、いかにしてポスト・コミュニズム時代にもうまく適応されるか示してみたい。ポスト・コミュニズムの時代は、勝ち誇るグローバル資本主義によって支配されているが、そのグローバル資本主義は、それ自体に対するあらゆるオルタナティブの評判を失墜させ瓦解させるうえでも驚くほど効果的であることを証明しつつあるからである。

グラムシ「市民社会」論を考える
——ブラヴォイ論文を手がかりに——

小原耕一（グラムシ研究者）

第1節　歴史の竈(かまど)としての「市民社会」

　シグムント・フロイトの説く文明論はユニークで逆説的とさえいえるかもしれない。一九二九年に書かれた論考で、人間の逆境の大半は文明のせいであり、人間が幸福になるのを妨害してきたのは文明そのものだと述べる（ドイツ語の標題は DAS UNBEHAGEN IN DER KULTUR で「文化の中の居心地悪さ」だが、フランス語訳では MALAISE DANS LA CIVILISATION となっているので「文化」を「文明」とした）。多くの人間が文明に敵意をいだいていることに文明における「居心地悪さ」をフロイトは読みとるのだ。

　フロイトによれば、人間の生活が動物的な先祖の生活と異なるのは、自然から人間を守り、人間相互の関係を律するという二つの目的に資する活動や制度であり、「文明」という言葉はそうした活動や制度の総体をさすのだという。なかでも「人間相互の関係を律する」という文明の第二の目的は、個人が勝手気ままなことをしないように個人の自由を制限するところにある。個人の自由が繁栄を極めたのは文明のなかった時代であり、文明が発展するにつれて個人の自由は制限されるようになる。

　「共同体の権力」(la puissance de la communauté, la puissance collective) が出現すると、個々人の権力が「共同体の権力」に取って代わられ、文明は決定的な歩みを始める。人類の格闘の大部分は、個人的要求と集団の側からの文明的要求とのあいだに、双方にとって納得のゆく妥協点を見出すことに注がれてきた。文明とはそもそも欲動の断念のうえに打ち立てられているから、欲動の抑え込みが文明の前提ともなっている。欲動の断念が文明を大きく発展させた原動力であり、同時にそれは個人が文明にたいして抱く敵意の根源でもあるとフロイトは説くのである。フロイトは文明の中に「居心地悪さ」と「居心地良さ」の両面をみる。近代の「共同体の権力」としての「市民社会」（フロイトは la société civilisée を使っている）についてマルクスは何といっているのか。

　「市民社会」——英語 civil society、仏語 société civile、伊語 società civile、独語 bürgerliche Gesellschaft ——は資本主義の生成・発展とともに形成されてきたと考えてよいだろう。若いマルクスも「市民社会」を「あらゆる歴史のほんとうの竈であり現場である」（「ドイツ・イデオロ

ギー」、全集3巻、邦訳32ジ〜）と述べたうえで、次のように指摘している。

「市民社会は生産力の或る特定の発展段階の内側における諸個人の物質的交通の全体（the whole material intercourse）を包括する。それは一つの段階の商業的および工業的生活の全体を包括するのであって、そのかぎりそれは、なるほど別の面でそれはそれなりに外にたいしては国民として認められ、内にあっては国家として編成されざるをえないとはいえ、国家と国民を超えたものである」(同上)。

「市民社会ということばは一八世紀において、所有関係がすでに古代的および中世的共同体から脱け出ていたときに現われた。市民社会らしい市民社会はやっとブルジョワジーとともに展開する。国家と爾余の〔その他の〕観念論的上部構造の土台をいつもなしているところの、じかに生産と交通から展開する社会組織がその間ずっとこの名称でよばれつづけてきた」(同上)。

マルクスの「歴史の竈」という言い回しは散文的だが市民の生活臭と騒々しさがリアルに伝わってくるような気もする。

さいきん日本では「階級闘争」といえば親しみにくく、優雅な「市民社会」とは無縁のように考える風潮があるが、これはたいへんな誤解ないしは偏見である。「市民社会」と「階級闘争」とはもともと切っても切れない関係にある。「階級闘争」にしても、その概念を作り出した張本人としてマルクスが引き合いにだされるが、「市民社会」も「階級闘争」もマルクスの"専売特許"ではない。1848年に「今日まであらゆる社会の歴史は、階級闘争の歴史である」と述べた『共産党宣言』より10年も早く、フランスの歴史家フランソワ・ギゾーが『ヨーロッパ文明史』講義（1838年）において「階級闘争」の概念を使っている。ギゾーはそこで何と言っているのか。諸階級の闘争は「近代史の事実そのものを構成し近代史を充たしている。近代ヨーロッパは社会の諸闘争から産まれた」(『ヨーロッパ文明史』第七講義)。「階級闘争」こそ近代ヨーロッパ文明の「生みの親」だというわけだ。マルクスも「階級闘争」を発見した功績は自分のものではなく「ブルジョア歴史家たちが私よりもずっと以前に、この諸階級の闘争の歴史的発展を説明している」（1852年のマルクスのワイデマイヤー宛の信書）と述べている。

ギゾーの「階級闘争」概念を英訳で読んだ福沢諭吉は、欄外の余白に「カラッスノ争亜細亜ニナシ」と書き込んだ。「カラッスノ争」とは階級闘争に他ならない。福沢をしてこの書き込みを入れさせるきっかけとなったギゾーの文章はどんな文脈で語られているのか。「たとえばアジアでは、

一つの階級が完全に勝利し諸階級の体制の後に諸カーストの体制が続いた。そして社会は不動状態 [immobilité] におちいった。……闘争は、不動状態の原理となるかわりに、進歩の一つの根拠となった」(英訳では「社会の進歩の主要な根拠となった」となっている)。ギゾーは、アジアに階級闘争は存在しないと明示的に語っているわけではないが、福沢はなぜかそう読み取った。

とりわけ明治以降の日本の支配的イデオロギーのなかで "階級闘争不在論" は人々の意識の深いところに沈潜し、ことあるごとに頭をもたげてくるような気がしないでもないが、だからこそ近代市民社会は、「階級闘争」、グラムシ的にいえば「ヘゲモニー闘争」と近代の文化・文明の発展との密接な交互作用の結果として成り立ってきたことは否定できない。

第2節 社会学的マルクス主義における〈社会〉

さいきんマイケル・ブラヴォイ Micheal Burawoy という学者 (カリフォルニア大学バークレー校の社会学教授) が『政治学と社会 [Politics & Society]』2003年6月号に書いた「社会学的マルクス主義によせて：アントニオ・グラムシとカール・ポランニーの補完的な相似点」(For a Sociological Marxism: The Complementary Convergence of Antonio Gramschi and Karl Polanyi) と題する長文の論考を読んだ。今から一三年前に書かれた論考だが、最近とみに世間の耳目をあつめはじめたかに見える「社会」とか「市民社会」とかの概念を考えるうえで、けっして古くささを感じさせない。以下に私の問題関心にそくしてではあるがブラヴォイ論文の主な論点を多少私のコメントをまじえて要約・紹介してみたい。

第一に、ブラヴォイ論文は、「社会」を主題として、「社会学的マルクス主義」の立場から十九世紀後期から二十一世紀にかけておよそ百五十年の諸階級の闘争のプロセスを視野に、「社会」に内在する力学を歴史的に解明しようとしたものである。

第二に、この論文のもっとも重要な点だとおもうが、「国家と経済のはざまに主として位置づけられる〈社会〉」が、この〈社会〉それ自体の脆さゆえにソヴィエト共産主義の没落の重要な要因となったことが指摘されている。「ソ連崩壊」の重要な歴史的要因を主として〈社会〉の脆弱性、未熟性に見ようとする視点は、きわめて注目に値するところだ。それと同時に、〈社会〉のあり方が「先進資本主義の耐久力と優位性を理解するカギ」をあたえることにもなっているとの指摘も、傾聴に値する。つまり

〈社会〉のあり方こそ先進資本主義の「抵抗力と優位性」の決め手だというわけであろう。資本主義は今にも倒れんばかりの危機に瀕していると言われながら、なかなか「臨界点」を迎えないのは、この辺に大きな理由がありそうだ。

第三に、ブラヴォイは、〈社会〉の生成・発展を歴史的地域限定的にとらえ、この視点に立ってグラムシの「市民社会」論を批判的に検討している。まず、その特徴点は以下の三点に要約できるだろう。

①ブラヴォイにとって、「市民社会」は、「時間を超越した概念ではなく、十九世紀後期におけるヨーロッパ資本主義の特殊歴史的な産物である」。

②「〈社会〉は流動する自生的な価値コンセンサス〔value consensus〕のなかで宙に浮いた何らかの自立的な領域ではない。もろもろの政党、大衆教育、自発的アソシエーション、トレードユニオン、教会、さらには家族によってさえ占められる制度的空間として〈社会〉は特徴づけられる。要するに〈市民社会〉は、二十一世紀の現代にあっても「歴史の竈・現場」であり、階級闘争ないしはヘゲモニー闘争の場としての性格が消えてなくなったわけではない。

そして③「〈社会〉はヤヌスのように前と後に顔をもっており、一面では資本主義を安定化させる働きをするが、他面では資本主義をのりこえるための土壌を提供する」。要するに〈社会〉・〈市民社会〉は、複合的で両義的（アンビバレント）な機能・役割を担っている、ということであろう。

第3節　レーニンの理論的貢献とグラムシへの継承

ブラヴォイによれば、マルクス主義の再建をはかるうえで、レーニンはもっとも明瞭な態度をとった。レーニンは三脚を支えるそれぞれの足場を理論的な拠り所とした。

そのうちの「第一の足場」（強調の傍点は断りがないかぎりブラヴォイのもの。以下同じ）は「資本主義の最終的危機などはないということ」である。レーニンは競争資本主義が長続きできないことを認識していたが、彼はまた、いかにして資本主義が歴史的に自己自身を建て直して独占的形態に発展を遂げ、地球の端から端までの自己自身の不均等な発展を想定するものであるかを理解した。資本主義はいずれ最終的破局を迎えるというような、決まりきった法則ももはや存在しない。崩壊するどころか、資本主義は消滅ないし衰退しつつあるかに見えるにすぎない。レーニンは資本主義を金融資本に支配された新しいグローバル時代に道をゆずるものと見た。

「第二の足場」は「階級闘争は自動的に激化しない」ということである。帝国主義は宗主国に労働貴族を作り出す——そこでは労働者と資本家は植民地の搾取にたいする共通の関心をはぐくむ。反植民地闘争は周辺で目ざましくなるが、有力な共産党不在の中心部では、労働者は、トレードユニオン的自覚以上のものは何も達成することができない。さらに、市民社会で行使される自由民主主義は階級闘争を緩和するのにどちらともとれる多義的な貢献をする。市民社会と自由民主主義は階級闘争の拡大の最良の諸条件を作り出す一方で、資本主義の真の性格をあいまいにし、少なくとも一時的には資本主義が未来に向けた真の選択を提供するかのような幻想を労働者、賃金生活者にあたえる、とブラヴォイは強調する。しかしながら、ブラヴォイは、以上のようにレーニンの理論的拠り所を明らかにすることによって、資本主義とそれがもたらす矛盾や悪弊とたたかうことを無意味だなどと主張しようとしているわけではない。もちろん、その反対である。

　ヴラヴォイによれば、「第三の足場」は「資本主義は社会主義の諸条件を自生的に作り出すものではない」ということである。したがって、「社会主義への移行は自動的ではありえない。それは周到な、集合的努力の結果でしかありえない。資本主義の自動崩壊を担保する法則はないので、レーニンは、政治とイデオロギーに彼の関心のむけどころをきりかえる」。

　しかしながら、「レーニンの理論は、決定的には、レーニンが関係を取り結んだ世界、いいかえれば、遅れた生産力と貧弱な"市民社会"をもつロシアの絶対王政を反映している。たとえレーニンが民主主義の戦略的重要性、資本主義の耐久性をそれなりに評価するとしても、彼は依然としてロシアに対置される西方の〔市民社会の〕特異性を徹底的に洞察してはいない。ロシアではなく先進資本主義の内部で形成された強力な市民社会がいかにして共産党の使命に諸々の障害物を作り出すのか——市民社会がいかにして資本と労働のあいだの利害の調整をはかろうとするのか、市民社会がいかにしてブルジョワ民主主義の力を強め革命的諸傾向を手なずける〔domesticate〕のか（強調の傍点は訳者のもの）を立証する課題は、グラムシにゆだねられる。要するに、グラムシは、革命を推進するために、レーニンにはまったく欠落していた概念である〈社会〉の意味を、主題化するのである」。

　ブラヴォイによる上記の説明は、ロシア革命を成功に導いたレーニンやトロツキーが西方の市民社会の特異性を真剣に洞察しなかったような印象をあたえるが、これは歴史的事実に合致していないようにおもう。グラムシの『獄中ノート』をひもとくだけでも、レーニンやトロツキーが市民社

会の特徴について関心をもって観察し分析していたことがわかる。

「…政治史におけるこの種の最近の現象は、1917年の諸事件であった。これらの事件は政治術と政治学の歴史において決定的な転換点を示した。したがって大事なことは、陣地戦における防衛体系に照応する市民社会の諸要素とはどういうものであるかを《深く》研究することだ。…」（第7ノート、哲学メモⅡ、§〈10〉構造と上部構造、校訂版860頁）

「戦術方法の見直しを始めようという試みは、第四回会議でL・ダヴィドヴィチ・ブロンシュテイン（トロツキーのこと）が説明したことをあげるべきであったろう。その際彼は東方の戦線と西方の戦線との対比をおこなった。東方の戦線はすぐ失敗に終わり、その後は未曾有の闘いが続いた。西方の戦線の場合《まず先に》闘争が起こることになる。つまり、攻撃が起こったところでは、市民社会がこの攻撃の前か後に抵抗するのかどうかが問題になってくるだろう云々、と。しかしこの問題はもっぱら素晴らしく文学的な形で説明されただけで、実際的な指示はなかった」（第13ノート§〈24〉、マキャヴェリについての覚書、校訂版1616頁）。

なお上記に引用したグラムシの記述はトリアッティ責任編集の『グラムシ問題別選集』初版（1948年）からは削除された。トロツキーの名があげられているのが削除の理由であろう。第四回会議とはコミンテルン第四回大会（1922年11月14日）のことであるが、グラムシはモスクワで開かれたこの大会に出席してトロツキーの演説（「新ソヴィエト経済政策と世界革命の展望に関する報告」トロツキー選集2 コミンテルン最初の五ヵ年（下）現代思潮社286-288頁）を聴いていた。フランス語『国際通信』（No35）付録に発表された演説でトロツキーは以下のように述べている。

「なぜわが国では、11月8日以後烈火のごとく内戦が始まったのか？ その後われわれはなぜ、ほとんど五年のあいだ間断なく、国の南北で内戦をおこなわなければならなかったのか？ それはわれわれがあまりにも容易に権力を獲得したことの結果である。…ブルジョワジーがあらゆる手段によって反革命の潜在的予備軍を動員しようとしたのは、権力を失うことによって彼らが失ったものは何かを理解し始めたときであった。こうして、長引いた内戦はわれわれが余りにも容易に権力を手に入れたことへの歴史のしっぺ返しであった。…逆に、西方の諸党、概して全世界の労働者運動については今や正確に次のように言うことができる。諸君の国では権力獲得前は課題はわれわれよりもずっと困難であるが、権力を獲得した後はずっと容易になるだろう、ということである」（『獄中ノート』Ⅳ、研究資料、3010頁）

グラムシが「東方では国家がすべて」云々とのべた覚書のくだりはあとで紹介するが、その文章の直前にグラムシは次のように指摘している。

「イリイチ（レーニンのこと）は1917年に東方で首尾よく適用された機動戦から、西方では唯一可能であった陣地戦への転換が必要であることを理解していたように私にはおもわれる。…これこそフォシュ（将軍）の単一の指揮命令下の連合・協商国の唯一の戦線の考え方に一致する《統一戦線》の定式を意味するように私はおもう。ただイリイチは、理論的だけでも深めることが可能であり、その間根本的な任務はナショナルなものである、つまり国の土壌の認識と市民社会の諸要素によって表象される塹壕と要塞の諸要素の確定を求めていることを理解しながらも、自分の定式をさらに深める時間がなかったのである」（第7ノート、哲学メモⅡ、§〈16〉陣地戦および機動戦あるいは正面線、『未来都市』No63、10頁）

誤解を避けるために一言すれば、上記のグラムシの記述は、東方では「機動戦」が、西方では「陣地戦」が唯一適用可能などという単純な機械的図式を説明したものではない。ロシアにおいて十月革命の勃発とそれに続く内戦の過程で展開された「機動戦」はやがて同じロシアで「陣地戦」への転換をはからなければならない理由をレーニンは理解していたにちがいない、とグラムシは推定しているのである。そして、革命後のロシアにおいて「機動戦」から「陣地戦」へのきわめて重要な転機・転回点となったのが周知のネップ（新経済政策）の導入であった。

ブラヴォイの解説に戻るが、「資本主義は自己自身の破壊の種をまかないし、不可避的に階級闘争を深めることはないし、自然発生的に新しい秩序の土台を作り出すことはない。そうである以上、グラムシは、国家と社会を包含する相対的に自立した領域をいまや形成する、政治とイデオロギーの領域に焦点を合わせることになる。先進資本主義と初期資本主義を区別するものは、膨張力にすぐれた国家と密接に関連する市民社会を綿密に仕上げるところにある」。ブラヴォイにとってこれが、グラムシの理論上の重大な突破口となるのである。

第4節　グラムシ：市民社会の政治的諸機能

1.力と合意の相互関係

「議会制度のすでに伝統的となった部面でのヘゲモニーの《通常》の行使は、力が合意を過度に圧倒するのではなく、多様なかたちで相互に釣合を保つ力と合意の組合せによって特徴づけられる。だからどちらかといえ

ばむしろ、力が多数者の合意にもとづいているように見える事態をつくりだそうとするのである」(第13ノート〈37〉「フランスの国民生活に関する覚書」(校訂版1638頁))

したがって、ブラヴォイによれば、力はけっしてなくなりはしないが、合意の領域が広がるにつれて、目に見える形で力は後退する。個々の逸脱に対して、また危機の瞬間を見越して動員されるように、力は舞台の陰で動く。合意は、むしろ特定の諸制度をつうじて組織され、つねに（そして必然的に）潜在的な力の適用によってバックアップされる何がしかとして、理解されるべきものである。

2. 国家の拡張概念における「市民社会」―東方と西方

ブラヴォイによれば、新しい支配形態はその積極的な制度的表現を国家の拡張のなかに見出すのであるが、国家の拡張は、特に教育や法律だけでなく、グラムシが一瞥しただけの、すなわち諸々の福祉関連機関〔welfare agencies〕などを含め、アルチュセールが後に"イデオロギー的国家装置"と呼んでいるものをも含む。しかしながら、ヘゲモニーは"政治的"であるだけでなく、"市民的"でもある。すなわちヘゲモニー（闘争）は国家の単純な拡張を伴うだけでなく、新たに形成された市民社会、国家と経済のあいだにある諸制度や諸組織の複合体への国家の拡大延長をも伴う。…資本主義の新しい時期区分は、もはや経済の転換によって規定されるのでなく、むしろ拡張された国家と関連する堅固な市民社会が存在するか否かによって規定される。

国家と結びついた市民社会の興隆は、資本主義の異なる時期だけでなく資本主義の異なる領域をも特徴づける。市民社会は、遅れた諸国や植民地というよりもむしろ"近代諸国家"に適用される。異論のでるところかもしれないが、ほかでもなくここでグラムシは"東方"と"西方"を区別するのである。

「東方（ロシア・旧ソ連圏＝訳者）では国家がすべてであり市民社会は原初的でゼラチン状であった。西方（西欧諸国圏＝訳者）では国家と市民社会のあいだにちょうどよい関係があって、国家がぐらつくとただちに市民社会の頑丈な構造が姿をあらわした。国家は前衛の塹壕のようなものにすぎず、その背後には一連の堅固な要塞とトーチカがひかえていた。もちろん、多少とも国家によって異なるのであるが、これがまさにその国の特徴についての精確な認識を求めた」(第7ノート、哲学メモⅡ、§〈16〉陣地戦および機動戦あるいは正面線、イタリア語校訂版866頁『未来都市』No63、10頁)。なお陣

地戦、正面戦、機動戦、塹壕、要塞、トーチカなどの軍事用語は総力戦としてはじめてたたかわれた第一次世界大戦で使われだしたものであるが、グラムシはこれらの軍事用語を市民社会の構成要素や機能を分かりやすくするためのメタファーとして使っていることに留意されたい。

初期資本主義、植民地主義、あるいはロシアのような"後進諸国家"は、正面攻撃、グラムシが「運動戦・機動戦」と名づけた戦略にやすやすと屈服するおそれがあったが、これにたいして先進資本主義は、国家権力を掌握するまえに市民社会の"塹壕"をゆっくりと征服するであろう「陣地戦」という、まったく新しい戦略を求める。

したがって、「陣地戦」という「新しい戦略」は、まず先進資本主義とその支配層の側から求められてくるものであって、支配され従属される諸集団は、ヘゲモニーを握る主導的集団の「新しい戦略」としての「陣地戦」にたいして、新たな複雑な対応をせまられてこざるをえない。この被従属・被抑圧諸集団の「新しい対応」を「対抗ヘゲモニー」と呼ぶことも可能であろう。

先にブラヴォイは、グラムシが国家と社会を包含する相対的に自立した領域を形成する政治とイデオロギーの領域に焦点を合わせることになると強調したが、この点はグラムシ・ヘゲモニー論の重要な特徴と深い関連をもっている。ブラヴォイはふれていないが、「実践の哲学」にとってイデオロギー闘争は従属的諸集団（サバルタン）の「対抗ヘゲモニー」を創造するきわめて重要な契機となるからである。

「実践の哲学にとってイデオロギーは、恣意的なものでは決してない。イデオロギーは現実の歴史的事実なのである。だから、道義的理由などではなくまさに政治闘争の理由でそれらのイデオロギーとたたかい、支配的道具としてのイデオロギーの本質をあばきださなければならないのである。それはまた、統治される者たちを統治する者たちから知性において自立させるためであり、ひとつのヘゲモニーを破壊し、実践の転倒（革命的実践）にとって必要不可欠な契機としてそれとは別の新たなヘゲモニーを創造するためである」。

「実践の哲学は次のことをはっきりと言明する。すなわち、人間はもろもろのイデオロギーの場で自己の社会的立場、したがって自己の諸任務を意識する、と。このことは現実についての取るに足りない言明ではない。実践の哲学それ自身が一つの上部構造であり、特定の社会諸集団が自己の社会的存在、自己の力、自己の諸課題、自己の転換を意識する場である」

（第10ノート・Ⅱ〈§41〉クローチェに関する試論のための参照点．ⅩⅡ．イタリ

ア語校訂版1319頁)。

3．市民社会＝近代民主主義のがっしりした構造

「国家諸組織として、また市民生活のなかの諸アソシエーションの複合体として、近代民主主義のがっしりした構造は、政治の術(アルテ)としてみれば、陣地戦における前線の"塹壕"および恒常的要塞のようなものを構成している。これらの塹壕や要塞は、以前は戦争の"すべて"であった運動の要素を単に"部分的"なものに転化する」(第13ノート§〈7〉《集合的人間》あるいは《社会的順応主義》の問題、イタリア語校訂版1567頁)。

〈市民社会〉は国家権力を直接的に握ろうとするどんな企てをも押しつぶす。だから革命的活動は、アソシエーション、トレードユニオン、諸党派、学校、法律制度その他を再編する、ゆっくりとした、粘り強い作業を必然的に伴ってくる。"古典的革命"、迅速かつ峻烈な国家の征服とも呼べるかもしれない「運動戦・機動戦」の政治戦略は、資本主義の支配層にとっても、過去の時代に属するものとなったのだ。

これまで述べてきたことでも明らかなように、グラムシが国家と市民社会について語るときにはいつも、階級闘争に対応するそれら市民社会の政治的諸機能に言及している。実際に、彼のこの規定からして、国家は、潜在的には、どのような制度をも抱懐することは可能であろう。「国家は実際的理論的活動の全複合体であり、それによって指導的階級はその支配を正当化し維持するだけでなく、どうにかして被統治者の積極的な合意をかちとろうとする」(第15ノート§〈10〉マキャヴェリ。社会学と政治科学。イタリア語校訂版1765頁)。しかしながら、国家と密接に関連するこの新しい頑丈な市民社会はどこに由来するのか？　グラムシは、「経済的生産装置の持続的発展」のためにも、「もっとも広範な人民大衆の文化と倫理性〔civilzation and morality〕」を高めることの重要性を示唆している。

1930年代初め東方に眼を向けたとき、グラムシは、「国家がすべて」であり、そこに〈社会〉を徹底的に吸収・併呑してしまおうとする一つの世界（ソヴェト国家）が実現されようとしている事態を深く憂慮したにちがいない。だからこそグラムシは、ファシズム（独裁政治）が支配する自国イタリアだけでなく、社会主義の道を歩みだした国においても「頑丈な市民社会」を構築するために、「もっとも広範な人民大衆の文化と倫理性」を高めることの意味を、統治される側の独自の課題としてとらえ返すこと（強調の傍点は訳者）がますます切実であることを痛感したのではないだろうか。

ブラヴォイによれば、グラムシが提供してくれるものは、先進資本主義にみいだされる国家と市民社会の特殊な形相についての比較史であって、より一般的な、市民社会の起源論ではない。グラムシは、市民社会の出現のメカニズム一般の研究の代わりに、機能的分析、つまり資本主義が市民社会をいかに上手に役立てるかについての理論を掘り下げた。依然としてこれは、マルクス主義的思考における一つの革命的突破口であった。第一に国家の意味を肯定的であると同時に抑圧的な装置をふくむまでに拡張して解釈し、第二に国家を市民社会をふくむまでに拡大延長して解釈することによって、レーニンの国家理論をさらに批判的に充実させ深めようとした。グラムシはそこに、社会主義の意味と戦略を転換した新しい形態の支配力、ヘゲモニー力を発見したのである。たとえ彼がヘゲモニー力をもつ諸制度の起源について精巧に練り上げられた理論をまだもっていなかったとしても、階級的勢力の結集や階級的連合の問題に、言い換えれば、革新的な「歴史的ブロック」の形成の問題に中心的位置づけをあたえる一連の論拠を示唆し得た理由もまた、ここにあると言えるだろう。

　「市民社会」と「政治社会」の対抗関係（どちらが相手側をいかに同化・吸収するかをめぐる相克の関係）は弁証法的であり、つねに「不安定な均衡」としてあらわれざるをえない。グラムシは最終的に「調整された社会」（「自己規律的社会」とも訳されるが）の実現によってこの対抗関係は克服（揚棄）されるものと想定している。しかしグラムシはマルクスに倣ってこの相克過程が数世紀におよぶかもしれないと述べているだけであって、その「調整された社会」の具体的な青写真についても、そこにいたる具体的プロセスについても、突っ込ん解明をおこなっているわけではない。

4．グラムシが言及するヘゲモニーはほとんどつねに資本主義的ヘゲモーである

　ブラヴォイによれば、実際に、階級的ヘゲモニーについてのグラムシの概念すべての興味深い解釈は、彼が資本主義的ヘゲモニーについて書いていると推定させるところにある。勤労階級ができることといえば、同盟者の長期的利益が社会主義と勤労階級のヘゲモニーの側にあるという主張（約束！）くらいのものである。ヘゲモニーの制度的基盤の問題に立ち返ると、さらなる困難が待ちうけている。資本家は力と合意との上手く調整された組合せを組織するための国家をすでにもっているが、資本主義的市民社会の塹壕において平等、正義および民主主義を鍛え上げるために勤労階級がもっているのは、ブラヴォイによれば「ただ共産党という現代の君主

だけ」(「現代の君主」というのはイタリア・ルネサンス期の政治哲学者マキャヴェリの名著『君主論』をヒントにしたグラムシ独特のメタファー＝訳者)である。

5．「社会」（市民社会）は資本主義的ヘゲモニーの武器である

　資本主義的ヘゲモニーはひじょうに強力なので、社会主義への移行は、骨の折れる、困難な、そしておそらく不可能でさえあるかもしれない「陣地戦」を要求する、とブラヴォイは指摘する。たしかに被従属・被抑圧諸集団（諸階級）の対抗ヘゲモニーを共同して構築する上で、〈市民社会〉がおのずと自然成長的に有効な武器に転化することはけっしてない。ブルジョワ民主主義がファシズムのような専制主義的資本主義よりも「陣地戦」のためのより肥沃な土壌を提供することは疑いないが、それと同じように、そのブルジョワ民主主義が根底的（ラディカル）な民主主義となるいかなる根拠もない。国家と市民社会の関連をつうじて機能する資本主義的ヘゲモニーの力は、根本的に新しい道徳的知的体制――いわゆる「調整された社会」に転化されるべきものであるとしても、それは長期的な闘争を通してはじめて実現できる。

　ブラヴォイによれば、グラムシは資本主義的ヘゲモニーの力をひじょうに評価しているので、結局彼はそのヘゲモニーはいかにして掘り崩すことが可能かを理解するのに「途惑っている」ところがある。勤労大衆は効果的な「陣地戦」をすすめるのに物質的資源や強制手段にアクセスするための資力をもっていない。彼らの一つの武器は「有機的知識人」との連携であるように見える。有機的知識人は労働階級との緊密なきずなをとおして、対案的なヘゲモニーのまわりに集合的意志を鍛え上げる政治的イデオロギーを発展させることができるかもしれないからだ。

　初期資本主義の下で市民社会は脆弱で、国家から自立はしているとはいえ、先進資本主義の下では市民社会は、そのネット（網の目）をますます広い部面に押し広げ、教育、輸送、郵便事業および遠距離通信、警察、党政治、マス・メディアなどの拡充をとおして「日常生活と国家を結びつける」。ブラヴォイにとって、ブルジョワ民主主義は国家と市民社会のあいだの"適切な釣合"をもった先進資本主義のための規範であるが、「日常生活と国家を結びつける」視点は、市民社会を舞台にたたかう歴史の主体としての市民生活者すべてにとっても重要な規範とならなければならないことも、この際強調しておきたい。

第5節　崩壊したソ連に「社会」は存在したか？

　ブラヴォイは「ソ連とその衛星諸国が、良くも悪くしくも、一種の社会主義であって、そこから依然多くの教訓を引き出すことができると私（ブラヴォイ）は信じている。社会学的マルクス主義の規範的枠組に照らして、ソ連には〈社会〉は存在したのかどうか、それがどういう形態をとり、どんな結果をもたらしたかが問われている。〈社会〉が存在したか存在しなかったかは、ソ連の発展の方向、ソ連の最終的な崩壊、その余波にとってどんな違いがあるのか？　これをあきらかにすることがこんにちの（社会学的）マルクス主義にとっての第一の課題である」と述べる。

　グラムシとポランニーは「マルクス主義的図表に〈社会〉を置いて注目をあつめた。けれども彼らは、社会のもつ広々とした空間、社会の輪郭、社会のなかにある渓谷や山脈を一瞥しただけにすぎない。社会をそのすべての現代的な身の丈において（傍点の強調は訳者のもの）探求踏査するなかで、いかにそれが未熟で萌芽的なものであっても、社会主義的想像力を再び覚醒させるであろう"真のユートピア"を発見することにつながるものと、私（ブラヴォイ）は期待するものである」。

　「グラムシの期待がくじかれたのはなぜか？　ポランニーが我われに教えているように、社会は市場に対応して創造される。1920年代にソ連で市場が活気を呈しはじめたにもかかわらず、これらの市場は計画化と集団化の導入にともない消滅してしまった。市場のない社会は限界をもっており不安定である」。

　「かくしてボリシェヴィキ革命だけでなくロシアの市場は、社会学的マルクス主義にとって痛ましい教訓を与えるものだ。市場は〈社会〉の発展のために必要かもしれないが、それだけでは十分ではないのかもしれない。旧ソ連におけるポスト社会主義期の市場への移行は"大転換"ではなく、私（ブラヴォイ）が言うところの"大退化"をともなったのであった。労働組合および協同組合の発展によって労働が商品化に抵抗する代わりに、労働は家内経済に引きこもる。地主階級が税や補助金をつうじて農業経営の保護を組織する代わりに、農業は再び小作農化〔repeasantized〕された。貨幣が国有銀行によって調整される代わりに、企業はバーター（交換貿易制）に移った。ロシアがグローバル経済に組み込まれることによって金融・自然資源産業を経済の頂点に押し上げる一方、貧困、退廃、および多数者のための市場からの撤退を代償に、これがおこなわれたのだ。ここにあるのは活動的社会ないし市民社会ではない。むしろその反対で、市

場と国家から撤退する受動的、防御的社会である」。

　ブラヴォイ論文は2003年に書かれたものだから、2006年に英語版として刊行されたブハーリン『獄中書簡』（ロシア語版の刊行は1996年）に言及していないとしても不思議はない。英語版『獄中書簡』の第一巻の標題は「社会主義とその文化」で、ブハーリンが1937年2月27日に逮捕投獄されてから処刑される翌38年3月15日までのあいだに書かれた13編の論文（英訳で320ページ）を収めている。第二巻は「哲学的アラベスク」と題する300頁もの哲学書である。独房の中でおよそ一三ヵ月のあいだに書かれたものだが、ブハーリンの才気と筆力は驚異的なものである。

　『獄中草稿』については別の機会に論ずることもあろうが、ここでは本稿の主題と関連する「市民社会」に関するブハーリンの獄中での分析の一端について、簡単ながら紹介しておきたい。『獄中書簡』はスターリンの指示のもとにクレムリンの書庫に厳重に保管され、58年間も公表されなかったものである。ブハーリンは論文「社会主義文化の物質的基礎」のなかで、ソ連における現実的な諸過程と発展の現実的な諸傾向の第一の問題として、次の点を強調している。

　「我が国における生産手段は、国家と、全国的な経済計画に従属している集団的（共同的）農場の手中にある」が「資本主義国家がそうしているように、国家が社会の上に立っているのではない。我が国において国家制度は市民社会 civil society〔obshchestbennost〕に溶け込み融合しており、市民社会の特性 the nature of civil society〔obshchestvennogo kharaktera〕をもっている無数の組織は同時に国家の周辺的胴体となっている。したがって幾百万の勤労人民は国家に従って行動する対象ではなく、勤労人民自身が国家である。"朕は国家なり"ではなく"国家はわれわれ"であり、都市・農村の幾百万勤労人民である」。

　さらにソ連型「市民社会」の特性についてブハーリンは説明する。

　「生産手段は集団農場の'全体会'、それらの統治機関、労働者の集会、生産会議、生産評議会、工場支配人、特別作業隊の会議、スタハーノフ運動従事者の大会や集団農場特別作業隊その他の社会的自己活動の制度や形態や類型によって運営管理されている。これがソヴェト民主主義を構成している。…この現実に目をつむるのでないかぎり、大衆がすでにこの過程に引き込まれていることを否定することはできない」。

　1937〜38年の時期のソ連で、ブハーリンが述べるような「市民社会」が現実にどの程度まで機能していたのかをつぶさに検証することはできないが、少なくともブハーリンがそのような社会が実現されていると想定して

いたことはたしかである。しかし同時に、ブハーリンの描くソ連型市民社会がいかに現実と乖離していたとしても、スターリン体制下のもとで闇の中に葬られていたことも事実であろう。

　ブハーリンは別の論文で「ソ連における社会主義の成長はすでに新しい形態（法、慣習、世界観）を作り出すにいたっている。（ソ連には）危機はないし、また危機はあり得ない。社会の統一性はますます強まっている」（「社会主義文化の様態」）ときわめて一面的な見解を述べている。このくだりについて英訳者のジョージ・シュライバーもさすがに《註釈》を挿入し、「もちろん、ブハーリンの原稿のこのくだりには恐るべき皮肉がこめられている。ソ連では、この時代、つまり1930年代に幾百万人が逮捕され、ブハーリンがこれを書いた一年後にブハーリン自身を含む数万人が処刑されている」と書かざるをえなかったが、それがスターリン体制にたいするブハーリンの「皮肉」であるかどうかは検討の余地がある。

第6節　日本の「市民社会」の未成熟性

　ブラヴォイ論文では日本の「市民社会」については何も語られていない。そこで最後に、この問題にふれて終わりにしよう。日本に「市民社会」が存在することはいうまでもなかろう。

　しかしながら、わが国の社会のあり方が「都市の市民にふさわしい」「洗練された」「礼儀正しい」ものなのかどうか、「学芸の進歩と経済の発展」をつうじてほんとうに「文明化」されたものなのかどうかと問われたならば、「イエス」とこたえるのはなかなかむずかしい。

　ブラヴォイが論じるところの〈社会〉あるいは〈市民社会〉に求められる規範にてらして考えてみるならば、日本に実現されているのは、お世辞にも「成熟した市民社会」とはいえない。どちらかといえばそれは「片輪の市民社会」であろう。裏返せばそれは「片輪の国家」であろう。

　ブラヴォイの市民社会論は、過去に植民地を経験した諸国やその他の「後進諸国」に「市民社会」の形成・展開はむずかしいとして、「先進資本主義国」が主な分析の対象となっている。その分析の当否は別として、「先進資本主義国」とは文字どおり対外的に「自立・独立した国」を分析の前提としていることはいうまでもない。日本は欧米諸国と同等に「近代的な先進資本主義国」の一員として国際的にも当然のごとく扱われ、国民の多くもそう信じているらしい。

　しかしながら、日本が対外的に「自立・独立した国」だと胸を張って言

える自信は私にはない。とくに沖縄県名護市辺野古の沿岸部の埋め立て工事をめぐるこの間の日本政府の対応を見ていると、それでも独立した行政府のやることかと首をかしげるどころか激しい憤りを禁じ得ない。戦後七〇年たったこんにち、自国の領土に外国軍事基地が自国政府の「お墨付き」の下に半永久的に存続することは、そのことだけでも世界の近現代史上類例を見ない恥辱である。さいきん発生した元米兵による無垢の沖縄女性虐殺事件は沖縄県民の怒りと「日米地位協定」の不当性を新たに浮かび上がらせた。先の大戦で敗戦国となったドイツやイタリアにも、北大西洋条約に基づいて外国軍事基地は存在するが、だからといって軍事基地を置いている相手国に対して「何ものが言えない」というような理不尽な状況は法的にも歴史的事実としても克服されている。米独関係にも米伊関係にも「日米地位協定」のような他国の主権・独立を侵害してはばからない屈辱的な「治外法権的」な取決めは存在しない。万一存在するとすれば、ドイツ国民もイタリア国民もそのような協定とその協定を受け入れた政府をけっして許しはしないだろう。

　もちろん日本の「市民社会」の未成熟性をもっぱら日本の「対米従属性」だけに求めるとすれば、それは片手落ちというべきものだろう。日本資本主義の構造的歪みやそこでの人間の「個として」の意識の未成熟性の問題や根深い原発依存症の問題もあるだろう。これらの問題もしっかりと視野にいれて、わが国の「市民社会」が抱える構造的な諸問題を包括的に論じる必要があるだろう。その課題には機会を改めて挑戦することにしよう。それにしても、日本の「市民社会」の未成熟性の根幹に「対米従属性」の問題が横たわっていることも真実であろう。そして、たとえ萌芽的であってもこの事実への接近・認識こそが、成熟し、近代文明をそなえ、自立した「市民社会」への飛躍をうながすものと私は信じている。（2016年5月23日）

　〔この論考は『葦牙』No42（2016年7月）に発表したものだが、なかみだし「崩壊したソ連に「社会」は存在したか」のところで、ブハーリンの「獄中草稿」（1996年にロシア語版、2006年に英語版が刊行された）にもとづいてブハーリンの「市民社会」についての観方を若干補足している〕

終　章　新しい世界変革は実践されつつある

はじめに

　この終章においては2つの事を述べたいと思います。1つはこの本の主題である「共生社会」「共歓の世界」を創る営みは新しい提案と云うよりも、既に各地域、分野、領域で実践されつつあるということです。
　もう一つは新しい世界創造の営みはすでに始まっているが、しかしその歩みは遅々として進んでいない。痺れを切らした人びとの中にはとんでもない選択、すなわち憎悪や排除への傾斜、トランプ大統領のような排外主義と差別主義に扇動され、狂気に走り出す恐れがあります。この逆攻勢に躓くことがないようにするためには社会的連帯経済の実践と同時にそれを後押しする政治的・思想的な運動が必要です。しかし、世界の先進事例である韓国のソウルや原州、カナダのケベック州のモントリオール市、スペインのバスク州モンドラゴン市やビルバオ市、イタリアのボローニャ市のように協同組合、社会的企業、NPOなどが、法律や条例制定によって政治的に担保され、制度に支えられた社会的連帯経済と自治体（地方政府）の協働による実践事例はいまのところ日本には残念ながらありません。私見では滋賀県、山形県、島根県、神奈川県などにその萌芽と思われる活動と成果を見ることが出来ますが、「これこそ誰もが認める、目に見える実例です」という域には達していない。では社会的連帯経済の認知度が低く、その発展を拒んでいるのは何でしょうか？　このウイーク・ポイントについて、筆者の友人で「ソウル宣言の会」代表である若森資朗氏（元パルシステム生協連合会理事長）や朴元淳氏の指摘などを援用しつつ考えてみます。

第1節　始まっている未来創造の営み

　さて「共生」は共に生きるということですが、人間と人間、男と女、赤ちゃんも老人も、青少年も成人も、都市の人も農山漁村の人も、生産者も消費者も、自国人も外国人も、現在生きている人びとだけでなく未来に生を享けるであろう人々も皆共に尊厳をもって生きることができ、しかも生命も資源も環境も持続可能な世界をつくるということです。言い換えれば

終章 新しい世界変革は実践されつつある

人間と自然、人類と地球が共に永続的に生きる世の中をどう創るかということです。

これを別の角度から問い直すと、共生社会を拒み壊してきたものは何か？　ということにもなります。過去を振り返ってみると、長い時間軸をとれば産業革命や近代社会の登場にさかのぼります。先にも述べたように本来、商品として売買の対象にしてはならない人間（労働力）や自然（土地など）を市場で商品化した資本主義システムや植民地支配システムに根本問題があります。アジア、アフリカ、ラテンアメリカ、中東の人びとを植民地支配した歴史的犯罪とそれを支えた身勝手な西欧中心主義の思想と行動は絶対に歴史的負の遺産として批判克服しなければなりません。さらに核兵器開発・原子力発電や利潤を目的にした遺伝子組み換え生物に代表される自然破壊の極みである悪しき科学技術は高度な倫理的規範に基づいて厳しく規制されなければなりません。

過去を短い時間軸で見ると20世紀以降、２度にわたる世界大戦争を経た中に社会主義革命・社会主義体制の世界的成立とその崩壊を経験しました。この間に左、右、中間派を問わず、経済成長を継続し富を増やせば、貧困から脱却して「豊かな経済」「幸福な生活」「成熟した社会」を創りだせるだろう…という考え方と政策が1960年代までは一定の支持をえておりました。しかし"黄金の60年代"と云われた時期以後、経済成長は揺らぎます。"揺り籠から墓場まで"暮らしを保障すると云われた福祉国家や国営公営事業は財政赤字や不効率な経営を批判されて揺らぎます。"失業が無く社会保障が徹底している"とその成果を誇っていた社会主義国では自由と民主主義の欠如を批判され各地域で大小さまざまな反乱が起こりました。さて未来をどう選ぶか？　社会民主主義・福祉国家でゆくか、レーガン、サッチャー、中曽根に代表される新自由主義を選ぶか、伝統的な社会主義・共産主義を改革しつつも堅持するか、それともこれらとは異なる、政治や経済のみならず価値観、文明の大転換をともなう公正、公平なオルタナティブな道を模索するか、岐路に立たされているといえるでしょう。

1980年代以降、結果として社会民主主義の福祉国家論、伝統的な社会主義・共産主義運動は敗北して、新自由主義が政治的に勝利します。原因追求は別の機会に深く考えたいと思いますが、グローバリゼーションと経済成長神話の激浪に晒され、批判派が、残念ながら人々の共感を呼ぶ対案を提示する能力を欠いていたのは確かです。

地球は１つの惑星であり空間にも資源にも限りがある。地球を"宇宙船地球号"に見立てると、無限の成長などあり得ないことが認識されるよう

になりました。その記念碑的な書物は、ローマ・クラブのドネラ・H・メドウス他による『成長の限界-人類の危機』(1972年) でした。これは、世界はこのままの傾向が続くなら人類の成長は限界に達する。したがって破局を避けるためには新しい選択をしなければならないと警告を発したものでした。もう1つは1977年にアメリカのカーター大統領が議会に提出した環境教書『西暦2000年の地球』です。このレポートはアメリカ政府がシンクタンク等を総動員してまとめ上げたもので、環境のみならず人口、資源、食糧について未来予測を行ったものです。これも現在の文明を最善とする思想、政治、経済のあり方に根本的な疑問を提示しました。

同時にマルクス主義の命題である「生産力の発展が現在の社会制度ではやがて限界に達し、階級闘争が激化し、社会変革の時代が到来する。そして政治革命を経て更なる生産力の発展をとげる」という"定式化された科学的予見"が果たして妥当であるか否か。「生産力と生産関係の矛盾の解決である革命」は生産力の更なる発展を約束するものであるのか? 疑問が投じられました。

エコロジー、エントロピーなど生態学や熱力学の法則が"宇宙船地球号"をも律していることが生物学者や物理学者、哲学者から指摘され、改めて富の偏在と権力の集中を変えるための社会変革と文明のあり方の大転換が真剣に考えられるようになったのです。この点については既に第6章「陣地戦と知的・モラル的改革の時代」で述べたので繰り返しません。問題は新自由主義や資本主義に代わるオルタナティブを提示し実例を示す能力が試されているということです。

「共生」というキー概念とともに重要な概念が「共歓」という価値観であると思います。例へいくら経済成長をしてもその果実が極端に富める者やグローバルに事業を展開する巨大企業に偏在し、大勢の人々や国々、地域社会が貧困、疾病、劣悪な生活・労働環境、不安定な仕事、不安定な暮らし、災害、戦争など絶望的な状況に陥って疎外され、排除され、避難を余儀なくされ、難民化する世界では人間的な価値の実現に繋がりません。

共に歓びを分かち合う世界、「共歓の世界」は、人は生まれながらにして平等であることを出発点にしています。ジョン・ロックやジャンジャック・ルソー、ジョン・スチュアート・ミル、ロバアト・オウエン、カール・マルクス等の思想、世界人権宣言を経て人類が築いてきた知的遺産があります。自由主義の元祖と云われているアダム・スミスでさえも「国富論」と共に「道徳感情論」を繰り返し出版しています。これらは健常者も障害者も、男も女も幼児も老人も公平、公正、尊厳のある生活と労働を全

終章　新しい世界変革は実践されつつある

ての人が保持するという価値観にもとづく政治、経済、社会制度を求める社会運動に通じております。

　筆者は取材した数百人の人々に問いました。「仕事や活動をして良かったこと、嬉しかったことは何でしたか？あなたの価値判断の基準はなんですか？」と。ほとんどの人は異口同音に「自分のやった仕事、作ったものや提供したサービスについて、とても良かった、有難くて助かった、美味しかった、楽しかった…と感謝され歓ばれた時です」と答へました。お金を儲けること、事業を大きくすること、競争相手に勝って生き残ったことが喜びである、などと語った人は稀です。かえって相手を絶望の淵へ追い込んだ「うしろめたさ」を引きずっておりました。

　人間が尊厳のある暮らしを続け、しかる後に人生を終えるためには、最低限度の衣食住、医療・教育を全ての人に社会全体で保障する制度が必要です。ところが日本国憲法に明文化されている「すべて国民は、健康で文化的な最低限度の生活を営む権利を有する。国はすべての生活部面について、社会福祉、社会保障及び公衆衛生の向上及び増進につとめなければならない。」(第25条)とあるにもかかわらず、現実の政治においては財政事情や少子高齢化社会の到来などを理由に、最低限度の福祉さえ実行されないまま、自己責任論（自助、互助）を当然視する政策が行われているのが現実です。

　社会的共通資本（ソーシャル・キャピタル）である共助、公助はあたかも補助的な位置を占めるという歪められた政策によって、現在の日本では公的社会保障では自己負担比率を増したり、営利企業による営利目的の保険会社や有償施設に福祉を委ねつつあります。営利企業は利益が出る分野へは大いに進出しますが、そうでなくなるや否や、たとえ人々が切実に求めている事業分野でも資本の法則に従って撤退します。

　これはフリードリッヒ・ハイエク、ミルトン・フリードマンに代表される新自由主義のイデオローグ（理論家）の価値観による政策が各国の保守的政治勢力、政府によって採用され浸透した結果であると言えましょう。日本も例外ではありませんでした。

　「共生と共歓の価値観」はこれに真っ向から対立するイデオロギーであり、現代文明にとって代わる代案（オルタナティブ）であると思います。その一端は第4章「海鳴りの底から」で筆者が取材、調査した幾つかの実践事例で紹介しました。また第6章「陣地戦と知的・モラル的改革の時代」において、アントニオ・グラムシ、カール・ポランニー、エントロピー学会などがまとめた知的遺産の一端を今日の社会運動に関連させて述べまし

た。

　しかしながら、これらの素晴らしい実践や知的営みが大勢の人々に知られ、仲間と情報交換したり共有され、協力し合っているかと云えば実はそれが不十分であったり全くなかったりしているのが現実なのです。何故か？どうしたらこれを克服できるのか？　最後にこの難しい問題を考えることにします。

第2節　何が連帯と前進を拒んでいるか？

　まず政治です。日本の国会では2017年現在、憲法改正勢力が国会の3分の2以上を占めています。「安保法制」改訂は日本国憲法に反するという批判が各地域、各階層、若者、女性たちを含む数次にわたる巨大なデモ、日本弁護士連合会など数多くの団体の反対決議にもかかわらず、可決されました。さらにその総仕上げともいうべき憲法9条改訂が公然と提起されています。

　本当に憲法第9条の改訂が与党が目論む日程の通り進むか否かは、これからの政治運動、社会運動の動向如何にかかっていますが。上記の政治に続いて農業、労働、市民活動の分野で起こっていることを簡単にスケッチしてみます。

　農業・農民の分野では農業協同組合が反対する中、農協法の改訂が国際的に認められた協同組合原則に反する内容でなされ、農協は民主主義的な原則による農協中央会を自分で組織することができなくなりました。事業分野でも『1人は万人のために、万人は1人のために』という崇高な精神によるのではなく自由貿易主義に批判的な方針の撤回を求められ、資本主義的営利企業と同じ土俵に乗ることを強いられているのです。

　仕事・労働者の分野では一部の人に「残業手当ゼロ」を容認する労働基準法の悪しき改訂が目論まれ、これに日本最大の労働組合組織のトップ・リーダーが条件付きで同意するという事件があり、これは組織内民主主義に反するとして中央執行委員会で「同意を撤回する」という事態が2017年7月に起こりました。日本では原子力発電の是非についても、労働組合の最大組織が再稼働を容認するという立場に立っています。これより前、非正規雇用の労働者、派遣労働者の範囲を拡大する制度がつくられ、日本における労働者の姿は低所得層が増大する事態となっています。片方で少子高齢化社会、労働力不足が深刻であるといわれながら、他方では不安定な労働、尊厳の無い長時間労働、生活保護法の水準以下の低所得層が約30％

にも達するという現実があり、求められている労働時間の短縮は実現していません。

　筆者が取材した農林漁業の分野でも大規模経営をしている経営者は「今や低賃金で長時間働いてくれる外国人労働者（研修生、実習生）なしにはうちの経営は成り立たない」ところが全国各地で見られました。これは個々の農家や経営者の悪意、善意の問題ではなく、このような実態を招いた政策と制度の欠陥の問題であることは明らかです。

　市民活動や社会運動の分野では、国家権力による監視を法律的に容認する「共謀罪」法案が十分論議することなく、いきなり「中間報告」をもって強行して可決されました。政治における平和憲法の改訂、産業政策における国境を越えた新自由主義的制度の容認、労働における労働基準法の基本的権利の骨抜きなど、全ての分野で激烈な優勝劣敗の競争社会秩序がつくられようとしています。共謀罪はそれを維持するために批判的な社会運動を未然に押さえ込もうという意図が察せられます。

　同時に見ておくべきことは地方自治体や企業の内部において、このような国家権力による上からの規制や監視の意向に迎合し、権力者の意図を「忖度」する心性が生じていることも見過ごすことができません。以上が私たちの目前にある現実だとおもいますが、これに対する対抗策を最後に考えることにします。

　まず若森資朗氏が『「社会的連帯経済」の日本での広がりとネットワーク形成への取り組み』（季刊「変革のアソシエ」No.29号2017年6月）という論文で書いていること、同氏が引用している朴元淳氏（ソウル市長）の著書にも触れたいと思います。

　『「ソウル宣言の会」発足には、GSEFの設置を提起し、力強いリーダーシップで牽引してきた、朴元淳ソウル市長の存在も大きかった。朴元淳市長は2000年9月～11月の3カ月間日本を訪れ、東京は言うまでもなく、都市と農村、南は九州から北は北海道、山形まで、たくさんの市民団体、活動家を訪問し交流を深めた。そしてこの日本の市民運動の訪問交流記を『韓国市民運動家のまなざし―日本社会の希望を求めて』（参加型システム研究所、石坂浩一編訳、風土社刊）と題する本にまとめて出版した。その冒頭文書の中で以下のようなことを述べている。少し長いが日本と韓国の市民運動の特徴的な違いとして興味深いので引用する。

　「何よりも日本の市民団体は、全国的ネットワークをもっておらず、みすぼらしくもある。韓国の場合、ある地域、ある分野の市民運動を知りたいと思えば、たやすく紹介することが出来る。それだけお互いが良く知っ

ているということである。これまでの長い連帯の歴史を持っているからだ。とりわけ、全国のしかるべき市民団体が加入している市民社会連帯会議が、全国的に組織されており、相互のネットワークも比較的うまくいっている」「ところが日本の場合、第三世界支援と交流を専門とするNGOの協議体はあるが、市民団体全体のネットワークはなかった。このため筆者は、分野別の市民団体の協議会や特定の市民団体会員の住所録、マスコミ報道、市民団体に関する本、活動家の個人的な紹介を通じて訪問先のリストを自分で直接つくっていかなければならなかった。こんなにバラバラに存在しては、強い政治的影響力を行使することは難しいだろうと判断された」「けれども地域にはいってみると、日本の市民運動家は地域ごとに多様な活動を繰り広げており、日本の市民社会の奥の深さと健康さを確認することができた」「それだけではなく、大きな団体ではないが、小さなグループをつくりささやかな多様な活動と実践をくりひろげているところも、韓国の市民活動がまなぶべきところであった。定年退職人や主婦がNPOをつくり、自分の市民社会の問題を解決してゆくのは望ましいことではなくて何だろうか」

　これらのことは実に日本の市民運動のあり様を、言い当てているような気がする。確かに継続して活動している１つ１つの団体、組織は、目的とする個別課題ごとに成果をあげてきている。しかし考え方や取り組み方が相違した場合、あちらはあちら、こちらはこちらと、相手を尊重するのは良いが、連帯して取り組むことによる、社会全体に変化をもたらす影響力を持つことには、消極的であるような気がする。言い方によってはお互い切磋琢磨し、それぞれで良い成果をあげ、より良い社会の発展に寄与するということになるのだが。

　それでも何とか社会の一角を占める発展が可能だったのは、皮肉なことに時代が高度経済成長時代であったためだ。生協にとっては大量生産・大量消費社会であり、その結果噴出した公害や環境破壊であった。他方、農協では信用事業、不動産業の発展だ。その状況下でおおくの人が組合員になり、組織の存続を可能とした。しかしそのことだけが一人歩きし、それ自体が目的に陥る傾向もうまれた。農協にあっては地縁、血縁を生かせば，充分大資本に対抗可能であった。しかし少子高齢化は、必然的に人口減少社会となって消費を減少させる低成長時代に入り、攻撃の対象となり危機を迎えた。一方、生産力は科学技術の発達から増加し、物があふれる時代となった。その結果、資本としても生き残るには、利益を蓄積し次の時代に備えることが必要となり競争が激化した。その闘いに勝ち残るには、よ

り一層の厳しい競争を不断に強いて効率を追い求めることになる。この利潤を生むための悪循環は、人の心身を破壊し、自然環境をもまた破壊していく。』

　私は若森氏の引用部分にもご意見にも全面的に賛成であり、繰り返しになりますが朴元淳氏の著書の次の箇所も引用しておきたいと思います。

　「わたしは、とりわけ日本の生協運動に感動した。みずから『生活者』を名乗る主婦たちが、世の中を変える最前線に立って活躍している。遺伝子組み換え食品の輸入問題を例にあげてみよう。韓国が輸入反対のデモをひとわたりして終わってしまうとすれば、大規模な生協組織でそれを食べない運動を行い、具体的な効果を上げるのが日本だ。総論には強く各論に弱いのが韓国の市民運動だとすれば、総論に弱く各論に強いのが日本の市民運動だ。韓国の市民運動が戦略的な地点を攻撃し、社会変化を導く空軍だとすれば、日本は、下からひとつひとつ変えていく陸軍である」

　日本と韓国は市民運動のレベルで互いに学び合うことが大切であるということでしょう。筆者が韓国の大学に留学し知識人や学生と接した経験から感じるのは、彼らには「社会運動で勝利できる」という確信がある点です。ところが日本ではしばしば「挫折」が語られる。韓国の人びとは1960年に李承晩大統領の打倒に成功した命懸けの学生デモの歴史、1987年には軍事独裁政権を批判して大統領直接選挙を実現させた巨大なデモの経験、さらに2017年の朴槿恵大統領を罷免させた国民的な広がりのある長期デモの勝利の体験があります。

　日本でも1960の日米安保条約改訂に反対する大きなデモやストライキ、2016年の安保法制への長期にわたる巨大なデモが闘われましたが、勝利の実感は乏しい。むしろ挫折感を味わっているという差異があります。しかし深く考えてみると朴元淳氏が指摘しているように、個別の分野や地域で具体的かつ実践的に勝利した経験が実にたくさんあるのです。原発立地を拒否して勝利した実例。汚濁の川を清流にを取り戻した運動など。問題はそれが記録され、みんなの知恵として共有され、連帯関係を構築する糧にされていないことです。

第3節　プラットホームとネットワークの構築へ

　問題点を掴むことができたと思います。組織や分野が違っていても、共通する課題に対しては共に取り組むことによって社会変革への展望を開く方法と実践です。先ず第1に自分の組織や専門の枠に閉じこもることなく、

縦割り・分断状態に横串を刺して連帯関係を構築するための特別の自覚的・目的意識的な努力を開始することです。

　このことを永年、農協中央会やJC総研、日本協同組合学会などで活躍されてきた松岡公明氏（農林年金理事長）が「プラットホーム」と呼び、農協人、生協人を問わず研究者やジャーナリストをふくめて志のある人や組織の横断的な結びつきの構築を呼びかけています。若森資朗氏もまた前掲の論文で今後の方向の一端を具体的に次のように述べています。

　「…①社会的連帯経済への認知度を高める。
　◎今後は「社会的経済」の用語も「社会的連帯経済」に統一する。
　◎社会的連帯経済を実践していると思われる組織や運動、関連するシンクタンク等を把握し、情報としてまとめる。それに当然ながら自治体関係者、議員も加える。
　◎社会的連帯経済をテーマとした講演会やシンポジウムを、地域、課題によって様々に組み合わせ複数団体、個人の共同主催で行い、情報発信する。
②共通のプラットホームとネットワークつくりへ。
　◎上記①の活動をベースとし時期を見て、広範な社会的連帯経済の統一的組織、「(仮称) 社会的連帯経済フォーラム・ジャパン（準備会）」を立ち上げる。
③自治体との連携を追求する。
　◎前述したように、自治体との提携・協力関係は、市民運動が行政の資金や便宜の提供を受ける一方向の関係ではなく、自治体予算の使い方をより市民本位の方向へ変える行政改革の面も持つ。ソウル市が成功したのは、この両面を組み合わせて進めたからだ。こうした姿勢での取り組みでなければ市民による経済活動といっても、単なる資金援助を期待するおねだり運動に堕してしまうし、行政側の人員カットなど合理化に利用されることになる。…（以下略）」と述べています。

　明治維新以来、今日に至るまで日本社会は政治や行政も企業も縦割りに組織されてきました。協同組合でも農協は農協法、生協は生協法。信用金庫は信用金庫法など個別法によってつくられ名称は同じ「協同組合」でも法律を読むと目的やアイデンティは別々で、実態でも連帯感が乏しかったのは歴史的事実です。縦社会には順応するが、横社会には馴染まない行動と思考が個人や組織を支配してきました。このことは井上良一氏（「ソウル宣言の会」事務局）がその著書『「なじみ」の構造—日本人の時間意識』（創知社、1996年）でも指摘されていることですが、思考方法や言語構造も関

係する根深いものがあります。この問題は簡単に解決できるものではありませんが、しかしこの知的、モラル的変革はやりぬかねばなりません。

　社会的連帯経済に共鳴して、海外の仲間たちと経験交流し、議論を交わす中から考えたことは、悪しきグローバリゼーションに由来することは、良きグローバルな連帯によって克服する以外にないということでした。そのためにはまず最初に国内の多種多様な社会運動の人々と組織、地方政府を巻き込むネットワークをつくらなければなりません。しかし、日本の社会自体も社会運動もまた、縦割り構造になっており、その変革は「言うは易く行うは難し」です。先ず誰もが立ち寄ることができ、対話し、親くなることができる「プラットホーム」「ネットワーク」づくりを各地域、各分野で試みることから出発しましょう。

　これは誰の仕事でしょうか？誰かに責任転化することはできません。中央集権的な権力、情報、知識、社会組織、縦割り構造の組織と意識、そこで培われた人間のありようを変革しようと気づいた人が、横串を刺す努力を開始するしかありません。しかしこのような観点から日本の社会運動を顧みると、様々なシンクタンク、連合会組織、研究者の学協会、市民団体の中間支援組織などが現存しており、連帯を求める個人がたくさんいるのも事実です。まずこれ等が連絡を取り合うことから始めるのです。だから全くのゼロからではない。『１人が見る夢は単なる夢だが、みんなが見る夢は実現できる』のです。夢を現実にしよう！　2018年秋10月１日〜３日には世界中の社会的連帯経済の仲間たちと先進的な地方政府の代表、いろいろな国際組織の論客たちがスペイン・バスク州都のビルバオ市に集います。GSEFがアジア（韓国）から出発し、北米（カナダ）へ向かい、更にヨーロッパへ飛躍するのです。2016年のカナダ・モントリオールに続くこの機会を踏み台の１つにして、閉塞感の色濃い日本社会に希望の灯を燈そう。質、量ともに脱皮させつつ！　これが2013年以来、「ソウル宣言」にインパクトを受けた友人たちと筆者の結論です。

第４節　まとめ

　これまで述べてきたこと全体のまとめとして、筆者が季刊雑誌『Agenda』（第50号、2015年秋号）の石橋正氏の問に応えたインタビュウ記事『グローバル社会的経済は資本主義へのオルタナティブです』をベースにして、これを大幅に修正して締めくくることに致します。本文と重複する部分が多々あることをお許しください。

朴元淳ソウル市長のイニシアティブとGSEFの発足

　グローバル社会的経済フォーラム（以下。ジーセフという）は、ソウル市長の朴元淳氏のイニシアティブとカール・ポランニー政治経済研究長のマーガレット・メンデル教授の協力によって2013年11月に韓国ソウルにおいて「ソウル宣言―新たな協働の発見」を採択し、翌14年11月に「GSEF憲章」を採択して正式の国際連帯組織として出発しました。

　このフォーラムには幾つかの特徴がありますが、現在、世界中で起こっている貧困、格差、環境破壊、戦争や難民など不幸な出来事の根源を「かような危機が市場原理主義への過度な傾斜と、ほとんど規制のない金融世界化の結果であるという事実を否定することは出来ない」と述べ、今こそ全世界の市民が一般的・抽象的にではなく、具体的かつ実践的に連帯のネットワークをつくることを呼びかけていることです。

　第2に、これを具体的に実現するためには、市民に最も近い政治・行政である地方政府（地方自治体）と市民が組織する協同組合やNPOや地域に密着した地域経済（コミュニティ・ビジネス）である社会的連帯経済の事業とその連合会などの中間支援組織がまさに協働して当ろうと呼びかけていることです。

　第3に、その手法は従来、地域開発のスタンダードと考えられてきた国家財政の投入や企業誘致による雇用増大ではなく、民主主義的な意思決定の運営による市民参加型の経済であること、事業活動は環境にも人間にも優しいエコロジカルな科学技術によること。

　第4に、これを発展させるための経験や手法、技術、人材養成などを国際的に交流交換し、実用的なテキスト作りや、知識の蓄積を具体化するとしていることです。

ソウル市政の成果を確認

　以上のジーセフの発足と呼びかけは、韓国のソウル市政において過去6年間、実践されてきました。それは「協同組合都市―ソウル構想」、「協同組合活性化支援条例」、「社会的経済基本条例」などの制度づくりから、各種市民活動の支援センターの設立と市民社会の諸組織との連携活動によって実行されてきました。その成果の一端を示し、これらがカナダ・ケベック州やスペインのバスク州など先進事例を学びつつ行われ来たことを述べてきました。

いくつかの日本の先進事例

　次にでは日本では社会的連帯経済はどうなっているのであろうか、という問いへ応えるために、第4章で以下の事例を紹介しました。岩手県宮古

市の重茂漁協、福井県池田町、山形県置賜地方の活動、「雇う、雇われる」という資本主義企業の雇用関係とは全く異なる「働く人々の自治事業体——出資・運営・労働を皆で民主的に行う」事業体であるワーカーズ・コレクティブについて、そして最後に自分たちに必要な福祉を自分たちで創りだし分かち合う福祉専門の協同組合である神奈川県の福祉クラブ生協を紹介しました。

　以上の事例は、私が現地取材したほんの僅かな事例に過ぎません。まだまだ沢山の地域、領域、分野において規模も大きく大成功している事例が少なくありません。しかし問題点もあります。日本の社会運動の全体の問題だと云えることですが、これらが互いに知り合い、横に連携して自分たちは何者であり何をめざしているのか。共通の知識と認識と自己確認（アイデンティティ）を共有できていないことです。

21世紀の世界変革への政治的挑戦

　大変すばらしい活動が各地域、各領域で行われているのに、当事者が互いに知り合いになり、知識や経験を交流して共有し、より強い社会的、政治的、思想的ヘゲモニーを発揮できていないのは何故だろうか？　この大きな問題から目を逸らすわけにはゆかないと思います。

　そこで、アメリカの新しい社会運動の訪問記やアントニオ・グラムシ、カール・ポランニーの知的営みの一端を紹介しながら、この２人の知的巨人を評価したM.ブラヴォイ論文について論じた小原耕一氏の論文を掲載させて頂きました。彼らから得たことをヒントにして現代世界変革の道について、第６章では、長期にわたるであろう「陣地戦論」と文明の大転換をともなう「知的・モラル的改革」という戦略の試論を書きました。

　最後に、では社会的連帯経済を推進する社会運動、市民社会をめぐるヘゲモニー闘争と、政治権力を変革する政治運動とはどういう関係にあるのか？　を述べることに致します。

　日本を見ても、世界を見ても時代が要請する政策や運動と政治政党の政策や行動には相当大きなズレがあるように感じられます。韓国の国会議員選挙で朴槿恵前大統領の与党が大敗北を喫したことは第３章で述べましたが、朴槿恵大統領を失脚させた巨大なデモと文在寅氏の大統領当選は、人々に変革が可能であることを確信させました。これは韓国だけではありません。アメリカで社会民主主義者を名乗るバーニー・サンダース大統領候補がヒラリー・クリントンに敗れたものの、その時宜を得た正当な主張が若い世代の圧倒的な支持が集まりました。イギリスの労働党の新しい党首であるジェレミー・コービンの主張は社会正義、公共サービスの社会化、

終章　新しい世界変革は実践されつつある

職場おける労働組合の活動権の保障など参加型民主主義を掲げて保守党の42.4％に対して労働党の40.0％という誰もが予想できなかった善戦をしました。フランスでも新しい左派ともいわれる社会構造の変革を主張するメラション候補が第1回投票で19.64％を得て、当選した中道のマクロン（23.75％）、保守のフィヨン（19.91％）、右翼のルペン（21.53％）とほぼ互角に戦ったことが注目されています。つまり1980年代以来、世界を席捲してきた新自由主義（ネオ・リベラリズム）の凋落が始まっているのです。（雑誌『世界』2017. 10号の田端博邦「ネオ・リベラリズムの終焉？」から）

　政治、経済、社会の「知的・モラル的改革」の政策を的確に提示する能力と信頼するに足る人格の人物を得たならば、既成の権威主義的な政治政党と拮抗できるという希望を抱かせたのです。しかし、国の首長の1回の選挙だけで社会変革できるほど支配勢力や国家は脆弱ではありません。社会的連帯経済や地方政府、それらを支える知的・文化的イデオロギー、ヘゲモニー闘争による"換骨奪胎"が必要です。そのためには未来社会を先取りする無数の陣地とそれらを縦、横、斜め、国境を越えて結ぶネットワークとプラットホームの構築が必要です。また政治運動と社会運動の相互の自立と連帯という有機的な関係の構築が必要です。更に新しい文化・芸術、科学技術、暮らし方、生き方の創造を担い地域を、国を、世界をネットワークする有機的知識人が必要です。それを実行するのがソーシャル・デザイナーでありネットワーカーであると云えるでしょう。

初出一覧

第1章 「蘇るA．グラムシとK．ポランニー」(季報「唯物論研究」第139号、2017年)
第2章 書き下ろし
第3章 第2節「ソウル市の協同組合活性化支援条例の制定と政策展開」(JC総研機関誌『にじ』642号)
　　　第3節「協同組合と地方自治体の連携」(JC総研機関誌『にじ』650号)
　　　第4節「社会的経済基本条例の制定と『グローバル社会的経済アソシェーション』」(JC総研機関誌『にじ』647号)
　　　第5節「新自由主義の継続か、社会的経済への大転換か」(季刊雑誌『葦牙』第42号)
第4章 書き下ろし
第5章 第1節「岩手県宮古市・重茂漁協の復興への取り組みと特徴点」(JC総研機関誌『にじ』636号)
　　　第2節「重茂漁協の復興への歩みに思う」(重茂漁協協同組合編『天恵戒驕の系譜—東日本大震災の記録』2016年)
　　　第2節「福井県池田町・過疎地における潜在資源の顕在化」(JC総研機関誌『にじ』644号)
　　　第4節「山形県・置賜自給圏推進機構の出発とその意義」(JC総研機関誌『にじ』653号)
　　　第5節「ワーカーズ・コレクティブの現在と未来」(JC総研機関誌『にじ』615号)
　　　第6節「神奈川県・福祉クラブ生協の参加型福祉と共育」(JC総研機関誌『にじ』637号)
第6章 「アメリカの新しい波」
　　　第1節(社会運動研究センター機関誌『社会運動』1981年11月号)
　　　第2節(社会運動研究センター機関誌『社会運動』1981年12月号)
　　　第3節(社会運動研究センター機関誌『社会運動』1982年1月号)
第7章 書き下ろし
第8章 「小原耕一『グラムシ"市民社会"論を考える—ブラヴォイ論文を手がかりに』」(季刊雑誌『葦牙』第42号)

人名索引

あ行

アントニオ・グラムシ　6, 7, 95, 175, 176, 178, 187, 186, 192, 194, 195, 196, 197, 198, 199, 200, 209, 217
アダム・スミス　208
石堂清倫　10
小原耕一　10, 174, 187, 215
伊藤晃　10
安哲秀(アン・チョルス)　37, 45, 62, 69
ウン・スミ　66
呉世勲(オ・セフン)　69
小野吉男　87
岡田克也　87
伊藤隆一　87, 94, 96, 101
大江健三郎　101
伊藤洋子　111
一楽照雄　114
井上肇　114, 118
江口忠博　114
赤沼明男　116
上杉鷹山　117
イサベラ・バード　118
宇津木朋子　147
宇沢弘文　184
ウイリアム・モリス　177
井野博満　179
伊多波良雄　181
有吉忠一　181
内橋克人　184
岡敏弘　181
小川沙有里　181
大島堅一　181
石井励一郎　181
アルチュッセール　195
井上良一　214
石橋正　213

か行

カール・ポランニー　6, 7, 94, 174, 176, 178, 179, 189, 200, 209, 217
亀淵迪　8
北沢洋子　10
金大中(キム・デジュン)　63
金鐘仁(キム・ジョンイン)　64
金鉉宗(キム・ヒョンジョン)　64
金武星(キム・ムソン)　65
キム・ソルヒ　61
栗原千鶴　65
權寧勤(クォン・ニョングン)　69
高坂菊太郎　91, 96
桑田能守　105
後藤博信　114
近藤洋介　114
菅野芳秀　115
後藤幸平　118
喜代永真理子　136, 143
キャロル・ルース・シルバー　148, 140
グイ・デボード　160
ケネディ　164
R．グハ　179
岸基史　181
川那部浩哉　182
亀田佳代子　182
河野裕昭　182
クローチェ　198
カーター　208

さ行

ソン・ギョンウォン　14
鈴木純一　108, 111, 112
杉本博文　110
鈴木憲和　114
佐藤由美子　116
関玖瑠未　116
白井厚　123
関口明男　136, 143
渋谷徹　139, 160
サム・ドルゴフ　160
ジョン・カール　160
ジェニー・ハニス　160
G．ダビット・ガルソン　160

ジョン・ケース　160
ジョンソン　164
ジェニー・ハニス　160
G.ダビッと・ガルソン　160
ジョン・ケース　160
ジョンソン　164
坂本慶一　174
G.スピヴァック　179
澤柿教伸　182
白岩孝行　181
白鳥紀一　180
杉浦銀治　182
シグムント・フロイド　190
スタハーノフ　201
スターリン　201,204
ショージ・シュライバー　202
サッチャー　207
ジョン・ロック　208
ジャンジャック・ルソー　208
ジョン・スチュアート・ミル　208
ジェレミー・コービン　6,217

た行

曹喜眰（チョ・ヒヨン）　5,11,175
トランプ　6,204
田畑稔　10
デニ・コデル　14
平健三　17
鄭夢準（チョン・モンジュン）　51,60
チョン・スノク　61
達増拓也　88
田中正造　103
高橋幸司　114
高橋尚　115
塚田弘　115
田辺紀子　147
ダニエル・スワドリング　160
トロツキー　160,192,194,195
玉野井芳郎　174,179
鄭泰仁（チョン・テイン）　174
P.チャタジー　179
槌田敦　181
橘木俊詔　181

田中靖人　181
藤堂史明　181
滝川康治　181
多辺田政弘　182
トリアッティ　193
ドネラ・H・メドウス　208
田端博邦　215

な行

ナンシー・ムニタン　18
盧武鉉（ノ・ムヒョン）63
西舘善平　100,104
中西五洲　122
中村浩子　147
中村尚司　174
中山智香子　174
野口真希181
中島美由紀　181
夏目奏　182
中曽根康弘　207
根岸久子　184

は行

朴元淳（パク・ウォンスン）　5,11,14,15,35,36,37,39,45,47,55,59,68,174,201,213,216
バーニー・サンダース　5,217
ペテフィ　9
バートランド・ラッセル　9
朴槿恵　63,64,69,201,213,217
濱田武士　97,102
星寛治　114
舟山康江　115
ヘーゼル・ヘンダーソン　144,145
古沢広祐　146,147,183
フライッシャーマン　148
ブランド・ホルアトミハイロ・マーコビック　160
藤井日達　170
G.パーンデー　179
藤田祐幸　179
フランソワ・ギゾー　191,192
フォシュ　194

ブハーリン　200, 202, 203, 204
フリードリッヒ・ハイエク　209
バーニー・サンダース　217
ヒラリー・クリントン　217
フィヨン　218

ま行

松田博　10, 185
マルクス・アウレリュウス・アントニュウス　12
マーガレット・メンデル　12, 13, 16, 35, 174
マイケル・ブラヴォイ　13, 185, 187, 188, 190, 192, 194, 196, 197, 199, 202, 217
ムッソリーニ　13
増田幸伸　17,
ムン・ユジン　67
文在寅（ムン・ジェイン）　69, 217
盛合敏子　97
宮沢賢治　103, 104
溝口淳　110
松岡雅彦　113
松本政裕　114
増田寛也　120
松尾雅彦　120
丸山真人　174, 180, 181
マルクス　177, 186, 188, 191, 198, 208
室田武　180, 181
マッキャベリ　199, 201
ミルトン・フリードマン　209
松岡公明　214
メラション　215

や行

横田克己　10, 134
山本未生　17
柳鍾秘（ユ・ジョンピル）　61
山内道夫　112, 120
横山太吉　116
吉村美栄子　118

ら行

魯迅　8, 9
ローレンス・クワック　18
レーガン　149, 171, 172, 207
ラルフ・ネーダー　157, 165
ルディ・スペック　160
ラウル・ミネイジェム　160
レーニン　160, 191, 192, 193, 194, 196, 198
ロバアト・オウエン　177, 208
李承晩　213
ルペン　218

わ行

渡部務　17, 114, 115, 117
若森みどり　174
和田喜彦　181
和田英太郎　181
ワイデマイヤー　191
若森資朗　209, 211, 213

丸山茂樹（まるやま しげき）

　1937年愛知県名古屋市で生まれる。父親は岐阜県恵那市、母親は鹿児島県徳之島出身。参加型システム研究所客員研究員。ロバアト・オウエン協会理事。「ソウル宣言の会」コーディネーター。日本協同組合学会会員。

　生活クラブ生協連合会に勤務、国際担当を経て1999年～2001年韓国ソウル大学へ留学。韓国聖公会大学講師（協同組合論、社会運動史）。韓国農漁村社会研究所理事、エントロピー学会元共同代表、東京グラムシ会元代表、荒畑寒村・石堂清倫氏等の運動史研究会『運動史研究』全17巻（三一書房）の編集執筆に参加。

主な共編著・訳書

　「協同組合運動の新しい波」（三一書房）、「いのちと農の論理」（学陽書房）、「協同組合の基本的価値」（家の光協会）、「協同組合論の新地平」（日本経済評論社）、「協同組合の国際化と地域化」（筑波書房）、「生きているグラムシ」（社会評論社）、「グラムシの思想空間」（社会評論社）、「東アジアにおける市民社会の形成」（専修大学出版局）、「協同の力で復興を」（変革のアソシエ）、「社会的経済って何？』（社会評論社）、Ｐ．エキンズ「生命系の経済学」（お茶の水書房）、Ｐ．デリック「協同社会の復権」（日本経済評論社）等多数。

共生と共歓の世界を創る──グローバルな社会的連帯経済をめざして

2017年10月１日　初版第１刷発行

著　者：丸山茂樹
装　幀：右澤康之
発行人：松田健二
発行所：株式会社 社会評論社
　　　　東京都文京区本郷2-3-10　☎ 03(3814)3861　FAX 03(3818)2808
　　　　http://www.shahyo.com
組版：スマイル企画
印刷・製本：ミツワ

Printed in Japan

堀 利和／編著

私たちの津久井やまゆり園事件
障害者とともに＜共生社会＞の明日へ

2016年7月26日の早朝、神奈川県相模原市の障害者施設で同所の元職員によって46人が殺傷された「津久井やまゆり園事件」が起こった。この衝撃的事件は私たち一人ひとりに何をつきつけたのか、それぞれの生きる場からの多様な発言をとおして、＜共生社会＞への明日を模索する問題提起の書。

四六判280頁　定価＝本体1800円＋税

加藤一夫／著

ビキニ・やいづ・フクシマ
地域社会からの反核平和運動

静岡県焼津市を中心に展開される「地域から平和をつくる」市民運動の記録をとおして、第五福竜丸が被ばくしたビキニ事件が戦後日本に何をもたらしたのかを多面的に検証する。地域の生活圏を舞台に、著者自らが参加した社会運動は、反核平和運動に新たな視座を提示している。

Ａ５判280頁　定価＝本体2400円＋税

纐纈 厚／著

権力者たちの罠
共謀罪・自衛隊・安倍政権

「反テロ、安全、平和」などという名称を冠した法律に対しては警戒しなければならない。こうした誰も反対できないネーミングこそ、権力者たちの罠だ。安保法制・共謀罪の強行成立、そして改憲。日本の総力戦体制の研究者による安倍政権批判。

四六判272頁　定価：本体2300円＋税

社会評論社